陕西师大书院讲会

# 教育学人讲演录

（第一卷）

郝文武◎主编

北京师范大学出版集团
BEIJING NORMAL UNIVERSITY PUBLISHING GROUP
北京师范大学出版社

**图书在版编目(CIP)数据**

教育学人讲演录（第一卷）／郝文武主编．—北京：北京师范大学出版社，2013.1
ISBN 978-7-303-15511-8

Ⅰ．①教… Ⅱ．①郝… Ⅲ．①教育学－文集
Ⅳ．① G40-53

中国版本图书馆 CIP 数据核字（2012）第 233418 号

营销中心电话 010-58802181 58805532
北师大出版社高等教育分社网 http://gaojiao.bnup.com.cn
电子信箱 beishida168@126.com

JIAOYU XUEREN JIANGYANLU
出版发行：北京师范大学出版社 www.bnup.com.cn
北京新街口外大街 19 号
邮政编码：100875
印　　刷：北京市易丰印刷有限责任公司
经　　销：全国新华书店
开　　本：170 mm × 240 mm
印　　张：15.25
字　　数：220 千字
版　　次：2013 年 1 月第 1 版
印　　次：2013 年 1 月第 1 次印刷
定　　价：32.00 元

策划编辑：郭兴举　　责任编辑：王剑虹
美术编辑：毛　佳　　装帧设计：李尘工作室
责任校对：李　菡　　责任印制：孙文凯

陕西师范大学
SHAANXI NORMAL UNIVERSITY

# 前言

《教育学人讲演录》是国内外著名教育家、教育学专家和中青年教育学学者在陕西师范大学教育学院举办的“教育书院教授讲会”做学术报告的音像整理文稿，是近年来陕西师范大学教育学学科发展和“211工程”教育学重点学科建设、教师教育优势学科平台建设所取得丰硕成果的重要组成部分。

在国内外专家学者和各级领导的大力支持下，经过全体教工的共同努力，近十多年来，陕西师范大学教育学学科建设和教学、科研都取得了显著成绩，许多项目填补了陕西省教育学学科发展的空白。2003年获批教育学原理博士学位授权点。2006年获批课程与教学论博士学位授权点，同时被批准为教育学博士后流动站。2009年获批教育博士学位授权点。2010年获批教育学一级学科博士学位授权点，博士后流动站研究人员的课题获得国家特别资助。目前，教育学专业是国家特色专业，教育学、课程与教学论、学前教育和教育管理等教学团队是省级教学团队；有《外国教育史》《公共教育学》《学前教育学》《课程与教学论》和《教育哲学》等国家级和省级精品课程。教育学专业改造卓有成效。我院教师承担国家和省部级教学科研项目数十项，还承担了教育部马克思主义理论建设重点教材编写组首席专家，在《教育研究》等刊物发表数百篇高质量学术论文，在中国社会科学、教育科学等出版社出版数十部系列学术专著。以教育学科教授为主编和编委，创办《当代教师教育》刊物和《西部教育报告》连续出版物。

为了加强学术交流，扩大学术视野，丰富研究方法，集聚教育智慧，营造良好的学术氛围，不断提高学术水平，教育学院从2009年开始举办教育书院教授讲会，到目前为止已有50多讲。先后盛情邀请北京师范大学教授顾明远、王英杰、劳凯声、张斌贤、石中英、王本陆、朱旭东，华东师范大学教授叶澜、陆有铨、丁钢、方俊明、杨小微、熊川武，北京大学教授陈学飞，南京师范大学教授吴康宁、金生鈜，华中师范大学教授王坤庆、涂艳国，西南大学教授张诗亚、靳玉乐、李森、朱德全，华南师范大学教授扈中平、徐福荫，厦门大学教授潘懋元、刘海峰，西北师范大学教授刘旭东、王鉴，山东师范大学教授徐继存，东北师范大学教授柳海民，中央教育科学研究所研究员刘占兰，全国教育科学规划办副主任曾天山，《教育研究》主编高宝立，人民教育出版社刘捷等专家学者，主持教育学博士学位论文答辩和参加学术会议，做客教育书院教授讲会作学术报告。这些精彩的学术报告对我们扩大学术视野、丰富研究方法、营造良好学术氛围发挥了重要作用，给我校师生留下了深刻印象。

我们还先后邀请美国威斯康星大学终身教授、世界著名课程理论与批判理论专家迈克尔·阿普尔(Michael Apple)教授，美国威斯康星大学女性研究专家瑞玛·阿普尔(Rama Apple)教授，英国莱斯特大学教育学院教育领导与管理专业教授伯纳德·巴克(Bernard Barker)教授，英国伦敦大学国王学院菲利普·艾迪(Philip Adey)教授，美国威斯康星大学教育领导专业、资深小学校长桑迪·蒙德(Sandi Mond)博士，美国哥伦比亚教师教育学院珍妮特·罗格(Janet Rogge)教授，英国格拉斯哥大学拉尔夫升克拉瑞(Ralf St. Clairr)博士，华裔美籍学者陈杰琦以及香港中文大学卢乃桂教授、李子建教授，香港教育学院菲利普·霍尔(Philip Hoare)教授和斯特拉·康(Stella Kong)教授，台湾中原大学黄坤锦教授、台北教育大学课程与教学研究所庄明贞教授、台中教育大学洪荣照教授等做客教育书院教授讲会，这些精彩的学术报告同样获得圆满成功，完全达到预期目的，使我校师生受益匪浅。

为了使专家学者的学术思想和讲演风采惠及更多教育学人，特别是年轻学子，我们已经将他们的讲演音像整理为光盘，供教学使用。我们还将诸位专家的讲演音像整理为文本著作，在北京师范大学出版社出版《教育学人讲演录》系列著作。这项工作得到了国内外众多学者专家的鼎力支持，他们认真加工润色了各自的精彩讲演。在此我们对他们的辛勤劳动和无私奉献表示衷心感谢！

把学者专家的讲演音像整理为文本著作是一项比较艰巨的工作，在我院教授和博士生、硕士生的参与下，我们用了一个学期时间，至少进行了录音记录、文本加工、反复修改等几个环节。我们对讲演音像整理为文本著作尽量做到：使口头语言与书面语言相结合，体现现场报告的气氛特点和语言表达的规范性；使讲演录音与讲演 PPT 相结合，体现内容的完整性和连贯性；使不同专家讲演的独特性与图书出版格式要求的普遍性相结合，体现语言、思想的客观性和文本格式的相对一致性。

多年来，来我校教育书院讲演的专家学者有数十位，讲演内容涉及教育改革、教学改革、教育研究方法、学前和特殊教育、教师教育与教师发展和教育管理等领域。目前的《教育学人讲演录》根据讲演、整理时间和相近内容集中出版四卷，以后将根据讲演时间分别整理出版。

由于我们的能力有限，可能对学者专家的讲演音像整理为文本著作的工作做得很不到位，希望专家学者和读者批评指正。同时也因为我的录音录像工作和收集工作做得不够到位，致使一些专家学者的讲演未能整理和收录，对此我们深感抱歉，并保证以后尽力做到不再出现此类纰漏。希望在以后的岁月里，各位专家学者继续支持我校教育学的学科发展，继续来我校讲学指导、传经送宝，使《教育学人讲演录》有更加丰富、精彩的内容。

郝文武

**2012 年春于西安**

# 目 录

## 第一卷

# 中国当前教育改革的几个问题

演讲人：顾明远

（2008年2月27日）

## 演讲人简介

顾明远，1929年10月生，江苏江阴人。中共党员。苏联国立莫斯科列宁师范学院毕业。北京师范大学教授、博士生导师，北京师范大学珠海分校教育学院名誉院长兼首席教授、学术委员会主任。1948—1949年上海容海中小学任教员；1949—1951年 北京师范大学教育系肄业；1951—1956年苏联国立莫斯科列宁师范学院教育系毕业；1956—1965年北京师范大学教育系助教、讲师；1958—1962年兼任北京师大附中教导处副主任；1965—1966年北京师范大学教育系副主任；1966—1972年北京师范大学教育系，劳动；1972—1975年北京师大二附中革委会主任；1975—1979年北京师范大学教育革命组副组长兼文科组组长、教务处副处长、社会科学处处长；1979—1981年北京师范大学教育系主任、副教授；1979—1984年北京师范大学外国教育研究所所长；1983年比较教育博士授权点博士研究生导师、教授；1984—1991年北京师范大学副校长；1984—2004年兼任北京师范大学教育管理学院院长(国家教委华北地区教育干部培训中心主任)；1987—1997年兼任北京师范大学研究生院院长；2005年至今兼任杭州师范大学学术委员会主任。“文化大革命”结束后，顾明远针对“教育是阶级斗争的工具”的极左观点，提出“现代教育是现代生产的产物”；针对当时流行的“教育与生产劳动相结合是社会主义的教育原则”提出“教育与生产劳动相结合是现代教育的普遍规律”，批驳了教育理论的“极左”思潮，在全国引起了很大轰动，对推动教育界的拨乱反正起到了巨大作用。很多专家认为：现代教育理论、主体客体统一论、比较教育理论是顾明远教授对中国教育理论的三大贡献。

其主要学术成果有：《鲁迅的教育思想和实践》(合著)，1981年人民教育出版社，1983年日本同时代社；《比较教育》(合著、主编之一)，1982年人民教育出版社；《比较教育学》(译著)，1982年文化教育出版社；《教育学》(合著、主编之一），1981 年人民教育出版社；《中学实用教育学》（主编），1987 年北京师范大学出版社；《世界教育发展的启示》，1989 年四川教育出版社；《实用教育学》（主编），1990 年北京师范大学出版社；《教育大辞典》（12 卷本，主编），1990—1992 年上海教育出版社；《战后苏联教育研究》（主编），1991 年江西教育出版社；《STS 辞典》（主编之一），1992 年浙江教育出版社；《外国教育督导》，1993 年人民教育出版社；《中国教育大系》（主编），1994 年湖北教育出版社；《比较教育导论》（合著），1996 年人民教育出版社；《比较教育》（再版，主编之一），1997 年人民教育出版社；《民族文化传统与教育现代化》（合著），1998 年北京师范大学出版社；《我的教育探索——顾明远教育论文集》，1998 年人民教育出版社；《教育大辞典》（增订合卷本，主编），1998 年上海教育出版社；《杂草集——顾明远教育随笔》，1998 年福建教育出版社；《中国教育的文化基础》，2004 年江西教育出版社；《思考教育——顾明远自选集》，2008 年首都师范大学出版社。

所获奖项有：1991 年获“全国优秀教师”称号；1991 年获政府津贴及证书；1995 年《教育大辞典》荣获国家出版署首届辞书奖三等奖；1995 年《战后苏联教育研究》获国家教委人文社会科学研究优秀成果一等奖；1997 年获曾宪梓教育基金会 1997 年高等师范院校教师一等奖；1998 年荣获北京市第五届哲学社会科学优秀成果一等奖；1999 年荣获全国第二届教育科学优秀成果一等奖；2000 年《民族文化传统与教育现代化》荣获北京市第六届哲学社会科学优秀成果一等奖；2001 年《比较教育导论》荣获 2001 年高等教育国家级第四届教学成果二等奖；2001 年获北京市教育教学成果一等奖；2002 年《教育大辞典》荣获第四届吴玉章人文社会科学一等奖。

## 主持人：党怀兴

各位老师、各位同学晚上好！路上有点儿堵车，所以来晚了，首先表示抱歉。可能有一些年轻的学子对顾先生还不太了解，我先对顾先生作简单介绍。

顾明远先生曾经担任过世界比较教育研究会的副主席、北京师范大学教育系主任、外国教育研究所所长、北京师范大学副校长、北京师范大学研究生院院长、北京师范大学教育管理学院院长、国务院学会委员会学科评议组召集人、国家教育部高等学校设置委员会委员，现任全国教学科学规划领导小组成员、中国教育学会会长、《比较教育研究》杂志主编、《教师教育研究》杂志主编、《教育研究》编委会副主任等，1991 年被评为全国优秀教师、北京市优秀人民教师，香港教育学院授予名誉教育博士学位。顾先生著作很多，我就不念了，大家都知道。自 1974 年顾先生以中国代表团顾问的身份赴法国巴黎参加联合国教科文组织第十八届大会以来，为促进国际教育交流与合作多次赴日本、韩国、美国、加拿大、巴西、西班牙、苏联、法国、捷克斯洛伐克等国家和地区访问，在国际教育界特别是在国际比较教育界有很大的影响，曾任世界比较教育研究学会两位主席之一，担任第一届第二届亚洲比较教育学会执委等职。

我说这么多，还有好多，太多了。顾先生是国内外知名的教育家，今天晚上我们见了真人真神了，非常荣幸能亲聆教诲，让我们以热烈的掌声有请顾先生，聆听顾先生教诲。（掌声）（笑声）

**顾明远：**

老师们、同学们，晚上好！非常抱歉来晚了。这是最不应该的，做老师的应该准时，但是因为原来我以为是七点半，但是到了这儿说是七点，所以就晚了，非常抱歉！刚才介绍了好多，其实，最主要的没有介绍（笑声），最主要的是什么呢？就是我是小学老师出身，我当过小学老师，当过中学老师、中学的校长，然后再到了北京师范大学。我觉得这是我一生中最主要的经历。

那么今天我们讲什么呢？我想今天因为晚上的时间对大家来说非常宝贵，时间也不能太长了。我就想讲一讲，进一步解放思想，深化教育改革，落实十七大教育的任务。今年是我们改革开放三十周年，大家知道，我们取得了很大成绩，三十年来我们经过了两次思想解放，第一次思想解放是 1978 年。1978 年，实践是检验真理的唯一标准大讨论解放了思想。1978 年十一届三中全会召开，这是第一次思想解放，之后我们取得了很大成绩。第二次思想解放是 1992 年。1992 年，邓小平同志到南方视察，讲了话，大家不要讨论姓资姓社了，不要讨论，要先做，发展是第一要义。第二次思想解放以后，我们又取得了一个很大的成绩。这十几年来，大家可以看到变化确实很大，今年是改革开放三十周年，我们的任务仍然是要进一步，也就是第三次解放思想。进一步解放思想，然后深入教育改革。

十七大报告里面有许多新的亮点，不知道大家注意到没有。在教育方面，首先提出来优先发展教育，建设人力资源强国。这么一个标题是把教育问题放到了改善民生、促进社会发展这么一个大的栏目来谈。过去历届党的报告里头或政府的报告里头都把教育放在文化教育的一部分。这一次，把教育放在改善民生、促进社会发展这个栏目里头。我觉得它的意义很大。为什么有很大的意义呢？我觉得它说明我们的党、我们的政府对教育本质的认识有了一个新的飞跃。大家知道，长期以来，我们把教育仅仅看做是一个阶级斗争的工具。“文化大革命”前十七年，特别是到了“文化大革命”时期，把教育作为政治斗争的工具，搞运动首先在学校里搞起来，首先批判知识分子。改革开放以后，邓小平在第一次全教会议上就讲到，教育要为社会主义建设服务。1985 年中共中央关于教育体制改革的决定里讲到教育要为社会主义现代化建设服务，社会主义现代化要依靠教育。对教育的本质认识就有了一个转变，也就是由把教育作为阶级斗争的工具转到教育为社会经济建设服务。但是总体上来讲还是强调了教育的社会功能，为社会服务的功能，没有把教育看做是人自身发展的一条道路。这一次，把教育放在改善民生、促进社会发展这个栏目里头，我觉得对教育的认识就更为全面了。

教育确实是有政治的功能。我们不能脱离开政治，任何一个国家的教育都不能脱离开政治。美国的教育口口声声强调美国的利益，日本的教育也在强调日本的利益，每个国家的教育都要强调对本国的利益，教育确实离不开政治，脱离不了政治，要为政治服务。教育当然也要为经济服务，经济增长靠什么？靠人才。特别是现在，科学技术迅猛发展，国际竞争十分激烈，说到底这是人才的竞争、创新精神的竞争，所以要靠教育，经济的发展要靠教育。但是教育还有其他的功能，如有文化的功能。教育是传承文化的一个手段，而且教育传承文化应该是其最本质的功能。如果没有文化，我们就不会有教育，人类产生以后即有文化，人类所以与其他动物界不同，就是人类有文化。人类要发展就要传承文化。所以，传承文化是教育最本质的功能。同时，教育是发展人自身、自身再生产再发展、人类持续发展的一个途径。人类要发展就要靠教育，所以这一次把教育放在改革民生的栏目里，说明教育是人发展的必要途径，是人的权利，受教育是人的权利。正是因为受教育是每一个人的权利，所以现在提倡教育要公平，教育公平是一个比较大的问题。所以我觉得这是一个非常重要的变化。

改革开放三十年来，教育最大的成绩有哪几个方面？我觉得一晚上也讲不完，恐怕三天也讲不完。但是归纳起来，大概有这几个方面：

第一是教育观念上的变化。以阶级斗争为纲转变为科教兴国，转变为把教育放在优先发展的战略地位上，这是一个很大的转变。事实上，观念上的转变是对教育本质的认识的转变，这是头一个层次。

第二是教育的发展，这是大家有目共睹的。我们用了短短几十年的时间，如果从1985年算起的话，那么到现在为止，也就是二十多年的时间，我们普及了九年义务教育，在十三亿人口中普及了九年义务教育，而且是在农村人口占百分之七十的情况之下，我们普及了九年义务教育，这是不是可以算是一个很大的成绩？过去的发达国家都用了半个多世纪，甚至一百年的时间来普及九年义务教育，我们才用了二十多年时间，而且是在一个非常贫穷的发展中国家，在一个人口众多的国家，在农民占总人口百分之七十的国家普及了九年义务教育。我们的高等教育得到了跨越式的发展，高等教育在1980年，毛入学率只有百分之二，也就是一百个人只有两个人能够上到大学。2007年，高等教育的毛入学率已经达到了百分之二十二、二十三，也就是一百个青年，可以有二十二个甚至更多人能够上大学，这还不算成人高等教育，所以教育有了很大的发展，这个成果我想大家都看到了。

第三是教育制度的改革。以上说的成绩从哪里来的呢？都是通过解放思想，通过改革取得的。没有改革，不可能有今天这样的发展。大家想想，三十年以前，如果没有解放思想就不可能恢复高考。没有高考制度的改革，也不可能有今天这样的局面。当时“文化大革命”中没有高考，读书无用论在全国蔓延，但是就高考这么一项举措，便使读书无用论像乌云似的一扫而光。除了高考，其他的改革还有很多，我想大家都会看到，包括招生制度的改革、就业制度的改革、学校内部制度的改革，等等，关于改革恐怕可以说的内容很多。

第四是科学研究的繁荣。1979 年的时候我们开了第一次教育科学规划会议。当时成立了中国教育学会，我也参加了。1979 年 4 月，我们统计了一下，全国搞教育科学研究的总共不满四百人。没有专职的研究队伍，只有一些师范大学，搞教育学的教师，搞心理学的教师，却不是专职的，只是兼职搞一点科学研究，算一算，加在一起不到四百人，但是现在科学研究队伍有了很大的发展。现在各个地方都有教科所，大学都有高等教育的研究所。1981 年，恢复研究生制度以后，教育学就作为一个十二个门类中的一个门类(现在的学位共有十二个门类，文学、经济、农学、医学、工学、历史学、管理学、教育学等)，从 1986 年开始教育学科就是十二个门类之一。1981 年开始招收研究生，后来就有硕士点、博士点，那么现在很多大学里面都有硕士点、博士点，培养了几千名教育学的硕士和博士，队伍非常的壮大。另外一个很大的特点就是科学研究走到了教育第一线，深入到了基层。现在，很多中学和小学都在搞实验，都在搞科学研究，科学研究已经群众化，科学研究呈现出了一个百花齐放的局面。

我觉得改革开放三十年来，四个方面的成绩，包含很多很多内容，概括起来就是：观念的转变、事业的发展、制度的改革、科研的繁荣。当然，我们现在还有很大的问题，教育上也是如此。十六大、十七大都对教育提出了很高的要求，十七大提出优先发展教育、建设人力资源强国。应该说我们现在经过三十年的努力，从一个人口大国已经逐渐转变为人力资源的大国。原来是人口大国，十三亿人口，是世界第一，但是文化教育比较落后。经过三十年的努力，现在已经成了人力资源的大国。我们现在差不多有两亿五千万人在各级各类学校里面学习。小学大致有一亿三千万人，初中现在有七千多万，高中现在也有将近五千万。也就是说，现在我们的义务教育全部普及了。高中的毛入学率大致是在百分之六十，也就是义务教育以后还有百分之四十的人上不了高中。现在普通高等学校的在校学生是 1900 多万，加上成人高校，有将近 2500 万。还有一百多万研究生，加在一起，有两亿五千万学生在各级各类学校里面学习，毫无疑问我国是一个人力资源的大国。

但是，我国还不是人力资源的强国。十七大提出要建设人力资源的强国，为什么这么说？我觉得有几个数字可以说明。一是我们到现在还没有培养出获得诺贝尔奖的学者，当然我觉得获得诺贝尔奖的学者不是培养出来的，不是靠我们学校教育培养出来的，但是，我们的学校教育要为他们打下一个基础。现在的学校教育存在一些问题，学生负担这么重，压力这么大，是很难培养出诺贝尔奖的获得者的。

温家宝总理两次去看望科学家钱学森，他今年已经96岁了。钱学森对温家宝两次讲到，他现在最关心的是我们国家这五十年来为什么没有培养出科学创新方面的领军人物、大师级的人才、拔尖的人才？原话我记不清了，大体就是这个意思，我们没有培养出在科学研究方面、在科技创新方面的领军人才。另外，他还讲到，要把自然科学和人文科学结合起来。他说自然科学和人文科学要联盟，他讲到他自己的成就非常受益于他的夫人，他的夫人蒋英是个音乐家，他说，他有的时候在科学研究上遇到困惑，就听听音乐，这增加了智慧和灵感。他说自然科学要跟社会科学和人文科学结合起来，才能培养出高素质的人才。

我刚才讲诺尔贝奖获得者不是学校培养出来的，但要靠学校打基础。打什么基础？打好学习的基础，打好专业兴趣的基础。一会儿我还要讲这个问题，如果时间允许的话。就是我们要培养学生对科学的爱好，对学科的兴趣，我经常讲，没有兴趣就没有学习，我认为这是我的教育信条，当然这不是我发明的，早就有人讲过。一条是没有爱就没有教育；一条是没有兴趣就没有学习。没有爱，不爱孩子，不爱学生，怎么教育学生？当然我们现在，哪一位老师都会讲我是爱学生的，哪一个家长都会讲我是爱孩子的。确实每一个老师、每一个家长都爱学生，都爱自己的孩子，但是他们可能并不知道怎么爱，什么叫爱，不会爱。我们有很多老师、很多家长不会爱。所以，有的家长说我今天打你也是为了爱你啊，也是为了你将来好啊，今天我送你去学什么奥数班，学什么班也是为了你好，将来为了你上好的大学。这些孩子理解吗？孩子不理解，孩子并不领你这个情。所以要爱孩子，首先要了解孩子，要理解他，要理解他们的需要，孩子也是有很多的需要的，孩子有学习的需要，有玩的需要，老不让他玩，那他就会有意见了。老是让他做功课，他就对学习厌恶了。他有玩的需要，有自尊的需要，要尊重他，不能用话语伤害他。他们有很多很多的需要，但我们的老师、我们的家长并不大了解，不理解孩子，不信任孩子。没有兴趣就没有学习。首先要培养学生的兴趣，他对学习没有兴趣，怎么会努力学习？他对语文都没有兴趣，他怎么会喜欢语文课？对数学没有兴趣，怎么会喜欢数学课？但是现在的教育有很大的弊端，就是不培养学生的兴趣，强迫学生去学习。我们的教育计划，我们的课本，我们的作业都是强迫学生去学习。学生都是在被迫的情况之下去学习，所以学习不能引起他们的兴趣。

苏联的一个教育家苏霍姆林斯基(现在应该属于乌克兰)，20 世纪 80 年代我们介绍了很多他的事迹，他是乌克兰的一个农村中学的校长，他讲过这样一句话：如果一个孩子到了十二三岁的时候没有自己的兴趣和爱好，做老师的、做家长的就要为他担忧。担什么忧？就是担心他将来长大了以后没有自己的爱好，没有自己的特长，没有自己的兴趣，将会变成一个平平庸庸的人。而我们现在的教育就是在培养平平庸庸的人。去年暑假的时候，有些朋友给我打电话，说我们的孙子要考大学了，他们的功课怎么怎么样，你说他考什么大学比较好，考什么专业比较好？我就反问他，我说你们的孙子、你们的孙女喜欢什么专业？回答说："不知道。"所以现在大学生填志愿，不知道志愿是谁填的。很多学生的志愿是爸爸妈妈填的，甚至爷爷奶奶填的。(笑声)不知道你们是不是？要考大学了还没有自己的爱好，那他将来怎么能够为事业去追求呢？所以要想获得诺贝尔奖，首先要对学科有兴趣，有爱好。北京师范大学同学来找我，教育系的同学来看我，让我给题词，我就给他们写了一句话："兴趣加毅力是成功之母。"有了兴趣，再加上勤奋，将来就会有成绩。我看到好多诺贝尔奖获得者的发言，都讲到这个问题，《参考消息》上刊登过他们的讲话。前几天，《参考消息》上刊登了几位诺贝尔奖获得者的话。其中一位获奖者的朋友给他打电话，祝贺他获得诺贝尔奖了。他说："去你的吧，别来跟我开玩笑了，哪有这个事。"他都不相信自己获得了诺贝尔奖，说他从来都没有想过，他就是对专业比较爱好，就是执著追求，所以我觉得我们现在越想得诺贝尔奖越是得不着。(笑声)上次，诺贝尔奖获得者到了上海，好像是去年吧，跟青年对话，就讲这个话：就是越想得奖的人越得不到奖。而我国现在的功利主义太厉害，我们现在的大学也好，科研单位也好，老是想得奖，这种功利主义对我们的学科建设、科学发展都没有好处。这话讲远了。

为什么说我们还不是人力资源的强国？你说我们现在有多少东西是自己创新的？就拿汽车工业来讲，有多少汽车是我们的自主品牌？可以说中国现在是世界各国汽车的加工厂。全部我们自主产权的产品有吗？没几个。他们说奇瑞算是一个，奇瑞是我们中国品牌。有多少是我们自己原创的？少得可怜。我们现在是世界的加工厂，而不是原创地。我们出口赚的钱只有一点点。说我国义乌出口的小商品，如袜子什么的，生产几万双袜子才能换一个芯片回来？所以怎么能说我们是一个强国！另外，从我们入学、受教育的程度来看，我们十五岁以上的人口的受教育的程度现在是8.01年，当然比过去好得多了，比三十年以前要好得多了。三十年以前，我不记得了，好像只有五六年吧，五年多，现在到了8.01年。但是现在发达国家都超过了十二年。这是从人均受教育的年限来讲，从人才的层面来讲，我们跟人家的差距更大。所谓人才的层面，我们二十五岁以上的年龄受到高等教育的人数，二十五岁以上到六十五岁，这么一个年龄段，受过高等教育的人，在欧美国家、经济合作发展组织(OECD)国家，大概平均是百分之二十六点几。我们是多少呢？我们是六点五，是人家的四分之一。所以，十七大提出要建设人力资源强国。我的理解就是，要建设人力资源强国，第一，就是要提高全民族的文化素质，提高全民族的受教育程度，广大的群众都要有受教育的机会；第二，要有一批拔尖人才。我们现在讲教育公平。教育的公平并不等于是平均主义，教育公平主要指的教育机会的公平，教育过程的公平，不是指教育结果的公平。如果说是教育结果公平的话，就是说教育要使每个学生的潜力得到充分发展。教育机会要均等，大家要在同一个起跑线上。教育过程要均等，教育过程也就是教育资源的配置要均衡，不能说这个学校投入的多一点，那个学校投入的少一点。过去我们搞重点中学，那就是重点中学，国家投钱很多，薄弱学校国家就投的很少，造成了现在的不公平。教育公平就是资源配置上要均衡发展，而且应该向弱势群体倾斜。为什么要向弱势群体倾斜呢？因为弱势群体长期受到了歧视，只有向他们倾斜了，更多地照顾他们了，这样他们才能够跟上一般发展的水平。这就是为什么我们对少数民族同学入学要降分录取？有的人说讲公平，为什么少数民族要降分录取呢？因为历史原因，导致他们的教育不发达，他们的经济不发达。对少数民族如果我们还是一样对待，那么他们会永远落后于汉族。我们只有对他们倾斜，给他们一些优惠，那么他们才能够逐渐地跟上平均的教育水平。

对其他弱势群体也是这样，特别要向农村倾斜。城市里农民工子弟上学的问题长期被忽略。农民在城市里给你们盖楼，给你们修路，做出了很大贡献，但是孩子却不能在城市里上学，这不合理吧？但是由于户籍制度的障碍，现在还不能完全解决。所以，我们现在要解放思想。这属于制度的障碍，因为户口不在城里，就上不了学。经过这几年大家的呼吁现在比较好了。现在对农民工子弟的教育问题，很多城市重视起来了，但是重视的还不够。他们受教育问题的解决现在还有很大的困难。并且又出来新的问题了。农民工子女接受普及义务教育都安排了，到了上高中怎么办？还要回到乡里面去上高中，回原籍上高中，不能在城里上高中。我觉得这个问题也应该解决。既然在城里上了小学，上了初中，为什么不能在城里上高中？还是一个户口，以及教育经费等一系列问题，都是教育公平问题。所以还要进一步解放思想，思想解放了，制度问题也就解决了。教育公平问题，这是大家关心的。建设人才强国，要普遍地提高人口素质，就要促进教育公平，就要照顾弱势群体。教育公平并不等于结果公平，说人人生来平等，这是讲权利的平等。实际上平等的了吗？一个生在西安，另一个生在贵州山区里，你说能平等吗？人生下来就是不平等的，人的平等指的是人的权利的平等，人人都有同等的权利，生存的权利、受教育的权利。但是人生下来就是有差异的，比如，人的智力有差异，有的是智商100，有的90，有的120。另外环境的差异，有的人生在城里，有的人生在乡下，有的人生在东部地区，有的人生在西部山区，能一样吗？不一样的，是不是？另外努力的程度不同。有的人很努力，有的人不努力，努力的程度不同，结果当然不同。所以不能说是教育平等就是绝对的平等，绝对的平均主义，所以我们期盼在促进教育平等的过程中，要向弱势群体倾斜，这是一条；另外一条还是要承认差异，而且要重视差异，我们讲平等并不是说不要有拔尖人才，我们刚才讲了要建设人才强国没有拔尖人才是不行的。印度的普及教育不如我们，我们基本上普及九年义务教育了，印度普及教育只达到百分之七十，还没有真正的普及，但是，印度人在世界性国际组织里的人比我们多，联合国教科文组织、联合国粮食组织、卫生组织，很多很多的世界性组织都有印度人，当然他们有一个优越的条件，除了他们的印地语以外，英语是他们的官方语言之一。我国英语就没有他们的那么普及，所以，我们在国际组织中的人才就很少。据说他们就是靠一百万人才计划。所以，我们要建设人才强国就必须要有一批拔尖人才，国际性的人才，能在国际上竞争的人才。不能搞平均主义，我们要注意儿童存在的差异，承认差异，培养差异。刚才讲了培养兴趣，培养学生的兴趣爱好，使他们从小就有一些专业意识、专业兴趣，这是我们要建立人才资源强国的任务。

十七大还提出来要形成全民学习、终身学习的学习型社会，促进人的全面发展。也就是说我们要成为一个强国，全民都要学习。全民学习是科学技术发展的要求，是人类追求全民发展的梦想的要求。关于终身学习，我给大家讲一个笑话。刚才介绍了，1974 年的时候，当时还在“文化大革命”期间，干部解放了，我下放劳动回来就被派到北京师范大学二附中当校长，那时不叫校长，叫革委会主任，革委会主任兼支部书记。1971 年联合国恢复了我国的合法席位，紧接着教科文组织也恢复了中国的席位，中华人民共和国的席位原来是被台湾国民党占据，现在恢复了中华人民共和国的合法席位，因此要派代表参加会议。联合国教科文组织每两年开一次大会，1972 年恢复我国席位以后没有来得及派代表团，只派了几个代表，清华大学的副校长张维院士去参加了。1974 年中国正式派了代表团，五个正代表，五个副代表，三个顾问，我是作为代表团顾问，教育就我一个人，因为教科文吗。(笑声)我们为了参加这个大会做了一个多月的准备，准备大会的材料，我就负责教育方面的问题。教育里头有各个国家的提案，像我们开人大有提案一样。1974 年是第十八届大会，正在搞一个中长期的规划。中长期规划有许多项目。教育方面的提案有一百多个，可以分为两类：一类是发展中国家，就是第三世界的国家，非洲、拉美等国家提出的，希望联合国教科文组织成立一些扫盲、普及初等教育的项目。他们说我们很穷，文盲很多，希望联合国立项支援。第二类提案是发达国家提出来的，说要发展成人教育，发展终身教育。对成人教育我还知道一些。我国也有成人教育，但我国的成人教育主要是学历补偿教育。没上过小学的，上成人小学。没上过中学的，上成人中学，这种成人就是学历补偿教育。人家的成人教育主要是培训，职业培训、岗位培训等。我们现在也在转变，如电视大学，过去实施学历教育，都是学历补偿，现在我们也逐渐转变为岗位培训。

终身教育到底怎么回事？那时发展中国家的人都不知道什么叫终身教育。根据当时“文化大革命”的思维定势，如刚才讲了教育是阶级斗争的工具。终身教育都是资产阶级国家提出的，都是发达国家提出来的，发达国家都是资本主义国家，资本主义国家提出的当然都是资产阶级思想。联合国教科文组织大会是马拉松式的会议，五十天，听说现在少了，因为没有那么多钱了，现在开十几天，最多两个礼拜，那时候是五十天。开会程序首先是大会辩论，每个国家都要讲一遍，我们讲，反对帝国主义，反对霸权主义，反对跨国公司，（笑声）认为跨国公司就是对第三世界的剥削，所以要反对。答辩完了以后，召开分委员会议，共有五个委员会，我参加的就是教育委员会。每个国家代表在教育委员会也要发一次言。最后对中长期规划进行表决，每个项目都要表决。对于扫除文盲，第三世界要扫除文盲，普及素质教育，我就高高地举手，咱们支持第三世界国家，对不对？对于终身教育，我也不敢反对，因为我不懂，只好弃权，弃权也等于反对。（笑声）那时阿尔巴尼亚是我们的盟友，社会主义阵营的，虽然和苏联闹翻，但是还是支持我们的，他就坐在我斜对面，他老回过头来看我，看我举手他也举手，看我不举手他也不举手。（持续较长的笑声）开完会以后，法国教育部长在凡尔赛宫宴请各个国家代表团，很隆重地宴请，气氛非常隆重，但是吃的东西太少了。（轻微笑声）大家拿了一杯水，一杯酒，走来走去，就聊天嘛。澳大利亚有个代表就问我，说你们中国怎么解决青年的失业问题？（笑声）我说，我们中国没有失业，（笑声）中学毕业生全部上山下乡，（笑声）农村有广阔的天地。（笑声）（掌声）一句话就把他顶回去了。现在想起来特别可笑，这是个愚蠢的笑话，但那个时候觉得立场特别的坚定。你说这上山下乡不就是失业嘛！到了“文化大革命”以后，我们再学习，就发现联合国教科文组织有本书，这本书大家可能有，很多老师也可能看过。我觉得这是一本非常好的书，是20世纪最有影响的一本书，叫作《学会生存》，副标题是“世界教育的今天和明天”。这是联合国教科文组织组织专家组专门研究讨论后写成的报告，这个委员会的主席就是法国的前总理富尔，这本书《学会生存》1972年出版，我们到1976年才看到，是由华东师范大学邵瑞珍先生翻译过来的。她已经过世了，她是一位心理学家。但是1976年我国没有一个出版社敢出版，到了1979年，才由上海译文出版社出版。这本书讲到，科学技术的发展已经使人类进入了学习型社会、学习化社会，只有终身学习才能适应社会发展需要。

我们再往前看一看，1965年，法国学者朗格郎在联合国教科文组织成人教育大会上，做了一个关于终身教育的报告。后来出了一个小册子，叫《终身教育引论》。他提出来，把人一生分成两半，前半生是学习，后半生是工作，是毫无科学根据的。现在应该是每一个人在他需要的时候，都能够给他提供学习的机会，这就是终身教育。那么这个终身教育是不是资产阶级教育思想呢？

20世纪80代年初，我开始研究现代生产和现代教育的关系，再翻一翻我们老祖宗马克思主义的《资本论》。马克思的《资本论》有三句话。第一句话叫作“现代大工业生产的技术基础是革命的，以往的生产方式都是保守的”。“现代大工业生产造成了劳动的变换，职能的更动和工人的全面流动性”。这是第二句话，这第二句话我在1980年讲课的时候、作报告的时候，还要花一番工夫解释，什么叫劳动变换？什么叫工人的流动？恩格斯在共产主义原理里还有一句话，他说，到了未来的社会，一个人可以根据他的兴趣爱好和社会需要，从一个岗位转到另外一个岗位。怎么转到另一个岗位？过去党教育我们一辈子在一个岗位，做一个螺丝钉，怎么转来转去，转一个岗位？不理解！怎么流动？不理解！那么到了20世纪90年代初我们就可以理解了，我们为什么有那么多下岗工人？为什么要下岗？不就是因为生产的变革吗？生产变了，工人不适应了，不就要流动吗？不就是要失业吗？不就是要下岗吗？那为什么20世纪90年代朱镕基当总理，一个命令让把所有的纺织机器，纺织纱锭砸烂，为什么砸烂？就是不能再生产了，那个东西太落后了，如果你不把它毁了，纺织出来的东西没人要，没法出口。机器太落后了，过去劳动模范靠一分钟接多少个线头，现在还要接线头吗？现在都是计算机自动化了，完全变了，生产方式变了。那么第三句话：就是说怎么办呢？这句话很长，我把它缩短了，大概就是要用全面发展的人代替局部发展的人。只有用全面发展的人代替局部发展的人，这个大工业生产才能继续下去，这是关系到大工业生产能不能生存的、生死攸关的问题。190 年以前，马克思就讲了，我学教育学的时候就学过，《资本论》看过了几遍，讲教育学的时候我也对同学讲过，怎么就没有弄懂呢？一碰上终身教育怎么就没有弄懂呢？后来我也明白了，因为我们生活在一个小农经济的环境当中，我们没有生活在大工业生产的环境当中，我们的工业化还没有完成，20 世纪 80 年代的时候我们还没有完成工业化。就是现在我们的工业化也还没有最后完成，我们的农业的工业化也还没有完成，我们的农业还是处于一个小农经济的状况之下，还没有完成。所以我们不能理解在大工业生产条件下马克思一百多年以前讲的话的含义，所以闹出了这么个笑话。

所以，终身教育是现代教育的一个重要的标志，有的人讲，什么叫现代教育？一句话，就是终身教育。国家能不能建立一个终身教育体系，就说明你的国家的教育现代化是不是完成，是不是建立起来了。我们比世界上落后了三十年，人家是 1965 年提出来的，我们是 1993 年在中共中央关于《中国教育改革和发展纲要》中才第一次提到终身教育，我们官方文件里头才第一次提到，所以我们晚了三十年。党的十六大、十七大都提出来要勤于学习，终身学习，形成学习型社会，促进人的全面发展。最终目的就是促进我们人的全面发展，这是人类的最高追求。

当前大家最关心的问题是素质教育。我觉得，我们现在的中小学是基础教育，我今天不讲高等教育，我现在满脑子都是基础教育，因为我现在是中国教育学会的会长，中国教育学会是研究基础教育的。其实我当了多年的大学校长，我过去对大学比较熟悉，现在我转到了基础教育，我对基础教育也有感情。刚才讲了我是小学教师出身，我也当了好多年中学老师。但是我觉得我们现在的基础教育确实让人担忧，有的时候想起来都睡不好觉。我们怎么办呢？孩子五六点钟就起床，十点十一点才睡觉，听说有的地方老师还规定必须十二点才能睡觉，还要家长签字，就是十二点的时候签字。这不是折磨孩子吗？放暑假，孩子不能休息，要上各种兴趣班；放寒假，孩子还是不能休息。过春节，我们大人过七天，他们过三天。(轻微笑声)没有幸福的童年，没有自己的兴趣爱好，总是强迫，强迫学习。当然这里有社会的问题，不光是教育的问题。是社会竞争非常激烈造成的。所有的社会矛盾都转移到教育上来了。实际上教育承受不了，学校承受不了，老师承受不了，校长承受不了。社会的所有矛盾压在我们老师身上，压在我们校长身上，最终是压在我们学生身上。我们的学生体质在下降，思想品德在滑坡。学生现在是非常脆弱，我们20世纪五六十年代，六七十年代，虽然那个时候有阶级斗争，也还没有听说过孩子跳楼啊，自杀啊，没听说过。现在怎么动不动就跳楼啦？前几天在报道上看到，说有个女孩老玩电脑，老玩游戏，妈妈就批评她，说了几句，她一会儿就不见了，哪去了？(笑声)阳台上跳下去了，没有了！这怎么可以啊？现在的社会环境对我们教育是个很不好的环境。有很多不好的网吧，不想学习的孩子只想往网吧去，这是一个不好的方面。另外一个方面，用功的孩子一天到晚埋头写作业。我们讲减轻负担，教育部发减轻负担的文件。新中国成立以来大致发了38次减轻负担的文件，但就是减不下来。学校要减负，家长不答应，家长说孩子"不能输在起跑线上"，别人家的孩子上什么补习班，他也要让自己的孩子上补习班；别人家的孩子补课，他也要让自己的孩子补课。我觉得我们现在的教育已经扭曲了，已经异化了。教育本来是培养人的，现在变成摧残人了。所以我最近提出了两个想法，登在网络上，有的人赞成，有的人骂我，有的人说对，有的人说不对。第一次就是前几年我提出来，废除"三好学生"的评选，评什么三好啊？小孩正在成长的时候，学校怎么就说你是好学生，他就不是好学生？我们把过去成人的一套，成人评模范、评先进的一套方法用到小孩身上，制造人为的竞争，于理也不合啊。你说我们的教育方针：要求学生德、智、体全面发展，也就是人人都要三好啊。我们的教育方针并没有说德、智、体、美全面发展要百分之十的学生达到。那就是说我们的教育方针是针对每一个学生来讲的，那为什么只评百分之十的三好，百分之九十的都不是三好？这符合不符合教育规律？孩子正在成长当中，从理论上也不符合，从实际上也不符合。孩子在成长过程中，他有的时候会犯错误，这都很正常。不能因为他犯错误了就认为他不是好学生啦！

你一下子早早地给他定终身啦，说你是三好，他不是三好？这个话题在网上吵来吵去，有的人赞成，有的人不赞成。并不是我要炒作，我只是诚心诚意的从心底里觉得，这个不好，对孩子的成长不利。为什么呢？十多年以前就有一位朋友跟我讲，他说我的孙女儿上小学一年级，刚上学，第二个礼拜就回来跟我说：爷爷我是班上第二聪明生，爷爷就问她什么是第二聪明生，她说我们老师排队了，谁最聪明，谁第二聪明，我是第二聪明。（持久笑声）过了一个学期，她又回来讲，爷爷我们班上有八个笨蛋，我问她，你们班怎么有八个笨蛋？她说我们开班会了，老师说谁是笨蛋站起来，（笑声）有八个孩子站起来了。（笑声）你想从小他自己认为是笨蛋，那他长大了还能成才吗？从小对自己没有自信心，没有自尊心，他将来能成才吗？这已经是十多年以前的事了，所以我觉得不要再评“三好学生”了。再加上现在评三好的做法出现许多弊端，成年人中的一些恶习带到了学校。为了评三好，学生可以给老师送礼、走后门，还有跟学生搞好关系，就是“你要选我，拉选票”等种种弊端。我过去在北京师范大学当副校长，有时也负责招生，要求保送生必须是三年三好生，有的学生挺好的，可只有两年是三好生，怎么办呢？校长对另外一个学生干部说，你将来肯定能考上大学。你呀，把你的三好生借给他吧，（笑声）就这样弄虚作假，所以，我们后来不敢要保送生了。

去年我讲了一句，最近我又讲一次，我说折磨孩子的奥数班可以停止了。网上又吵了一大通，这是怎么回事呢？去年十一月份我在成都，成都青羊区是我们教育学会的实验区，我们在这里搞了十几年的实验。那里的局长很有思想，他搞了四条减负令，叫教育局长令。第一道令就是小学生书包的重量不能超过学生体重的百分之十；（持续笑声）第二道令是布置作业不得超过多少小时、每学期考试不得超过几次，等等，还有什么四道令，我记不清了。但是这第一道令最突出了，有一段时间网上也在吵，说这是治标的办法，治标不治本，这都是形式主义，等等。但是我赞成。首先表明了青羊区对减负有措施有行动，不是停留在口头上。同时对小学生有利。小学生体重只有四五十斤，要背十几斤的书包，身体怎么吃得消？现在要用拖车、（笑声）拉杆式书包嘛。（笑声）孩子受得了吗，首先把书包减下来，我赞成。成都青羊区为了贯彻教育局长令开了一次座谈会，正好我到了成都。有三部分代表：一部分是老师，一部分是同学，一部分是家长。就谈减负令，老师什么意见，同学什么意见，家长什么意见。大家都说赞成，同学当然更赞成了。有一个同学就说我希望国家规定一天无作业日，(笑声)就像无烟日、无车日一样。(笑声)有的学生讲作业我还是要做的，但是我最讨厌的是那种重复的，没有意义的，练习多少遍的作业。那个学生说得很好，最后要我说。我说我赞成，书包要减轻。要减轻学生学业负担首先是老师要上好每一节课，让学生听懂、学会，这样就可以少布置课外作业；第二是学校减轻了学生的负担，家长不要再增加负担，不要买那么多辅导材料，不要让孩子上那么多补习班。我最讨厌奥数班，奥数班摧残人才。我说，奥数班的题目，有些连博士生都做不出来，让小学生去做奥数，有什么好处？我刚说完，一个男孩，估计也就上五年级，举手起来说："顾爷爷，你说取消奥数班，但是如果我们不上奥数班，就考不了好的初中；上不了好的初中，考不上好的高中；上不了好的高中，就考不上好的大学；上不了好的大学，毕业以后就找不到好的工作，我怎么养家糊口啊？"(持续笑声)(长久掌声)也就是十岁、十一岁的孩子，讲出这个话来，你说可笑不可笑？(笑声)完全是家长给他灌输的，完全是家长的话，对不对？还养家糊口呢！(笑声)要说这奥数班，我也是个始作俑者，奥数班一开始成立的时候，我在北京师范大学当副校长。我们过去不参加国际奥林匹克数学和科学比赛，后来说要参加国际比赛了，那怎么办？当时临时抱佛脚，国家教委就让几个附中，包括清华附中、北大附中、北京师范大学办集训班，这像体育国家队训练似的，集中训练。于是就从各个省高中学生里选拔在数学、物理、化学方面有天赋的学生，成立了奥林匹克班。我就让北京师范大学实验中学办了数学班，清华附中、北大附中分别办了物理班、化学班。比赛了以后，就一炮打响了，数学拿了五块金牌，物理、化学都拿到了金牌。后来这些学生都被清华、北大免试录取了。一些中学看到得了奖可以免试保送入学，于是就都办起了奥数班，这一办奥数班，后来就有一批商人，看到这里的商机，觉得有利可图，于是在社会上也办起各种各样的奥数班，并且从中学延伸到了小学。小学升初中也要看奥数的成绩，这样奥数班就泛滥起来。所以我们觉得这就异化了，原来并没有这个意思，所以我说现在教育异化了。本来是培养人的，现在是在摧残人，你说奥数不是摧残孩子吗？为什么只有奥数班这么普及，很少有奥物班、奥化班？因为物理化学都要做实验，很难办得起来。数学一张纸就可以办起来了，（轻微笑声）所以我觉得现在的素质教育，可以说是走到了死胡同。必须要改革了，否则我们国家要想培养拔尖人才，要想培养诺贝尔奖的获得者那是难上加难！

前年，温家宝总理召开了四次座谈会，主题是基础教育、职业教育、高等教育、成人教育。我去参加了基础教育座谈会。当时我们都讲教师队伍的重要，全社会都应尊重教师。后来就提到免费师范生的问题。有人说是我提的，其实不是我提的。（轻微笑声）当时我们都讲到了教师的重要，华东师大的叶澜老师，南京的一个中学校长，还有成都青羊区的一位小学校长，他们讲完了我讲，我说现在社会上不尊重教师，一定要让全社会尊重教师，要吸收优秀的青年上师范，可以免交学费，或者贷款由政府来还。总理就说，不，就要免费。温家宝总理早就深思熟虑地想到了。他说他今年（指 2006 年 5 月 4 号）到北京师范大学去访问、考察。北京师范大学送给他一份礼品，是他的父亲的毕业证书和一封保证书，保证将来做教师。他说，我今天已经把财政部长带来了，我们一起商量，先在六所部属师范大学试行，全部免费，可能要有几十个亿。所以总理早就想好了。后来去年在政府工作报告里，就讲到免费师范教育，免费师范教育虽然在六所师范大学试行，但是它向社会表明，全社会都要尊重教师，尊师重教首先要尊师，总理在别的地方多次讲到。同时提出要培养一批教育家，让长期从事教育工作的懂得教育的教育家来办教育。为什么免费师范生要服务十年呢？就是说希望这些免费师范生能够一辈子从事教育工作，成为教育家。另外，当然就是要吸收优秀的青年，来从事教育工作。所以，我觉得我们确实需要有一批教育家来办教育。

现在我们教育的外部条件不太好，我刚才讲了很多，社会竞争压在我们头上。但是教育内部是不是也应该改革呢？我们的老师是不是不要让孩子写一百遍作业，写十遍作业行不行呢？不要做一百个题，做十个题行不行呢？我说教育是一门科学，同时也是一门艺术。我刚才讲了，评选三好学生不符合教育规律，教育是一门科学，学生成长有规律，要懂得这个教育规律，要研究学生。同时教育又是一门艺术，老师要钻研这门艺术，艺术是要靠创造的。艺术不像科学，科学可以重复，做一个实验，可以重复的，这个实验才算成功，才能证明你是对的。教育有很多经验是不可重复的，教育是有个性的。老师的风格也是有个性的，每个教育家的风格也是有个性的，要建立自己的风格。虽然外部环境不太好，但是教育内部是不是可以改进，有没有改进的必要呢？我觉得教育内部也有改进的必要。关键是我们的教师，我们的教师队伍，要有一个真正热爱教育的心态、真正热爱孩子、真正能够钻研、能够把教育看作是一门科学，同时也把教育看作是一门艺术的忠心耿耿的教育者，才能创造自己的风格。我们现在也有很多优秀教师，他们教的学生，负担并不是很重，他们不是布置很多作业，他们是用他们的教育艺术来把知识教给学生，用他们的人格感染学生。胡锦涛总书记在去年教师节前优秀教师座谈会上就讲到，教师要用自身的知识魅力和人格魅力来赢得社会的尊敬。

今天我就讲到这里，谢谢大家！（持续热烈的掌声）

**党怀兴：**大家已经亲耳聆听了讲座，非常感谢。请大家猜一下顾先生今年高寿呢？

**听众：**八十。

**党怀兴：**好，大家都知道。八十岁高龄的学者站在这里，滔滔不绝，侃侃而谈实在是让人敬佩。（持续掌声）应该说顾先生讲的当前中国教育的几个问题确实是最前沿的，各位都是未来的教育家，我也不敢点评顾先生的讲座。我想我们只有学习的份儿，只要按顾先生说的去做，去思考，我想各位一定能成为未来的教育家，也一定能实现温总理说的，顾先生说的，教育家办学，希望陕师大能出现更多的教育家。非常感谢顾先生！（持续热烈掌声）

我们下面来回答同学们提出的几个问题。

## 提问互动

**问 1：**顾先生，您好，我想请问一下，最近暑假回家做一个调查，我们村辍学风气非常“流行”，许多初中生，他们都是在进入初一初二时就辍学了，而他们的大部分都是由于厌学而辍学的，您如何看待？谢谢！

**顾明远：**对，说的很对。现在辍学并不全是因为经济问题，现在义务教育都免费了，基本上不存在上不起学的问题，当然有些家庭，比如，住宿生可能会增加一些负担。但是辍学的主要原因是厌学，为什么厌学呢？就是教育不得法，学生学业负担太重，学习成绩不好。特别是初二辍学的情况是最严重的，这我也知道，为什么呢？因为到了初二，家长一看，说你这功课都不及格，反正考高中也没有希望了，还不如早一点去打工呢。从机会成本来讲，打工和上学差别很大，所以就辍学了。我觉得，教育公平的问题是国家的责任，现在教育要做两个转变：一个转变是从人民的教育人民办转到人民教育由国家来办，义务教育都是由国家负担的；另一个转变就是由数量的发展转变到质量的提高。那么头一个转变是政府的责任，教育公平是政府的事。第二个转变就是我们老师的责任，学校的责任。可能你们那里农村老师水平不太高，校长不怎么钻研怎么让学生学得好，所以才使得许多学生产生厌学情绪。

**问 2：**顾老师，您好！我在寒假期间曾经和一个小学生的家长交流过，他就给孩子报奥数班，孩子负担很重。我说家长应该把孩子的负担减轻一点，他说这没办法减轻，因为学校不减轻。要减轻的话，他的意见是，如果要减轻孩子的负担，应该从高往低减，从高等教育减到高中，再减到初中，然后减到小学。比如，大学某一个专业如物理专业，大多数的时候可能就是看他的孩子在高中时候的物理成绩，而不是看综合成绩，在其他方面可能只看一个大概，所以由大学减到高中再减到初中再减到小学，这样才能培养孩子的兴趣，或者是减轻负担，您怎么看这个问题？

**顾明远：**我觉得这个问题要讲还可以讲半个钟头。（轻微笑声）首先，我觉得这个问题很好解决，怎样解决呢？小学升初中，不要附加条件，现在重点中学收孩子要附加条件，要奥数班的成绩，你还有什么特长，你钢琴弹得怎么样？等等。各种附加条件直接增加了家长的负担，不要附加条件，是很好解决的。那大家就都不要附加条件，说奥数班要多少分数，如果没有这些条件，那奥数班不也就消灭了嘛。第二个，就是我们传统文化的问题。怎么说传统文化的问题呢？孩子上什么学校对家长来说有好几层意思。一个意思是孩子能不能上好的学校，考得好不好，考的是重点中学还是普通中学，是我老子的面子。我的孩子如果考得不好，上不了好的学校是我老子没有面子。外国人不讲老子的面子，外国人是孩子怎么样就怎么样，他跟老子没关系。我们是一切跟老子有关系，考到清华大学，我老子面子可是好了，可了不得了。这就是传统，对不对？还有一些传统，比如，读书做官的传统观念，故而长期以来不重视职业教育，做家长的总不希望自己的孩子考职业高中。在制度上，国家也是不重视职业教育，为什么不把最好的中学办职业高中？而要把最差的高中变成职业高中，说明我们的国家还是不重视职业教育。在国外的家长他没这个概念，他孩子动手能力强，那么他去职业高中；他思维很力好，那就去上普通高中。不像我们的传统文化那样以读书做官为导向。所以这里有深层次的问题。现在，家长无奈，老师也无奈，不能怪家长，也不能怪老师，这是传统势力的问题。所以要解放思想，而且制度也要变化。如果说职业高中毕业生的工资甚至要比普通大学毕业生还要高。是不是就会有一部分人不去挤普通大学，而是上职业高校？所以还是要有些制度上的保证、观念上的转变。这个问题比较复杂，这不能怪哪一个家长，环境是这样摆着呢。但是我们这个环境、这个传统是不是也应该改一改？（掌声）

**问 3：**顾老师，您好！在您刚才精彩的讲话中，我们听到了您提到小学、初中、高中和大学，但是很遗憾我没有听到您提到幼儿园。我是学前教育的大三学生，我想问一下这是不是也能说明在当前的教育改革的过程中，我们国家还是对学前教育不够重视，谢谢！（掌声）

**顾明远：**这位同学说得很好，对我的批评也很好。（笑声）我觉得应该重视学前教育，还有特殊教育。我在北京师范大学教育系当系主任的时候，我就在全国设立了第一个特殊教育的本科专业，我这不是吹牛，事实摆在那里。1979 年我当教育系主任，我就成立了一个特殊教育专业，本科。但是这个专业不景气，为什么不景气呢？很多人不愿意干这个工作。特殊教育毕业生以后也转行了，转到了别的专业里头去了。我们的爱心确实不如有些外国人，外国很多志愿者专门去做特殊教育的工作，很多都是一般大学的本科生、甚至博士生去做特殊教育的教师。

幼儿园也是这样。这几年我们对幼儿教育确实重视得不够。现在不是有很多地方提出来要普及十二年教育嘛，要发展高中教育，我个人的意见，如果要讲义务教育的话，不是向高中延伸，而是应该向学前延伸。(持续掌声)因为学前3岁到6岁是人一生发育最关键的时候。它要比高中重要得多。所以国家如果真正要延长义务教育的年限的话，应该向前延伸，不要向后延伸。后面当然也要普及，高中也要普及，但是不一定作为义务教育。因为现在全世界也很少有国家把义务教育延长到十二年，大多是九年。包括我们台湾省，现在高等学校的毛入学率都已经达到百分之八九十，但义务教育还只是九年。美国现在高等学校毛入学率也已经达到百分之八十了，但高中也不是义务的，义务教育应该向学前延伸。

**问 4：**顾老师，您好！我是陕西省的学生。我知道陕西省今年是第一次实行新课程的改革，面对高中课程的改革，我在寒假的时候做了一次调查。这次改革有以下几个特点：首先是课程量大，课程的深度也有所增加，其次在课文的内容安排上更复杂，最后是关于课程改革特别是在乡村地区师资力量的配备不是很足，面对这个问题，您有什么看法呢？您认为这次课程改革能否成功？谢谢！(掌声)

**顾明远：**我认为课程改革的方向是对的。本来课程的目的不是要强调死记知识，而是要培养学生的创造能力和创造意识。为什么要搞探究性学习呢？为什么高中要搞模块啊？要搞选修啊？都是我刚才讲的培养学生的爱好，根据不同的学生因材施教，让他自己选。这个目的、这个方向是对的，但是改革的过程中我觉得确实存在不少问题。据我了解，现在正在修改课程标准，内容上也会有所调整。另外一个，我们确实是准备不足，特别是师资的准备不足。尤其是在农村地区，老师对改革的理念了解得也不是很充分，改革的本身要求的业务能力也还达不到。这个问题现在正在改。

**党怀兴：**让我们再一次以热烈的掌声感谢顾先生精彩的报告，并且祝福顾先生健康长寿，健康快乐，谢谢大家，谢谢顾先生！(持续热烈的掌声)

(参加本文整理的有博士后：周先进；博士生：郭辉、张京京；硕士生：乌兰图雅、鲍婷、王珊、叶青)

# 文化、教育与民族创新精神

演讲人：司晓宏

（2009年5月14日）

## 演讲人简介

司晓宏，陕西咸阳人，1961年生，1983年毕业于陕西师范大学教育系，1989年获北京师范大学教育学硕士研究生学位，2011年获华中科技大学教育学博士学位。现任陕西师范大学党委副书记、教授、博士生导师。兼任中国教育学会教育管理学分会常务理事、中国教育学会教育管理学学术委员会副理事长，2001年至2007年兼任中国教育学会中青年教育理论工作者分会副理事长。担任《面向当代教师教育的教育科学丛书》编委会主任、《教育科学新视野系列专著》编委会主任、《教育科学新进展丛书》编委会主任、《西部教育报告》编委会主任、《中国中青年教育学者自选集》副主编。兼任中国教育政策研究院教授、《中国教育管理评论》刊物编委。

## 主持人：郝文武

各位同学晚上好，为了加强学术交流、扩大学术影响、提高学术水平、营造良好的学术氛围，我们教育学院决定今后长期举办教育书院教授讲会、教育书院青年讲会、教育书院教授沙龙、教育书院博士沙龙四种学术交流活动。以前，我们请过许多专家做报告，但比较零散，没有统一的名称，以后的类似报告都将纳入教育学院书院讲会。今天是我们教育学院书院讲会的第一讲，也是正式开讲，我们对自己讲会的正式开讲表示热烈的祝贺。（热烈掌声）今天的主讲人是我们陕西师范大学党委副书记、教育学原理专业的博士生导师、教育管理系的首席教授司晓宏先生。（掌声）我们对他在百忙之中能够做客教育书院教授讲会表示衷心的感谢，也对我们全体师生来参加教育书院讲会表示热烈的欢迎。（掌声）今天司老师第一讲的题目是《文化、教育与民族创新精神》，现在有请司老师、司教授、司先生开讲。（掌声）

**司晓宏：**

首先，谢谢郝院长，也谢谢在座的各位老师和同学！第一讲的教育书院教授讲会能够邀请我来讲，我感到非常荣幸。其次，这也是教育学院和心理学院分开以后举办的第一次学术报告，我希望讲会能够取得圆满成功，同时也希望此类的学术活动能够方兴未艾地延续下去。

## 一、文化环境概述

今天讲的题目是“文化、教育与民族创新精神”，这是我六年前写的一篇文章，为什么会选这个题目，一是因为这个题目还没有过时，仍然是个热点问题；二是这样的讲会参加的人数比较多，每个人的兴趣点不一样，题目太窄太具体，很难有一个公共的对话平台，所以就选了这样一个题目来和大家交流，互相切磋。思考这个题目的缘起是这样，大家都知道诺贝尔奖从 20 世纪初诞生到现在已经评了将近 110 届，可是到目前为止，我们这个人口占世界五分之一、国土占世界十分之一的国家，至今仍然没有诺贝尔奖获得者，这并不是说我们民族不能荣膺世界最高奖项的问题，但它从侧面反映出我们民族的创新精神或者说创造力的不足，尤其是原始创新的不足。因为诺贝尔奖的评选是以原始创新为基础的。而今天我们所面临的时代，是一个什么样的时代呢？是一个知识经济的时代，是一个学习型社会的时代，在这样一个时代里，一个民族的创造力至关重要。对此，我觉得江泽民同志概括得非常好，他说：“创新是一个民族的灵魂，是一个国家兴旺发达的不竭动力。”这句话道出了这个时代的真谛。在经济学界，有人把知识经济、工业经济和农业经济作为一个相对应的概念，甚至做出了这样的一种诠释：农业经济是以土地为本，工业经济是以能源和材料为本，知识经济是以知识为本，而知识又以人的智力为本。大家都知道比尔·盖茨创立的微软是世界上最大的一个财力集团，那么这样一个大的财团它今天能消耗多少材料？消耗多少能源？它消耗的是人的智慧，消耗的是人的智力。从某种意义上讲，它依靠的是创新。到目前我们还没有获得诺贝尔奖，当然，国家很急，李嘉诚先生也很急，从国家科技奖、李嘉诚奖项的设立就可以看出，这些奖项设立的目的是想让我们尽快有一个突破，但最主要的是从中反映了我们民族的创新精神问题。

谈到创新精神，大家可能会有这样一个本能的反思：是不是我们中国人的人种有问题？就好像奥运会，我们去年尽管拿了金牌第一，但是在竞赛场上尤其是田径场上，我们都希望能多出几个刘翔，但是我们没有金牌。同学们也许会说，这是人种问题，吃的不一样，遗传基因也不一样。(笑声)那么，在这一方面，别人会不会也有这样一个反思呢？当然是有的。大家都知道，新中国成立前西方人都管我们中国人叫东亚病夫，虽然今天人权平等、种族平等的口号已经响彻寰宇，很多国外的学校都挂着反对性别歧视、反对种族歧视的口号，实际上如果某种口号在社会上到处都彰显，那就说明这个社会上此类问题是严重存在的。就像今天我们不喊尊重教师，是因为教师已经被尊重了。我们喊尊重教师，“教师是太阳底下最光辉的职业”，那是十几年前、二十几年前，那时候喊得越凶，说明教师地位越差。实际上，在西方人的潜意识里，对黄色人种还是存在歧视，存在偏见，认为中国人种不行。

到底是不是人种有问题呢？我们来回顾一下。人类学和考古学的研究已经明确地揭示：人类都是同宗祖先，这个同宗祖先就是一千万年以前非洲的南方古猿，所以非洲是人类的故乡。大约在三百万年以前，南方古猿演化为类人猿，现有的考古资料证实，我们国家二百万年以前出现的元谋猿人，是地球上最早出现的原始人种群之一，而较后出现的蓝田猿人、北京猿人，则是当时世界上进化最为发达的原始人部落，这个已经被证实。种族学将世界上的人种分为三种：一种是蒙古人种(黄色人种)、一种是欧罗巴人种(白色人种)、一种是尼格罗人种(黑色人种)。现在无论是遗传学、种族学、现代生理学，虽然充分证明了这三大人种之间他们在体形、肤色、血型频率上的确存在差异，但是没有丝毫的研究结果可以证明这三类人种他们在神经系统上存在差异。而决定人类智慧的最主要的物质基础是什么？是大脑和神经系统，是神经元。没有任何一个科学资料能够证实，这三大人种之间，白种人比黄种人的脑量重、神经元结构复杂，而黄种人又比黑种人的神经元结构复杂，没有这样的研究结果。另外，我们再从历史学的角度来考察。历史学研究充分证实：中华民族是世界四大文明古国之一。河套文化、仰韶文化、龙山文化是人类最早出现的文明，我们与美索布达米亚、埃及最早进入了红铜和青铜时代，我们与赫梯、埃及、古希腊最早使用了铁器和牛耕，我们曾创造了举世瞩目的四大发明，可以说，在人类历史长河中的相当长的一段时间里，我们中华民族是独领风骚的。美国有一位学者叫坦普尔，他用翔实的材料证实：在中国古代的一段时间里，仅科学技术领先于世界发现和发明的就有100多项，他还赞赏中国古代的文明说，“如果诺贝尔奖在中国宋代就已经设立，那么各项奖金的得主，毫无异议的全部属于中国人”。我们今天都爱说GDP，我曾经看到过一个材料，在明代以前中国的GDP是Number 1，去年我们还是说我们是第四，但是我前些天看到一个材料，2007年年底世界银行组织估计我国的GDP是3.2万亿美元。2008年我们国家自己公布的GDP是30万亿人民币，按照美元换算，现在我国GDP也超过4万亿美元了，有人说已经超过了德国，这个发展是很快的，若干年前我们还是第八位，前几位是美国、日本、德国、英国、法国、意大利、加拿大，现在我们已经走了前面。所以说，源远流长、博大精深、辉煌灿烂的中华文明可以向世人充分证明中华民族是一个聪明、智慧、富有创造力的民族。再反观现实，尽管我们的大陆上没有出现诺贝尔奖获得者，但是在美国的华人有诸多都是诺贝尔奖获得者，像杨振宁、丁肇中、李远哲、李政道、崔琦、朱棣文等，他们同样是黄色人种，可为什么他们在那个文化背景下、在那个国度中，就能产生这么多的诺贝尔奖呢？而在这个背景下就产生不了呢？这充分地说明了一点：这不是人种问题！继朱棣文当了美国能源部部长、赵小兰担任了劳工部部长、骆家辉又做了商务部部长之后，有人统计过，美国硅谷中三分之一以上的高级工程师是华人。美国人口超过三亿，而在美国的华人只有三百万，占总人口的百分之一。由于可见，关于聪明这一点，稍微有点头脑的美国人也不敢小觑中国人，这说的是心里话。在排除了种族因素之后，我们只能把探寻民族创造力匮乏原因的视野投向我们的文化与教育。

## 二、文化环境和创造力关系的考察

关于文化环境和创造力关系的研究，可以说是创造学一个基本的命题。对此众多的研究者几乎都取得了一致的结论，他们普遍认为文化环境和创造力之间存在着密切的联系。罗杰斯认为："文化环境的开放性和进取性是激发创造力的先决条件，"他说："一个在整体上是被动而墨守传统的民族是不会有能力面对越来越大量出现的问题的。"马斯洛说："为了促进创造力，我们必须要准备好适用于创造力的气候。"阿瑞提则把文化环境视为"创造基因"，认为"包含创造基因的文化与具有潜在创造性的个人相结合"才会产生创造力，阿瑞提还引证说"为什么伟大的人物几乎都在同一个时代出现，其原因就是受特定的历史时期的特定文化影响所致，由于受共同的震动，因此许多天才一同并迅速地接连出现"。我们反观一下历史，的确有这样的特点。联合国教科文组织委员会的报告指出："人的创造力是最容易受文化影响的能力，是最易开发、并超越人类自身的能力，也是最容易受到压抑和挫伤的能力。"我引证这些是想说明：众多学者的研究已经证明文化与创造力有着密切的联系。从创造学的上述理论来观察和分析，中国近代以至明清以后的历史，我们可以清晰地得出这样的一个判断：正是落后保守、不适时宜的文化观念与习俗，束缚了我们中华民族的创造力。我把这些束缚民族创造力的消极因素归纳为以下几类：

**(一)封闭保守**

长期以来的小农经济使明代以后的中国形成了牢固的封闭意识和保守心态。在理念上，膜拜祖先、尊崇传统、信奉"天不变道亦不变"。在政治上，闭关锁国，淡漠外交，并以"天朝上国"自居。我们古人认为天圆地方，我们中国的"中"就是宇宙的中心、世界的中心，这既有一种自豪感，但是也有一种睁眼不望世界的夜郎自大、如井底之蛙的保守。在生产方式上，自给自足、禁绝贸易，满足于"三十亩地一头牛，老婆孩子热炕头"。我们典型的农业经济的特征就是这样的，日出而作，日落而息，春耕夏耘，秋收冬藏，几十年不变，工具是铁锨锄耙、驴马牛骡，长期的一代复一代的耕作形式。这种因循守旧的文化观念与创造力活动所需要的开放性和开拓性文化特征从根本上是相忤相悖的。

**(二)文化专制**

中国是典型的君权政治，君权政治的特点必然导致文化专制、精神垄断，这种专制自宋明理学之后达到了极致，其中最典型的就是文字狱，大兴文字狱就意味着没有言论自由。十年前大家看“雍正王朝”的时候，对雍正很崇拜，实际上雍正是最大的文字狱的制造者。那个时候，连说一句话都要小心翼翼，写一个字都害怕有被杀头的危险，在这种氛围下，人哪能有创造力？哪敢有创造精神？怎能不循规蹈矩?！而且战战兢兢，如履薄冰，如临深渊。前面的很多学者研究称，要产生创造力必须首先要保证创造主体有心理安全和精神自由。在政治专制的背景下，文化专制肃杀的氛围下，人不可能有心理上的安全感，不可能有精神自由，因而也就不会产生创造力。

**(三)贬抑个性**

我们的传统文化在价值取向上既有积极的一面，比如，注重整体，注重统一，注重和谐，注重对称，等等。但也有其消极的一面，尤其是对个性鲜明、棱角突出、标新立异者向来给予严厉打击、残酷地压制和摧残。我们有多少的谚语，如“人怕出名猪怕壮”“出头的椽子先烂”“枪打出头鸟”等，都是这样告诫人们的。再说得文雅一点，“土堆于岸，水必湍之”“木秀于林，风必摧之”“行高于世，众必非之”，等等，告诉你一个道理，你不要出头，你就不前不后中间走，不左不右随大流。这就把人的创造动力和创新意识首先给压制和扼杀了。而且我们从小就听到“别哭了，狼来了”，先用一种规矩、一种外在的力量把孩子唬住，你不要扎手扎脚，你安安静静、老老实实地待在襁褓之中，所谓乖孩子就是不哭不闹听话的孩子，就是这样一种观念。

**(四)中庸之道**

中庸之道也有它的合理之处，但是这种取法于中、不偏不倚的一种人格理想对于人的创造性的开发来讲，它又是一种摧残。

**(五)无为而治**

这个主要是道文化的一种影响。中国的知识分子受着儒、释、道三种文化的影响。有人说中国的知识分子什么时候都可以立于不败之地，年轻的时候信奉《易经》上讲的：“天行健，君子以自强不息；地势坤，君子以厚德载物。”到了中年的时候，觉得能力不及了，马上我们把道文化拿出来了，上不去，就不上了嘛。（笑声)退一步做人，海阔天空；让三分处事，心平气和。这对调节人的心理和情感是很有帮助的，如果一个东西我搞不出来就不搞了，那能出来重大成果吗？到了最后绝望的时候，我们又会把佛家文化端出来了，“全当今生无有我，安知来世不如人”，这么一想不是一下子就超脱了嘛！所以这也是中国知识分子刚柔相济、富有弹力的一种表现。在什么样的文化背景下，他都可以生存，都可以从历史的沃土中找到文化的滋补与滋养。这种无为而治，最主要的是导致人们虚静无为、见素抱朴、随遇而安，甚至是急流勇退，但是这和创造性文化所需要的特征是相违背的。

我个人的看法是：正是上述文化积弊束缚了中国封建社会后期以至近代以来中华民族的创造力，也正是在这一历史阶段，我们与西方文明的差距急剧地拉大。

在厘清了文化与创新的内在关系以及探明了文化因素对创造力的影响之后，今天我们在培育和激发民族创新精神的时候，在构建和实施国家创新体系的时候，就必须同步地注重文化环境建设，就必须消除传统文化积淀中的那些有碍于民族创新精神发挥的消极成分，而且努力营造能够培育民族创新精神的时代文化。忽视了这一点，创新体系的建设就会失去文化土壤的根基，创新教育的实施也将失去文化气候的保证。教育和国家的整个大环境相比，毕竟是个小系统，你这个小系统决定不了大系统，按照系统论的观点来讲，母系统决定子系统。

那么，什么样的文化环境能够激发民族的创造力呢？对此，阿瑞提提出了九种文化因素蕴含的“创造基因”：文化手段便利；对文化刺激开放；注重正在生存的而不是只注重已经存在的；无差别地让所有人自由地使用文化手段；在严重压迫和专制之后获得自由，或者哪怕是保持适当的差别；接受不同的甚至是对立的文化刺激；对不同观点的容纳；重要人物的相互影响；对鼓励和奖励的提倡。阿瑞提的上述观点，被认为是创造学的关于文化与创造关系的经典学说。

借鉴阿瑞提的观点，我个人的看法是，我们今天在文化建设上，应该在以下方面做出努力：

第一，要加强文化民主建设。吉尔福特指出：“在安全和自由这两者的心理条件中，存在着我们可以获得建设性创造力的最大限度机会。”这就意味着心理安全和自由是进行创造活动的基本条件。因此要激发民族的创造精神就必须首先建立一个民主自由、宽松和谐、安定团结的文化环境。只有在这样的文化环境保障下，人们才能够把全部的精神和意志集中到从事艰难复杂的创造活动上，也才敢于把思维的触角自由而勇敢地伸展到任何权威不曾涉及的领域。我个人看来，在文化民主建设中，政治民主建设又是关键，因为在一个民族的文化生存和发展中，政治文化始终是处于轴心的地位。尤其是对于我们这样一个集权政治延续了很长历史的国家更是如此。有人把我们古代的文化概括为酒文化、食文化，其实中国古代的文化主要是政治文化或者说是官文化。司马迁的《史记》、司马光的《资治通鉴》《论语》和“四书”“五经”讲的就是《大学》里所讲的：“大学之道，在明明德，在亲民，在止于至善。”学习的是“格物、致知、诚意、正心、修身、齐家、治国、平天下”。讲的都是这些道理。所以政治文化上不民主、不开放，其他的文化就不可能达到开放。因此在加强文化民主建设上，除了要在思想文化领域坚持百家争鸣、百花齐放的宗旨外，还必须推进政治民主化建设的步伐。只有实现政治民主，才能保障文化民主。在座的很多人都是“80后”，文化大革命对你们来讲，都是很陌生的历史，对于我来说，我是1961年出生，1966年“文化大革命”开始，我们对于“文化大革命”还是记忆犹新的。“文化大革命”时期人真的是没有言论自由的，大家说话都是背毛主席语录，而且一句话说不好就可能成反革命，人人自危，甚至是夫妻之间说枕边话，第二天都会有妻子揭发老公的情况；老师和学生随便交流交流，学生就可能会揭发或者反对老师，搞得人人自危、噤若寒蝉。这种状况对你们来讲只是书上看到的而且是难理解的东西，但对于我们来说是活生生的现实。在那样的背景下人们怎么会有创造力呢？改革开放以后，我们的民族活力为什么会如此高速、急剧地爆发，我们的经济为什么会高效、快速地发展，GDP的增长率平均保持在每年9.3%左右，其原因也在于这个时期的政治文化民主建设有了历史性的跨越和好转。经济发展在于有了一个民主的、宽松的、和谐的政治文化环境。我们今天谁说什么话，大概不会再想到有谁会揭发你、状告你，可以说没有后顾之忧了，有了比较充分的精神自由和思想自由。

第二，进一步扩大文化开放。“对文化刺激开放”被阿瑞提认为是最重要的创造基因。他讲到："当不同的文化给有天赋的人带来新的刺激后，这些人就增加了以前从未想到过的创造综合的可能性。"那么从对人类历史上几次创造力的高峰来看，比如，古希腊时期，产生了古希腊三哲：苏格拉底、柏拉图、亚里士多德，他们是师徒三人；还产生了毕达哥拉斯、德谟克利特等。到文艺复兴时候产生了拉斐尔、罗丹、达·芬奇、莎士比亚等人。我们国家最典型的就是春秋战国时期，我们现在历史上最重要的人物，比如，孔子、老子、墨子、庄子、孙子等，几乎都产生在那里个时代，包括晚一点的孟子、荀子等，当时出现了九流十家。我讲教育管理，我们的校长最早是怎么样产生的？校长就产生于当时战国时期在齐国办了一个稷下学宫，稷下学宫中出现了"九流十家"：儒家、墨家、法家、道家、农家、杂家、名家、阴阳家、纵横家、兵家等，他们都在那里聚众讲学，开门授徒。最后门派多了、人多了，就出现了如何管理和协调的问题。在这种背景下，大家就公推荀子为"祭酒"，来协调学宫内的各项事务。"祭酒"就是中国校长的最初称号。东汉时候，太学里开始叫"祭酒"，后来叫作"仆射"，最后又改为"祭酒"。这个时期之所以会出现那么多思想家、那么多天才，其原因就在于那个时期文化环境很宽松。但到了秦始皇大一统即"焚书坑儒"以后就不行了，文化发展出现退步。所以今天我们要增强民族的创新精神，就必须进一步解放思想、扩大开放。

再以美国为例，实际上美国是一个新生国家，克林顿当年来到西安，讲的第一句话就是："我来到一个以千年来计算历史的国度，我感到非常的荣耀和自豪。"美国才几百年的历史，1776 年建国，但是它为什么现在能一跃成为世界政治和经济文化的中心？这与它兼容并包、文化多元、开放的政策密切相关。在美的华人目前有 300 多万，约占全美人口的 1%。这些人可不是一般人，尤其是在前十几、二十年出去的。他们中的许多人已成为了美国人口中的精英。我们今天的教育方针是"九五"规划的时候，也就是 1990 年左右制定的。过去的方针都是领导人说了算，1957 年毛主席说我们的教育是使受教育者实现德、智、体、美、劳全面发展，成为有社会主义觉悟的有文化的劳动者，那就是当时的教育方针。第二年毛主席看赫鲁晓夫变修了，认为要搞无产阶级专政下的继续革命就提出了"教育必须与生产劳动相结合"，这是毛主席讲的，因此也就确定为教育方针。改革开放后，

1983年邓小平到景山学校视察，题词："教育要面向现代化，面向世界，面向未来。"后来这就被确定为新时期我国教育工作的战略指导思想。所谓战略指导思想就是方针。事实上，在新中国成立后的历史中，唯一的让专家参与讨论的就是"九五"规划中提出的教育方针，这一方针后经过几次修订，但它的雏形是制定"九五"规划时提出的。也就是"教育必须为社会主义现代化建设服务，为人民服务，与生产劳动和社会实践相结合，培养德、智、体、美全面发展的社会主义建设者和接班人"。当时有人质疑都是社会主义的建设者了怎么还能不是社会主义的接班人？(笑声)认为"接班人"这个词是多余的。但是中央一些老领导、老同志坚决地认为要把"接班人"放上，绝不能删掉。因为"89风波"以后，他们的确认识到，我们到底是在为自己培养接班人还是在培养掘墓人？他们批评我们的教育是在"培养失败者"。上小学的时候就想着进一所重点中学，进了重点中学是成功者，没进重点中学就是失败者；上了重点中学后，谁能考上大学就是成功者，没考上大学的就是失败者；上了大学谁能考上研究生、留在大中城市工作就是成功者，谁没能留在大中城市工作就是失败者。我的一个同学从陕北考到西安上大学，毕业后又回到陕北当教师，家乡人就说："娃呀，你咋在西安住了四年店又回来了？"(笑声)他不认为你这四年已经武装起来了，已经有知识了，而认为别人都在外面干事，你咋上了四年大学又回到咱县上教书了？(笑声)留在大中城市的谁能出国就叫成功者，没有出国的就是失败者；出国的谁能拿到绿卡待下去的就是成功者；迫不得已回来的就是失败者。这些老同志就质问：层层筛选把精英都筛选到了哪儿去了？意思是说，你把精英都筛选到国外去了，而把"失败者"都留在了国内。所以美国的华人，他们前期的小学、初中、高中、本科甚至研究生教育都是在我们国内进行的，最后在别国上了个博士，被人家在成品阶段给加工了一下，结果被人家挽留下来，为人家所用。那些在国外待了十几年以上的许多人已经成了典型的香蕉人——皮肤是黄的，但内心是白的。(笑声)当然也不是说他们对中华民族是没有一点情结，但他们已经成了特定文化和环境的产物。正如马克思所讲的：人就其本质来讲并不是单个人所固有的抽象物，在其现实性上讲，他是一切社会关系的总和。这句话用到这儿非常合适。美国的经验是这样，日本的成功也是这样，它的典型之处就是在文化开放中把东方文化和西方文明有机结合。

第三，要建立文化创新机制。文化建设还必须从文化机制的改造和改良入手。我的体会，首先应该建立公民责任感的宣传教育。无论是知识创新还是技术创新，都是一种在强烈责任感驱动下的复杂劳动，如果作为创造主体的人没有责任感、使命感，便很难有创造的动力；其次要建立、健全社会的竞争机制和激励机制。十几年前大家都说：搞导弹的不如卖茶叶蛋的，拿手术刀的不如拿剃头刀的，研究设计制造飞机的不如修理自行车的。如果当时的状况现在依然存在的话，可能在场的郝老师和我就不会在高校里待着。你承认创造是一种复杂的劳动，结果你不能让这些人体面地、自豪地活着，那谁还去搞创造？尤其是在市场经济的背景下，人的经济理性已经得到充分的放大，就像我们大学生现在就业也很现实，也不是没有岗位，农村多的是岗位，大家为什么不去？一是责任感缺乏，二是有一个现实问题，的确农村生活条件差，收入又低。所以我最近写了一篇文章：要把西部教师的工资收入增加到全国教师平均工资的三分之一以上，这样“到西部去、到祖国最需要的地方去”，才不是一种空洞而空泛的口号，才具有实实在在的感召力，要不，你这样喊上几十年、一百年，也没用。因为现在人的经济理性是客观存在的，这个没有什么好争辩的；再次，就是要建立、健全对创新成果和创新人才的特殊保护机制。由于时间关系，我在这里不展开讲了。

第四，要大力弘扬人文精神和科学精神。人文精神体现着对生命主体价值的终极关怀，倡导尊重人的独立个性和精神自由，因此，在文化内容中对人文精神的增加必将有助于激发人的独立性和创造性，有助于构建适应创新精神发挥的人文环境。科学精神体现着人对科学的信仰、追求和热爱，倡导人破除迷信，坚持真理，遵循规律，实事求是。因此，对科学精神的高扬必将有助于增进投身科学研究和从事科学创造的理性意识和热情，同时也有助于人们形成正确的创造思路和方法。

以上是我要讲的第二个问题。我讲这个问题，我想说明两点：第一点，我在这儿分析的是我们传统文化中不利于创新精神发挥的消极因素，但并不是对我们传统文化的一概否定。任何一个民族的文化，都有它积极和消极并存的二重性。

我不是全盘否认，我们的传统文化中有很多优秀的东西，比如说爱国的观念，比如说孝敬父母的观念，比如说勤劳节俭的观念，等等，这些都应该继续和弘扬；第二点，我想说的一个核心观点就是，今天要培养创新人才，必须首先建立创新型文化，或者这么说吧，与其提倡培养创新人才，还不如提倡培育创新文化。有了创新文化，创新人才自然就会脱颖而出。

### 三、教育与创造力关系的考察

教育作为一种专门培养人的社会活动，能够影响创造力，已成为一条公认的法则。吉尔福特在总结1950～1970年这二十年间创造力研究的成果时，指出“其中肯定会有最突出和最持久影响的是与教育有关的部分”。教育本身就是一种培养人的活动，我们培养人的什么呢？无非就是培养人的品德、知识和智慧，培养人的精神和个性。《学会生存》一本书也指出：“教育既有培养人的创新精神的力量，也有压抑创新精神的力量。”第二次世界大战时期，原子弹爆炸以后，我们都说科学技术是一把双刃剑，实际上教育也是一把双刃剑。错误的教育还不如人不受教育。这个道理我想是很浅显的。反思近代以来，中华民族创造力衰微的原因，除了文化因素制约外，另一个重要的制约因素就是教育。

首先，我们国家的义务教育起步晚。英、法、德、美这些国家普遍是在19世纪的中叶就开始实施义务教育，当时他们提5～9年义务教育，日本在1862年提出在全国普及四年制义务教育，到18世纪末，他们实现了这个目标。日本过去是中国的一个臣服国，从司马迁的《史记》看，徐福骗秦始皇要带三千童男童女到蓬莱仙岛去寻找长生不老药，最后徐福自己也知道是骗皇上的，不敢回来了，就带着这三千童男童女东渡扶桑了。有人说中国人是日本人的祖先就是从这儿来的。过去高丽、日本、越南等是岁岁来朝，年年奉贡，属于中国的臣服国。为什么到了近代以后，一个小小的岛国，地不大、物不博，人也没有我们多，却屡次欺负我们？原因很多，从政治上来讲，日本搞明治维新和我们的维新变法的“新”是一个意思，就是搞资本主义，但是人家成功了，我们失败了。明治维新时，日本提出了三大口号：富国强兵、置产兴业、开明文化，而且用了当时国力将近三分之一的财力来办教育。到19世纪末，日本已基本普及了四年义务教育。而我们直到

1985年才开始提出普及九年制义务教育，到2010年“两基”攻坚任务才彻底完成。所以我们的义务教育整整比别人晚了一百年。义务教育关系到整个民族素质的提高。日本近代以来什么改变了？就是日本人的素质改变了，这应对了舒尔茨的“人才资源是第一资源”的理论。

其次，我们的高等教育发展滞后。我可以给大家说一些确切的数据：世界第一所大学——牛津大学是1167年诞生的，然后1209年创办了剑桥大学，1180年法国创办了巴黎大学，1386年德国创立了海德堡大学，到十四十五世纪文艺复兴的时候，欧洲的大学已经有八十所。美国虽说是一个新生的国家，但是早在1636年，也就是说在国家诞生之前，在它垦荒的时代就诞生了哈佛学院，到1870年的时候更名为哈佛大学，1754年创建了哥伦比亚大学，1861年和1885年美国创建了麻省理工学院和斯坦福大学。日本在1877年创立了东京大学。我们国家的大学是什么时候呢？大家都应该很清楚，第一所大学就是我们现在的天津大学和上海交大(20世纪50年代迁至西安，即西安交大)，一个叫北洋学堂，一个叫南洋公学。我们现在的西安交大的前身就是1896年盛宣怀创办的南洋公学。1898年的时候，我们办了京师大学堂，就是现在的北京大学前身。1911年辛亥革命以后我们才兴办了清华大学。你算一算我们大学比人家晚了多少年？大学无疑就是一个知识创新、技术创新的航空母舰，联合国教科文组织现在评世界最佳人居环境的时候，一个基本的条件就是你这个城市有没有一所大学，城市如果没有大学，城市的文化品位就很难提高。珠海市为了评人居最佳城市，政府主动地引进了北京师范大学分校和中山大学分校。这两所分校我都去过，那真是景色旖旎，环境怡人，依山傍海，占地6000多亩。我们现在说大学有三个职能：一是人才培养；二是科学研究；三是社会服务，有人又加了第四个就是文化传承和创新，包括对社会思想道德和文明风尚的引领作用。教育部部长周济也讲：大学是社会的良心，是社会的良心中最核心的部分。如果说大学当中教授的良心都坏了，大学文化都坏了，那么这个社会就没救了。你教书育人的人都没有良知、良心了，都没有是非了，那这个社会真的就完了，这非常可怕。我这么说的意思是什么呢？就是大学对社会的作用是方方面面的，经济功能、文化功能、政治功能都有。最主要的它是思想创新、理论创新、技术创新的一个母机，一个机器。我们的大学诞生晚，怎么能不影响我们民族的创造力呢？

最后，就是我们的教育培养人才的模式存在问题，存在严重的偏差和扭曲。封建社会教育的目的就是“学而优则仕”，即做官。《论语》中，孔子的学生问孔子，如何种地，孔子不高兴，回答“吾不如老农”；问他如何种菜，回答“吾不如老圃”。并主张“唯上智与下愚不移”“农子恒为农，士子恒为士”。“农”是不要受教育的，“士”才要教育。“士”是什么？“士”就是做官的人，做官的人就是治人的人，这里没有改造自然方面的任务和内容。另外，学习的内容呢？就是四书五经、三纲五常、八股文章，“破题、承题、起讲、入手、起股、中股、后股、束股”，这八部分是机械的。教学的方法是什么呢？就是教师单一灌输，学生机械背诵。这种教育模式既忽视科技知识的传授，又扼杀儿童的创新精神，在这种文化下成长肯定不出创新人才。而且有一点创新精神的人最后都成了传统文化的殉道者，连命都不保。新中国成立后，我们国家的教育事业有了长足的发展，但是受极“左”路线的影响，严重地冲击和干扰了教育质量的提高。说老实话，我就是“文化大革命”中成长起来的一代，那个时候，我真感谢邓小平同志，我高中是 1978 级，从 1977 年底高考制度恢复，我才开始学习，1978 年差了一分，1979 年我考上了大学。回想一下，中小学时代，我真是没有学到多少东西。但是，我经常给我儿子讲，我有一个快乐的童年，现在的儿童是不堪重负的。改革开放以后，我国的教育事业呈现出前所未有的繁荣和兴旺景象，但是我们又产生了应试教育。应试教育以升学为目的，注重机械灌输，注重死记硬背，这从本质上妨碍了学生的创新精神和创新能力的发展。也正是基于这种反思和认识，江泽民同志在第三次全教会上讲得非常好：“教育是知识创新、传播和运用的主要基地，也是培育民族创新精神和创造型人才的摇篮，”这是他对教育的创造性的一个概括，同时他指出“必须转变那种妨碍学生创新精神和创新能力发展的教育观念、教育模式，特别是由教师单向灌输知识、以考试分数作为衡量教育成果的唯一标准以及过于划一、呆板的教育教学制度”。作为一个国家领导人能够提出这样的观点，说明他对我们教育当中存在的问题有着深刻的认识。他还说“教育在培养民族创新精神和创造人才方面肩负着特殊的使命”。所以从这种意义上讲，我前面讲我们民族创新精神和创新人才匮乏，首先应该反思的行业就是我们教育部门本身，就是我们的教师。因为我们是以教书育人为天职的。新中国成立六十年了，我们没有培养出一个诺贝尔奖获得者，而人家在国外怎么就能成为诺贝尔奖获得者，这难道不是我们的问题？难道我们没有责任？

要培养创新人才，就必须首先实施创新教育。实施创新教育是极为复杂的系统工程，涉及教育观念、课程教材、教学方法、教育评价、教师素质、学校管理等诸多方面的因素。我个人的看法，从目前来说，还是要认认真真地、全面扎实地推行素质教育。这是一个根本。当然现实的状况是，素质教育轰轰烈烈，应试教育扎扎实实。素质教育的问题，我们的确已经喊了很多年了，至少二十五六年了。高考制度恢复到1984年的时候，中央就下发文件《关于纠正片面追求升学率的通知》。直到现在，这个问题仍然没有得到有效的解决。为什么说一定要推行素质教育呢？因为只有全面推进素质教育，才能从整体上消除应试教育机制下对学生创造能力发展的种种束缚，使学生从分数挂帅、考试法宝、不堪重负的枷锁当中解放和解脱出来，从而自主自由地发展他们的精神和才能。我们现在都在学习“科学发展观”，科学发展观的第一要义是发展，核心是以人为本，基本要求是全面协调可持续发展，根本方法是统筹兼顾。我对以人为本的理解是什么，我写了一篇文章没有给我发，因为什么？很敏感。周济做教育部部长之后，提出要办人民满意的教育，党的十七大把这个观点采纳了：办好人民满意的教育。但是，人民是谁？我想不管怎么样讲，以人为本相对应的概念是社会本位，是国家本位，是阶级本位。我们中央现在关注民生，所以这次十七大报告论述教育问题时，没有从政治角度去论述，也没有从经济角度去论述，而是从改善民生的角度去论述的，把教育作为一个民生问题，提出了“学有所教”。我想说，以人为本的核心是什么？过去在人和社会发展的关系上，我们更多的是站在社会的角度来看待人的发展，实际上是一个社会本位。这最后导致的一个模式是，社会需要什么样的人，然后我们就塑造这样的人。但是，任何一个人，从哲学的角度上来讲，既有人的共性又有人的个性。对每一个人来说，一生只有一次，这一次的人生首先要完成人的社会化，因为只有完成社会化了，才是一个真正意义上的人，才能融入到社会，才能被社会所接纳。你不完成社会化的过程，社会就会把你隔离，不让你融入社会。但是人的另一个任务就是，人还要发展，还有个性化。达尔文讲，世界上没有完全相同的两片树叶。人是什么？人是造物主的杰作，是物质世界发展到今天最高级的一个生灵，人更有他个体的差异性，就是说他这一生还要实现他独一无二的价值。再从社会功能上，我认为，每个人都要为社会创造价值，他创造价值不仅仅是为了让别人消费，他既是创造价值的主体，同时还是消费价值的主体。一个人如果只是创造价值，不消费价值，那他就是真正的工具，我想以人为本的核心就是要强调、凸显、弘扬人的主体性能。联系到学校来看，我认为以人为本体现在学校管理工作中，就是要坚持学校组织发展目标和教职工个人发展目标实现双赢。学校在发展，我们的办学条件在改善，学位点在增加，内涵在提升；教师在这个时候也要获得人生的幸福，获得自己的发展。所以，以人为本，实际上是在人和社会的关系上，更多的是把人的发展当作一个终极关怀，是站在以人为本的角度来看待社会发展。社会发展的最终目的是什么？还是为了让人生活得更幸福、更文明、更自由，还是为了让人获得全面、自主、均衡的发展。所以，我们今天的教育一定要培养学生这种主体的、自觉的、自由的发展意识。他只有社会化，而没有这种自觉自由的发展意识，就不可能体现出自己独一无二的价值，若没有自己独一无二的价值，就不可能有创造性。试想想，哪一个有创造性的人是和别人完全雷同的？他都是高度的社会化和高度的个性化的完整统一体。应试教育最大的弊端就是我们按照社会的要求、按照社会的模子在造人。所以，有人做过柏拉图和孔子的比较研究，认为古代这两种思想源流在最初时就存在着很大的差异。苏格拉底、柏拉图、亚里士多德等更多的是把人看作一个种子，种子强调的是内因，教育的作用是给它培土、施肥、修剪，然后让按照自己内在的基因去成长。而从孔子到董仲舒到朱熹，则更多把人看作是一个可塑物，可塑物就是强调社会需要什么、要求什么，教育就拿模子来塑造什么，即把人当成了一个有机物。如果从历史的角度(这个概括不一定准确)看，这也可能是中西方两种教育思想最大的差别。

因此，我认为我们今天提倡教育创新，最核心的还是要扎扎实实地贯彻和推进素质教育。关于素质教育，《中央关于全面推进素质教育的决定》界定得非常明确：所谓素质教育，就是全面贯彻党的教育方针，以提高全民族素质为宗旨，以培养学生的创新精神和实践能力为核心。所以说，素质教育和创新教育是一体的，是合二为一的。我们今天提倡教育创新或者推行创新教育并不说我们要脱离素质教育另搞一套。具体来讲，我认为，目前在教育领域要培养创新型人才，重点要从以下几个方面着手：

第一，在人才培养模式上，要高度重视学生的个性发展。创造学和人才学的研究表明，独立的个性意识、鲜明的个性特征是创造型人才的一个最共有的特征。一个思想从众、个性雷同、人格平庸、缺乏独立志向和才能特长的人，很难成为与众不同、出类拔萃、卓尔不群的创新型人才。长期以来，我们在人才培养上的一个误区，就是重视工具论，忽视本体论；重视社会化教育，忽视个性化教育；重视共性的塑造，忽视个性的培养，甚至一把尺子量人，一个模子造人。人们总批评我们的教育是千人一面、千校一面。过去我们的口号是“面向中间，带动两头”，这尤其是中小学老师们经常讲的一句话。面向中间的学生，把后进的学生带动了，这是可以的，但让中间的学生带前面的学生可以吗？这样做实际的意思就是以中间为标尺，把差的拉上来，把好的拉下来，大家齐步走，整体划一。今天我们大学搞学分制，真正的学分制在很多因素的制约下还是实行不了，因为学生还是要必须读满四年。当然这几年国外的学分制也和学年制结合了，但是聪明的孩子没必要非要在大学里读四年，他三年完全可以毕业。很多很合理的制度，在我们国家就实行不了。说到这儿，就涉及高考的问题，高考今天只能是改革和完善的问题，大家之所以尊重高考，之所以觉得高考有威信，那正是因为高考的公平性和公正性。对于老百姓的子女，对于布衣阶层，对于在座的大多数草根族子女来讲，高考是你们通过个人的勤奋和聪明才智去实现你们人生理想、抱负的最为主要的桥梁，甚至是唯一的出路。所以我认为高考在今天是一个需要完善的问题，不能取消，要是取消了弊端会更大。

第二，在教学方法上，要真正地全面推广启发式教育。启发式的鼻祖来自于孔子的“不愤不启，不悱不发”。在当代教学理论当中，布鲁姆的学习理论、布鲁纳的发现学习、根舍因的范例式教学、巴班斯基的最优化、赞科夫的教学与发展，等等，说来说去都是一个道理，就是要推行启发式教学。孔子所讲的“举一隅不以三隅反，则不复也”，强调的也是启发式。教师讲正方形，给同学讲了一个角是90度，你明明看到四个角一样，却还是不知道其他三个角是90度。对于老师来讲，这个老师教人只知其然、不知其所以然。当然也有人认为孔子说这个话是针对学生的，孔子说过“朽木不可雕也”，给你讲了一个角，你都看不出来其他三个角肯定也都是90度，这是“孺子不可教也”。当然更多地应从我们教师的角度来反思一下，你给学生讲清楚一个角了，学生还推导不出其他三个角，说明你的教育是失败的。所以《学记》上讲：“君子既知教之所由兴，又知教之所由废，然后可以为人师也。”“兴”是什么？就是成功，“废”是什么？就是失败，讲的也是这个道理。今天，国外的许多教学理论看起来很神秘，我们博士生一写文章，引用一大堆论据，其实，万变不离其宗。我们老祖宗发明的东西是最朴素的，同时也是最管用的，关键我们没有把它扎扎实实地有效地落实在课堂上面，我们仍然是机械灌输，死记硬背，这是我们的致命缺陷所在。我想说，启发式是一种整个教学的指导思想，而不是一种具体的教学方法。这些年我到中小学去得少了，十几年前我经常到中小学去做报告，有些老师告诉我，他以为启发式就是谈话法，就认为上课提问越多越好。我说不是那个意思，讲授有启发式讲授，也有注入式讲授。启发式讲授可以让人“与君一席话，胜读十年书”，而注入式讲授可能就会让人只知其一，不知其二。谈话法同样也有启发式谈话，也有注入式谈话。比如，有的老师在课堂上开始提问，“同学们我现在要提问了，张三你站起来，请你来回答这个问题……”我认为这种提问方式就是典型的注入式提问。为什么呢？你一说要提问了，同学们都很紧张，而问题还没有呈现你就把张三叫起来，其他同学一听放松了，觉得与自己没有关系了。(笑声)而启发式的核心目的就是要让学生开动脑筋去思考，这样一来，学生的脑筋根本就没转，提问再多，课堂再热闹，也没有意义。有一种课堂是外静内动，有一种课堂是内静外动。当然也有一种课堂是内外皆动或内外皆静。老师在课堂上问一加一等于几，大家都跟着喊，那是没有一点意义的。我刚才举这个提问的例子，就是说启发式不是一种具体的方法，包括演示法也有一个问题，会看看门道，不会看看热闹。老师一上课，就拿着教具往讲桌一放，那小学生好奇地盯着你的教具在研究，结果是你前面所讲的东西他都没学到，到最后演示是失败的，对他来讲一点用都没有。这些虽然都是细节，可是却反映了一个理念。

第三，我们今天的教学过程的确要加强实践环节。无论是知识创新还是技术创新其蕴含的能力结构和借助的能力品质，不仅包括智力(认识能力)，还包括实践能力(行为技能)。杨振宁、李政道他们多次讲，中国的学生到国外去读研究生，前一两年老师都喜欢得不得了，又乖又听话，而其他外国学生如果跟着老师做课题，老师都要给学生钱的，他们一学期都要三四千美元，而中国的学生说老师你不用给这么多钱，只给我一千美元就可以，弄得把人家的行情都破坏了，(笑声)而且还任劳任怨的，还听话还乖，但是到最后做论文的时候，尤其是理工科做实验时，成绩就出不来了。杨振宁多次回国讲这个问题，中国学生动手能力太差。我和我们教育学院的赵微副院长曾经在英国待了两个多月，对此，我们的体会非常深。我们去他们的中学实验广场，在那里看到老师教学生怎么样锯木头，怎么样钉钉子，车间里一般的刨床都有。我结婚之后，我爱人总是嫌我不会干家务，而且说我手太笨。(笑声)到英国一看之后，我明白了，我手为什么这么笨？谁给我教过这些东西？(笑声)我的这种潜能根本没有人给我开发嘛，开发了可能我今天就不是这个样子了，说不定我还能成为工程师呢！有时候，我们看到电影里，许多外国人经常自己盖房子，我们现在就算是在农村盖个楼房都是请的工匠。我想，这真的有些惭愧。我现在看到我们的新课改里面有门通用技术，我觉得这绝对是应该的。有人做过统计，我们现在大学生最后的实习时间仅仅是美国学生的四分之一。我们的教学是什么呢？就是一种教师滔滔讲，学生默默听，细灌慢注，老师唱独角戏。外国的课堂，老师最多讲十多分钟，剩下的就是学生的自主活动、自主作业。

第四，在学校管理中要加强民主性的原则。校园文化要民主化，校园要充满自由的气息，让思想活跃起来，让师生的个性鲜明地表达出来。现在，国家正在研制《中长期教育改革和发展规划纲要》，我看到那个草案中明确把“张扬个性”写了进去。当时看了这个词以后，我非常激动。我们的教育太需要张扬个性了。要张扬个性，从学校的教学管理、德育管理、教师管理、班级管理，到整个教学过程，必须有一种自由的、民主的气息，有这样的一种氛围。我们现在鼓励教师创新，但是教师敢创新吗？如果有一个教师说教学形式要改革，一节课五十分钟，老师只讲十五分钟，然后学生作业，要不了三天校长就会找这个教师谈话。这个话我们也说给校长听，校长也觉得课程和教学应该改革创新，老师应该少讲一点，让学生的活动时间多一点，但是校长说那不敢，家长不满意，认为怕孩子没学到东西。问家长，家长也说，教师不要唱独角戏，你让我们的学生脑筋开动起来，但是前提是要让我的孩子考上大学。（笑声）所以说，中国现在的教育就进入这样一个循环，你说责任是谁？今天早上有个新闻采访，陕西八家媒体来了，他们就问到这个问题，片面追求升学率病根在教育身上，但是根子不在教育，板子不能光打校长和老师，校长和老师也感觉委屈。那么多人为什么选择师大附中、西工大附中，就是因为他们的升学率高。不仅是升学率高，而且还是升一本率高；不仅是升一本率高，而且还是升清华、北大率高。你如果没有这个东西，别人就不会来了。要想上清华、北大，要想考大学，还是要 study by study，还是要死记硬背。前几天我跟郝教授和外院书记在一起，他说，你看我们的学生谁去学剑桥，我们的学生外语多好，但是最后他也明白了，他们都是只会说不会交流。我说我儿子就在你们外院，我儿子就去学剑桥英语了，他说，“对，为了考试，你必须到那儿去学习”。所以，我们的整个教育就形成了这样一个怪圈、一个悖论了。你也知道他们那一套教学方法可以培养出学生的真实能力，但是那种教学方法要用来应付考试是不行的。记得在 20 世纪 90 年代初的某一年，我们的国家托福考试的成绩在亚洲第一，美国人不敢相信，认为我们国内可能有作弊嫌疑。他们认为，韩国人说英语说了多长时间，日本人说英语说了多长时间，就连台湾甚至香港的老太太都能叽里呱啦说几句英语，而你中国改革开放才多少年，怎么能英语成绩考了个第一，你要没作弊才怪？因此，就非认为中国学生作弊了。那时考托福是要交钱的，当时大约 30 美元。后来说不算数要重新考，但是考试有代价，最后决定免费考一次托福，考的结果中国依然是第一名，这时美国人服了："你们学生的考试能力真强!"(笑声)我们不会说英语，但是我们能考英语，整个就是一个考试训练。所以说，要想创新，就必须要改变我们学校的文化氛围。没有相应的文化背景和氛围就不可能创新。否则，老师搞一个新花样，校长就会制止。校长说，"你先不要搞改革，先扎扎实实地给我把课上好，升学率提高了再说"。这还怎么能创新?

因为时间关系，我的讲述就到这里，不对的地方希望老师和同学们批评指正！我希望同学们有问题可以提。(热烈掌声)

## 提问互动

**问 1：**我首先感谢司老师这次精彩的学术讲座，其次我有一个小小的问题，您谈到中国孔子的中庸之道以及老子的无为而治，它是束缚创造性的一个绳索。对此，我有一点自己的看法，我认为中庸之道、无为而治这些思想本身并没有束缚中国人的创造力，而是因为受到中国封建制度的利用，才成为牵制人思想的一个工具。西方的文化起源本身是比较民主而自由的，像古希腊的苏格拉底、柏拉图、亚里士多德这些名家。但是在中世纪同样是出现了被绳索和封建势力所压抑的黑暗时代，同样也没有产生过创新人才。所以，我认为，中庸之道、无为而治这些思想正是因为有了政治的利用之后才变成束缚人的创造力的绳索。请您对我这个观点进行评价。

**司晓宏：**谢谢你，我觉得你说得非常好。对于中庸，有多种解释，不偏不倚是一种解释，还有说是中庸就是做事要恰到好处。中国人讲无过不及或过犹不及都不好。你说的中庸之道、无为而治思想是由于政治利用而束缚人，但是我想讲的是，在客观上，这些思想确实是实实在在地束缚了人的创新精神、创造力。至于从学理上中庸之道、无为而治最初的意思是什么样的，这也许是我们要另外讨论的问题。但是从客观的实际效果上来看，就是你说的哪怕被它用了，它对我们的创造力确实产生了客观效果上的制约作用。而你说欧洲中世纪，从公元 475 年西罗马灭亡到十四、十五世纪文艺复兴，这个一千年是欧洲最黑暗的时期，基督教统治了欧洲，欧洲这个时候没有巨匠，没有创新，没有人才出现，我认为这恰恰证明了我的观点，就是文化对创新的制约作用。（掌声）

**问 2：**司老师您好，我想问的问题是，刚才您谈到在学术上如果没有自主、没有自由就不会有创造。我们都知道，张维迎在北大进行改革时，有一个措施不招聘本学校学生为教师，就是为了防止近亲繁殖。我想问一下司老师，您对近亲繁殖是什么看法？另外一个，就是刚才您讲我们的消极文化因素里有中庸之道、无为而治，这些思想都是在春秋战国时期孔子和老子提出来的，但是在以后的历史发展中我们照样还是创造出了伟大的四大发明，并且我们也有诸多开天辟地的事件，我认为，这好像并不是影响我们文化创造的一个因素。

**司晓宏：**先回答你最后一个问题，这个问题我觉得问得非常好，非常有水平。你说中庸之道、无为而治影响了我们的创造力，那为什么会出现盛唐呢？针对你的这个问题，我想说一句话：一切历史都是活的棺材，当现实需要时，历史里的那些东西都会从活棺材里一一迸发出来。我刚才反复强调，经过了宋明理学的改造之后，这种东西被扩大了它的负面影响，它的束缚被扩大到了极致。实际上在不同的时代，比如说在汉初时代，它提倡休养生息，也就说在不同的时代，对不同的文化是有选择性的，但是从总体上来讲，到宋明理学以后，这个束缚作用是越来越大。然后，一个最大的反弹，就是五四运动，开始想要把它打倒。有人要说给五四运动降半旗，孔家店真能完全打倒吗？五四运动就是认为它那种文化再也不能孕育出中国新的发展了，是一种腐朽了的文化，并不说整个文化所有的东西都腐朽了，而是从机制上讲是这样的。

第二个就是"近亲繁殖"的问题，我也明白你的意思，近亲繁殖本来是一个医学问题。近亲繁殖之后，人的智力下降，智障儿童变多，对人的发展很是不利的。从学术上来讲，的确也有这样一个问题。我们把这个确切地叫作学缘结构。就是说，在自然界中，种系越远，杂交出来的结果越好。从学术来讲，也是这个道理。所以我认为，在高校中反对近亲繁殖是绝对正确的。北大主张自己再优秀的学生也不会留，就是从这一点出发的。其实，本来应该因地制宜、因材而用，但是如果你不一刀切就切不下去。因为每个导师都想留自己的学生。所以我们学校近年来也开始提倡这种做法，就是你在这里读过了硕士，最好不要在这儿再读博士了，也不希望新进的老师全是陕西师范大学的背景，最好要有学科或学校交叉的背景。这个问题从文化的角度讲，我认为刚好符合我那个观点：多种文化的刺激和开放。（掌声）

**问 3：**司老师您好，我先要说一下我的看法，然后我有一个问题。我的看法是，孔孟的经典著作，荀子都有过改动。我认为荀子的法家思想，主张有规矩和条框，这个束缚了中国后世的创造力。后来的孔孟之道都有点儿披上了法家的外衣。规矩和条条框框比之中庸更加束缚学生的创造性，创造性最大的敌人是规矩和条框，这是第一个我要说的看法。不知道您怎么来评价我的看法？第二个就是，我们现在这里大谈文化、大谈创造，但是许多的现实问题没办法解决。比如，我们说要动手、做实验，我们初中时候，我们一个班六十个学生、一个实验老师，这个老师就破坏学校规定让我们全体动手去做实验，就有一个学生就拿着灯泡插进了 220 伏的电压插座里，这个老师后来也受到了很严重的处罚。我们中国人口基数过大，学生过多，老师即便是有这个想法想让学生去动手做，也没有这个环境。您刚才讲，高考制度只能改革不能废除，但是这一制度导致了教师不敢讲新教材，而是拿着旧教材给学生复习。很多东西就是你想改也未必就能实施的。也就是本身存在这样一个内部矛盾，现实和理想之间总是有太大的差距。这是怎么解决呢？谢谢老师！

**司晓宏：**你第二个问题我听得不太清楚。针对第一部分你谈了你的看法，你能思考这么多，我觉得还是很不容易的。我们讲任何一个东西都是正奇互补的。就是说，它的积极因素和消极因素是并存的。比如说，今天我们提倡和谐社会，老师你怎么总是反对中庸呢？我想，第一我是从影响创新因素原因的分析角度来探讨中庸，而我们今天所强调的和谐，是针对城乡差别拉大、东西差别拉大，人与人贫富悬殊这个角度来讲，任何一个概念，它在被运用的时候都有它的出发点和原宗。第二个问题我没听清楚，这位同学的意思好像是说“老师你讲得很好，但是在实践中这个东西好像没有办法实现，原因就是中国的人口太大，学生太多”。我想对于这个问题最根本的办法就是中国的 GDP 放大、放大、再放大。我们的资源太少了，我们的人太多了。我刚才讲，我们综合国力GDP已经排到第三，但一人均我们便跑到一百位之后。我觉得温总理的乘除法讲得就非常好：“任何一个问题再小，一乘上十三亿就是一个大问题；任何一个问题再大，一除去一个十三亿又是一个小问题。”汶川那么大一个地震，但是我们有全国人民，马上就变小了。而一个很小的事情就如上学问题(我们现在小学生2.3亿人)，一乘上十三亿，马上这个问题又变得很大。这里最根本的问题是什么？还是我们的资源短缺。比如说东部和西部教育的均衡问题，已不是量的差别，最主要的是质的差别，而质的差别的原因是什么？核心是西部的优质教育资源太少，所以解决这个问题的唯一出路就是扩大资源。另外，国家现在规定了班额要变小。北京现在已经一律实行小班制，现在小学生的人数是在往下掉。这是一个趋势，应该控制班额，包括学校的规模也不要太大。(掌声)

**问4**：老师您说政治文化是影响创新精神最大的一个文化背景，我们大学讲学术与精神的自由，那么您如何评价党委会进入高校，对高校的创新文化的影响以及西方大学是如何处理政府和大学之间的关系。谢谢！

**司晓宏**：这个同学的问题比较尖锐，但是我会直面地回答。在中国的大学，实行党委领导下的校长负责制是我国的一个基本特色。在中国的背景之下，坚持中国共产党的领导，既是中国共产党捍卫自己执政地位的一个本能要求，也是最终能给中国人民带来福祉的一个唯一出路。这一点，不是学术问题，而是一个政治原则的问题。政党从本质上来讲是什么？是一个阶级集团或一个利益集团。而对于一个阶级集团和一个利益集团来讲，它的最高目标是什么？就是夺取国家政权和捍卫国家政权。中国共产党如此，中国台湾的国民党如此，美国的民主党、共和党如此，英国的保守党、工党等都是如此，它们争来争去就是争执政权。所以中国共产党捍卫自己的执政地位是天经地义的，这是没有任何争议的。而且中国今天的现实离不开中国共产党，七千多万党员是中华民族最优秀的儿女，丧失了这个党，中国会乱的。(掌声)

**问5**：司老师您好，您刚才在谈创造力，我感觉您更多的是偏向自然学科方面的，我想您能不能简单说一下近代以来中国在人文科学学科方面的创造力的历史、现状以及我们如何从教育改革方面促进或者是改善人文创造力。

**司晓宏：**可能我们各位学生都是学文科的，我把话说白，有时候学人文学科可能会觉得有点虚无。但对学人文学科来讲，第一我劝大家不要感觉虚无。你说自然科学很重要，我们的确现在有一种工具理性主义在主导，实际上，这个主导的原因是因为我们现在正在经历着一个工业化的过程。中国的现代化，我个人的理解，在相当的程度上就是工业化，我们把它叫作新型工业化。当然这个工业化不能再重蹈西方国家老工业化带来环境污染的路子了。工业化在这个时代可能更依赖的是科学技术，是工具理性，或者说需要的是硬件。所以我们现在可能会觉得搞理科的很硬，但实际上不能这么讲。从创新来讲，自然科学有创新，人文学科也有创新，两者的创新都很重要。有时候，我经常会思考这样一个问题：牛顿的三大定律、爱因斯坦的相对论很重要，那你说邓小平理论重要不重要？把牛顿定律、爱因斯坦的相对论和邓小平理论比一比，哪个重要？不好比，但是同样重要。没有邓小平理论，就没有中国的改革开放这三十年，邓小平理论就是一个创新。三个代表是创新，同样，今天中央所提倡的科学发展观也是一个创新。当然，人文科学的创新，包括理论创新以及与之相关的制度创新，可能要更复杂，因为它涉及每一个人的切身利益，它往往会带来价值的冲突。就是说自然科学创新仅仅反映的是一个事实观点的问题，这个事情本来是什么，我们还原它的本质，然后认识它的规律。而人文科学不是这样的，人文科学做事不仅要按科学办事，按规律办事，它还要按价值办事。价值是什么？是主体需要与客体属性在人脑中的反映，你的父母在让你接受教育的时候，一是要让你按规律成长，另外你的父母对你有一个希望，我希望我的孩子成长为一个什么样的人，而且毫无疑问地父母想从孩子的成长之中得到回报，这也是天经地义的。（掌声）

**问 6：**谢谢司教授今天给我们带来的精彩报告。我的问题就是，家庭是孩子的第一课堂，家庭教育对一个孩子的发展是非常重要的，我想请问司教授，您如何看待中国现在的家庭教育对孩子创造性发展的影响？

**司晓宏：**谢谢你的问题。家庭是孩子的第一所学校，父母是孩子的第一任老师，这是不证自明的。中国今天的家庭教育，从纵向的比较来讲，我觉得有一个历史的进步。首先，家长们注重对孩子投资了，舍得为孩子的成长花钱了，普遍意识到教育是今天的消费、未来的生产力；教育是现实的投资、潜在的积累。从这一点来讲，我们那个时候上学，父母几乎都不怎么管。现在从家教来讲，重视程度要比过去好得多了，这是一个进步。但是，教育的方式对不对，相当一部分的家庭教育值得反思。比如说，对子女的期望不切合实际，都想望子成龙，望女成凤，但是龙和凤毕竟是少数，要不然就不叫龙和凤了，都想让孩子上最好的大学，这超出了儿童的能力所及，最后可能导致的是儿童的畸形发展，画虎不成反类犬。另外一个，可能是在教育方式上值得反思，把关爱当成是对孩子一味地纵容、一味地溺爱，这个可能涉及方方面面，我也不好说。我认为我做家长还是比较成功的，但是不算太成功，很多问题可能在这里没办法统一回答，下来有机会我们再仔细交流。

**郝文武：**一个民族能够创新，当然有许多原因，但是我认为最关键的原因就是觉醒。现在我们大家都从意识上觉醒了，知道创新重要，当然还有最关键的是要在方式、方法上觉醒。我们大家正在觉醒，我们整个中国正在觉醒。中国是沉睡的狮子，沉睡的狮子没什么，但是觉醒的狮子是不得了的狮子。（笑声、掌声）我们伟大的民族正在进行伟大的复兴。谢谢司教授！谢谢大家！（热烈掌声）

（参加本文整理的有博士后：周先进；博士生：郭辉、侯佳；硕士生：魏玲丽、白冰玉、张梅梅、刘礼娜、彭文静、尚小军）

# 教育叙事研究特点和应用

演讲人：丁钢

（2009年5月26日）

## 演讲人简介

丁钢，1953年生。哲学学士、文学硕士和教育学博士，华东师范大学终身教授、博士生导师，华东师范大学教育科学学院院长，享受国务院政府特殊津贴。国务院学位委员会第六届学科评议组(教育学)成员，国家人事部博士后管委会专家委员会教育学组召集人之一、上海市学位委员会学科评议组(教育学、心理学)召集人，上海市领军人才、上海市教育决策咨询委员会委员、华东师范大学普教研究中心主任，全国教育科学规划评审专家组成员，上海市教育科学规划领导小组成员，中国教育学会教育学分会常务理事，全国教师教育学会理事，上海市教育学会教育理论专业委员会主任等。《中国文化与教育研究丛书》主编，《中国教育：研究与评论》(辑刊)主编、《教育研究》编委，*Frontiers of Education in China* 副主编(高等教育出版社和 Springer)、英国《国际教育管理研究杂志》特邀编委、英国 SAGE 出版社《国际课程与教学研究手册》编辑顾问委员会委员、美国宾夕法尼亚大学八国教育研究项目指导委员会委员。

主要研究领域：中国文化与教育、教育文化与社会、教育政策、教师教育、教育叙事研究、基础教育改革与发展等。著编著作10余种，在海内外以中英文发表学术论文百余篇，主持多项国家社科、教育部重大和重点研究项目。曾获"首届全国教育科学优秀成果一等奖"、霍英东教育基金会全国高校青年教师科研二等奖以及国务院学位办、国家教委"做出突出贡献的中国博士"和上海市教委"首届上海市高校优秀青年教师"等荣誉称号。在其自身多学科的知识结构和跨学科的研究优势上，在教育与文化研究方面、在国内和国际学界均享有盛誉。

## 主持人：郝文武

今天很荣幸地请来了国务院学科评议组成员、华东师范大学教育科学学院院长丁钢教授为我们作学术报告，首先，我们对他的到来表示热烈的欢迎。丁钢教授是我们的老朋友了，这两年至少第三次来我们这里了。他长期支持我们的学科建设！今天我们学科建设取得的成绩都倾注了他的帮助、关爱和心血，我们对他表示衷心的感谢！（鼓掌）今天，丁老师的讲座是我们教育书院讲会的第二讲，是我们校外请来的第一位客人，也是我们教育书院进行一系列的教育研究方法讲座的第一讲。他讲的这个题目是“教育叙事研究特点和应用”。因为我们过去更多是强调理论，现在我们也要学习怎么样进行叙事研究。在这一方面，丁钢老师不仅在方法上有研究，而且应用这个方法进行了大量的实际研究，下面我们请丁老师开讲。

**丁 钢：**

谢谢郝老师，也感谢在座的老师和同学。今天我想用这一天的时间，来和大家分享一下教育叙事研究。这是我这些年来的一些体会，包括对这个理论方法的一些认识。教育叙事这几年来，尤其是21世纪以来，发展得非常迅猛，不仅是中小学，就是在学位论文中，经常要用到教育叙事。而且现在不少的博士生、硕士生，在做毕业论文的过程当中，也开始用教育叙事，我们华东师大的研究生就用得比较多。我记得最早在指导一篇博士论文答辩的时候，我是答辩评委，结果到后来我变成了一个答辩人，因为当时的很多人都不太熟悉教育叙事。到后来教育叙事就开始发展得非常快，用叶澜老师的话说，就像“街上流行红裙子，到处都在讲叙事”。那么发展到现在，也有了很多的争议，这些争议对学术的发展来说，应该是有益的。但这些争议当中也的确存在一些误区，所以，怎样去厘清这些误区，使这样的一种方法和理论能够顺利地发展，我想有一些东西是必须要讲的。在这里，我会讲到它的背景、理论、方法，最后会讲到怎样做一个教育叙事研究。

从提倡教育叙事研究的时候，我并没有简单地把它看作一个方法，尽管方法是理论的灵魂，但是，我更愿意把它看成一种教育能够形成自身话语和形成自身理论体系的一种理论方式。在这方面，我也做了一些结构主义理论方面的探讨，另外，编了五本一套的《中国教育叙事研究丛书》。其中包括我自己的一本书《声音与经验：教育叙事探究》，去年出版的。也包括一个加拿大的学者许美德(Ruth Hayhoe)写的《中国知名教育家的肖像》。后来改了一下中文名字，叫作《思想肖像：中国知名教育家的故事》，写的是十一个教育家的故事。另外还有一本是我的一个学生张素玲写的《文化、性别与教育：1900—1930年代的中国女大学生》，这本也写得很好。当年她是做德育的，我看见德育头就比较大，因为我感觉德育比较难做，也很难出彩，但是，研究德育又很辛苦。她是我招的第一个女博士，我以前的博士都是男生。那是我在香港工作的时候，我们系里帮我自作主张招下来的，说我从来没有带过女博士，一定要好好带一个，从此便一发不可收拾，到现在基本上大都是女生。(笑声)因为女生在考试上有优势，男生竞争不过女生，所以，现在男生基本上属于弱势群体。(笑声)她做这个题目，可以说做得非常辛苦，因为很多资料需要重新收集起来，但是，最后做得很好。另外一本写的是基督教育大学，《学生生活的图景：世俗内外的教育冲突》。另外还有一本是广西师大的王枬主编的《教师印迹——课堂生活的叙事探究》。现在王枬有个王氏家园，专门做教育叙事。那时候，我到广西师大参加他们的硕士论文答辩，最早答辩的就是耿涓涓的一篇硕士论文《教育信念：一位初中语文女教师的叙事探究》。她做的这个在他们学校还引起了很大的争议，当时我正好去当他们的答辩主席，结果我是充分肯定，因为文章写得非常好，但是，需要改，后来这篇文章就用在我的《中国教育：研究与评论》辑刊的第二辑上。也没想到，这篇叙事作品使她马上评上了副教授。现在，大概在教育叙事研究当中，她的那篇论文几乎是经常被人翻出来做范文。因为的确是下了工夫的，我又让她改了大半年，所以，做得的确是不错。以后，王枬每届的硕士生都做教育叙事了。前面的四本，加上我的一本等于是五本，是一套，当然这个是没有止境的，因为我不想中国教育叙事五本一套就打住。实际上，我在教育科学出版社另外有一套书，是长期出的，当时想叫《教育、文化与社会研究丛书》，但是，北京师范大学的劳凯声老师等出了一套《教育、文化与社会译丛》，因此这个名字不能用。到后来，我说干脆我们也学文学史，他们也有布老虎等之类的书，我就给它起了一个名字《教育地平线丛书》，其实是指望在世纪的地平线上，能够有一批崭新的研究领域冉冉升起，就是充满这种希望，这套书分年出。现在已经出了三本，我把很好的翻译著作也出在里面，包括布鲁纳2003年的新著《故事的形成：法律、文学、生活》。以前我们都知道布鲁纳这么一个人，他的《教育过程》是中国最早翻译过来的，其实就是他结构主义的课程改革形成的总结报告。那时苏联卫星上天，美国就非常紧张，在反思自己的时候，感觉到主要的问题是在于课程、要课程改革。而在课程改革过程中，布鲁纳实际上是一个主要的组织者，后来，这个结构主义的课程改革对美国的影响很大，形成了一个总结的报告，这就是《教育过程》。《教育过程》这本书翻译出来只有六万字，书也不太厚，但这六万字也足以树立一个丰碑，从心理角度做到课程方面的总结。但我们不太知道，1996年他出版过一本书，*The culture of education*，就是《教育文化》。这本书实际上意味着他和他的夫人两个人整体地转向叙事研究，这本书里面谈的就是教育叙事研究。2003年的《故事的形成：法律、文学、生活》，这本书实际上是对他长期以来叙事研究的理论性的总结，我们也把这本书翻译出来了。说起布鲁纳来，凡是做教育的、心理的，没有人不知道。我就想，一个原先是做心理学的，也是关注课程变革的，但是，在这个过程当中花了这么大的精力转向叙事研究，这本身就值得我们深思。我们这一套《教育地平线丛书》里面，还有另一本《江南名校的中国文化教育》，实际上是研究一些历史比较悠久的学校的学术教育，尤其是一些国学的教育，像东南大学、苏州中学、无锡小学，在这里面其实也有大量的叙事。另外一本是我的一个学生写的《嵌入村庄的学校：仁村教育的历史人类学探究》，就是去年得了百篇优秀博士学位论文的那个学生。虽然是从历史人类学的角度，做了很大规模的研究，但里面也有大量的叙事。所以，在质性领域的研究当中，叙事越来越受到重视，当然这是有原因的。

## 一、教育叙事与生活的关联

我们首先谈教育叙事与生活的关联。为什么会从这一部分开始？因为我始终认为，方法，如果你仅仅把它当方法，它只是工具。现在很多人说我们是做质的研究，但这几年来，华东师大也在推进大规模的量化的研究。比如，我们做了全国教师教育政策研究数据库。我们现在编码数据库的技术和网络问卷技术是很不错的，第一，从技术规格上，和美国国家技术库是一模一样的，而且在有的地方我们甚至是超过它，因为我们和他们是有合作的；第二，我们是严格按照统计科学随机试验，随机抽样，用聚类分析分指标，然后，再进行分阶抽样，那是非常严格的一个过程。我发觉，质的研究，你要付出很多代价；同样的量的研究，你也要付出艰苦的努力。在进行量的研究的过程中，我们的主要的教师队伍有十八个到二十个人，然后，要卷入大批的研究生，在全国数据调查的时候，研究生跟老师组成分队，一组一组的往全国各地跑。虽然学生辛苦，但也挺高兴，因为在这个《研究生管理条例》当中，好像研究生是不能够坐飞机出差，只能够坐硬板座，我们的学生全部是飞来飞去，学生很高兴，但是，我的任务就是要大把的去搞钱。这个量的研究做到后来，我们有个很深的体会，就是如果以 SPSS 说，你用描述统计也可以，多元回归也可以，甚至你用 HLM 也可以，这都是高级的统计软件。HLM 尤其适合教育的层级分析。如果用这种分析方法，你能写成文章的话，在世界上任何一个顶尖杂志上都可以发表文章。你能够用这样的统计方法，说明你的研究能力已经达到一定的深度。虽然全用英美进口回来的正版软件，但是，真正地说这些工具多正，这些方法的软件多猛，这是不够的。因为工具始终是工具，去分析的时候关键还是在于你的脑子。在这些数据当中，你从哪些角度，你看到什么，可以说这就是你的智慧、功底、学术素养。越是钻研得深，学术素养越好，对教育理解越深，对实践越熟，就越能够看到别人看不到的东西，你就会提出一个独特的视角。因为最终分析是需要你的头脑，那些只是工具，从这个方面来说，方法是灵魂，但是，方法也不是一切、不是唯一。还在于我们对方法背后的理解，对方法的学理分析以及用我们的思维方式去驾驭方法。在这个过程当中，可以把叙事理解成一种方法，但是，这种方法的背后，实际上是一种理论，是一种理念的变化，这种理念的变化怎么去理解，我们需要一步步来。

### (一)教育作为生活

首先是教育同生活的关联。这里把教育看作是生活，作为生活，这当然不是杜威说的那个生活概念。把教育理解为一种生活方式，而且是一种日常生活方式，其实这一点本身不需要太多的解释，但实际上有时候还是有必要解释一下。就拿我们现在的中小学来说，早上上学，下午放学。就算我们不补课，我们也不延长学习的时间。而且我们也知道，老师比学生还要早到，比学生还要晚下班。回家后学生要做作业，老师要批作业，还要吃饭。小学生至少要保持十小时的睡眠，高中生也必须要保持八小时的睡眠，否则对大脑的成长发育不利。上海自从一个医学院的院长当教委主任以后，就把上课延迟了一小时，中小学上课八点半，对于大脑发育来说，睡八个小时是最起码的保障。把这些睡觉的时间扣除，学生大部分的时间是在学校，跟同学之间的交往以及跟老师之间在课堂上的关系，这是学生和教师的生活常态。从这个角度来说，不能仅仅从教育的角度去看教育，而要从生活的角度去看教育。

我曾经做过一个系列研究，就是从生活质量去看教育质量，我把生活质量的提高看作教育质量提高的一个根本出发点。事实上，我们用了大量的所谓教育质量提升的理由，牺牲了师生的生活质量，这样一种以牺牲生活质量为代价的教育，我们就不能正面去看。从狭义的角度来说，我们必须理解，学校教育都是一种生活的常态。我们要想去了解它、发展它，我们就必须要深入地去了解这种生活方式，但是，仅仅这样还是不行的。我们怎么能够去了解它呢？我们可能需要对经验事实加倍深入地理解。要这样来理解，教育叙事可能成为一种方式，一种很重要的方式。因为只有教育叙事进入以后，它才能去了解一个最基本的事实的因素。为什么这样说呢？其实好多人的研究都已经证明，叙事并不是一个很新的概念，比如，我们从上小学就要学叙事文、议论文这两种文体，叙事来源于文学，文学讲叙事，但是，叙事又是人类基本的表达方式。为什么这样说呢？因为你每天都在叙事，你今天告诉你同事或告诉你同学，在街上碰到了我的小学同学，现在哪里工作，在哪里奋斗，我们以前关系怎么样，如果在说这些的时候，你是有头有尾的叙说，那就是叙事。又或者说，我今天碰到一个人，这个人叫什么，是干什么的，你如果这样表达的话就没有人听得懂你要说什么，你一定要有头有尾地说。其实，讲故事是每个人的才能，只不过讲得动听不动听，讲得生动不生动，我在讲一件事的时候，它就包含了场合，有了人物、地点、时间、情景，故事要素都在，其实你平时的表达也是有故事的要素在里面的。否则，你就是一个不善于表达的人。从这样一个角度说，叙事是人们的一个基本的表达方式。我们用最基本的表达方式最容易穿透生活的发生。因为它本身就是反映生活的一个最基本的方式，所以，它并不是一个很玄的东西。我们进入学校的研究当中，如果可以通过这样一种方式来观察教师的实际生活，就会观察到在教师实际生活中所发生的一些事情。

**(二)区分两种类型的教育理论**

在这里，我们要区分两种类型的教育理论。第一种理论和“宏观叙事”有关，这种理论就存在于我们经常写的一些书面性的文章之中。理论关不关注实践？关注。但是，在理论指导实践的这样一种强势的思维下，考虑的是，教育的实践如何去服从这样一种理论的构想。不是说教育实践不重要，关键是如何按照这种理论构想去实施。为什么这样说呢？因为我们经常用的是专家模式。我们在教育发展当中有两种模式，一种是专家模式；另一种是发展模式。专家模式就是一个专家在什么地方做过一个实验，产生一个什么样的理论或者说一种模式，然后他推广，推广到了某一个学校里面，与你学校的实践相结合。但是，更多的是希望用自己的理论来改变这个学校的实践，改变你的实践，这实际上是一种理论先入为主的方式。就是不管实践如何，不管实践可能在不同的区域，不同的学校，有怎样的不同，但是，必须要用我的理论。而发展模式则是强调我们需要解决的问题必须是根植于实践本身的需要。我们从学校的实践需求出发去研究可能的解决之道，而新的理论是从对于实践的研究中生长而来的。

还有另一种理论和“经验诠释”有关。当我从经验的事实当中去提取生成理论的时候，它并不想去解释全部的教育事实，因为它知道这是不可能的，也是不现实的。所以，就应该深入地了解和理解我们看上去已经非常熟识的日常生活经验。这种理论也就要求我们，作为一个理论家，一定不能让你的前见去影响你对实践的判断，必须把你的前见悬置起来，重新去面对一个新的事实。只有这样，我们才能够从自己的实践当中去找到理论本身发展的可能，这一点实际上是很重要的。我们自己的理论可能只能生长于自己实践的土壤。说前一种理论也是生长于我们自己的土壤，那也是对的。但是，现在的教育很难会有那种放之四海而皆准的理论。因为在中国，地域发展的不平衡，经济、社会、文化、教育发展的不平衡已经是一个共识了。好像都是这样认为的，中国就是不可能用平衡发展战略去解决问题，而是要采用非平衡发展战略去解决。以非平衡去求得平衡，这是一个战略思路的问题，同样对于理论发展的不平衡也应该是这样。像发达国家，它也许会富裕到一定的程度，可以把贫富差距拉得很近，比如说欧洲，它就是这样的一个福利社会，是一个相对比较均富的社会，应该说中国要走到这样的社会恐怕还早，这是要有一个相当高的经济成熟度的。但是，即使是这样的一个社会，它也不能保证它的学校之间没有差异，这是肯定的。而在中国，由于地区的差异，学校之间存在的这种差异就更大。我们怎么能够说在某些学校做出的实验理论就可以覆盖全国所有的学校呢？事实上，这种故事没有发生过，将来也不可能发生。所以，从这一点来看，我们知道教育发展的理论是存在不同的，而在这当中，理论的不同也就意味着我们可能有不同的发展路线。因此，我们就要去关注实践，从实践不同的发展路向上去寻找我们可循的发展道路。虽然这一种理论和它前一种一样，都去关注实践，但是，关注实践的最后态度是不一样的。那么后一种理论就跟我们的教育叙事研究相关。

### (三)从理论语言到生活语言

其实，自从海德格尔《存在与时间》发表以来，西方也面临着这种叙述危机。现在，我们中国人的主流话语还是理论话语，是思辨理论的话语占主流。在这样的一种言说当中，会出现什么问题呢？我们经常会这样说，如果你的论文写得比较差，就像一个经验总结报告。因为人们认为用经验写的肯定不是一个好的文章。我们说经验要升华，但把经验升华为理论的时候，我们却只剩下了大三条、小三条，不够再加ABC，而经验却不见了，经验被我们过滤了。当经验被我们过滤后，鲜活的经验看不见了，再也看不见了，理论是升华了，但是，这种理论的升华却缺少了鲜活的经验的支撑，人家看的时候也未必能够承认你这样的一种研究，更不用说一些根本不依据实践的研究了。我们华东师大现在搞理论的研究生多，每年光教育学就要招七八十名博士，而且还有一些在职的博士。常年在我们学院的博士生就有三百几十人，硕士生一千多人，这么多的研究生，怎么做论文呢？如果偷懒，就是做理论的演绎，反正就是概念到概念，演绎来，演绎去。有时候，我说拿到这样的文章真是没法看，他写了很多的东西都非常正确，但都是些正确的废话。而正确废话的演绎，那一定是一篇非常糟糕的文章。因为，这样的文章写出来，别人不敢相信，他自己也根本没有信过，就是为了应付而写出来的。现在，我们希望这些人千万别这么做，要把学生都赶到基层去。无论是做高等教育的还是做基础教育的，一定要接触基层，一定要到基层去。哪怕你写的也是很抽象的理论文章，但是，你去没去基层，有没有进行过实践，你的感觉是不一样的。华东师大现在要求，每个导师都有职责让自己的学生去接触田野，搞基础教育的让他到中小学校去，而且不是一次两次，是多次。现在院里老师很多，不算教辅人员，专门的老师就有150多人。这样的一大帮人，要求大家都去建立自己的学校基地，结果我们的老师大多数都有自己的研究基地，基本上搞中小学教育的都有自己的研究基地，连我们的讲师也都有自己的基地。因为，我感觉，他们能跟踪一两所学校，对他们的研究来说也是很好的。

这样的研究做了以后，慢慢地去了解实践，用实践当中的话语和理论中的话语相结合，它就会形成一种语言张力。我感觉到这样比他不接触过实践，纯粹地在那里瞎演绎，概念推来推去，要好得多。你想，一个学生没有接触过实践，他就只会用理论，犹如从学校门到学校门，如果说他理论推演得非常好的话，除非他是一个理论天才，否则是不可能的。做社会科学需要一点阅历，需要一点社会经验。如果要我光做理论，我可以说我根本就不行，因为我自己也是学哲学出身的，我知道哲学有多难，哲学就是玄学。训练思维方式会有那么容易？相当不容易！但是，只有当你接触实践的时候，你才可能会改变你的做法。你会从一个小的题目入手，小题大做，但千万不要大题小做。而且，如果只是把自己装在这个所谓理论当中，不接触实践，你书写的语言也会很枯燥，因为你只会说那些书面的语言，而这些对自己的研究是非常有限制的。怎么从理论的话语到生活的话语？实际上，在教育研究当中，尤其是在教育叙事研究当中是非常需要考虑的。

### （四）叙事语言的使命

那么，我们怎么去理解叙事语言的使命？从结果来说，我们是希望叙事的语言能够让读者参与进来。也就是说，读者可以和作者在叙事研究的成果当中形成一种对话。而这种对话的基础，就在于叙事研究中有大量的实践者在实践中所习惯使用的语言。叙事研究观察经验事实，但是，完全把经验事实当中的话语抽象为书面理论话语，这个在教育叙事研究当中是不可取的，我后面会讲到这一点。对于实践者来说，知识也是一种权威，福柯在诠释知识理论的时候认为，知识就是一种权威，知识掌握在谁的手里，就会形成谁的权威。当知识理论掌握在所谓权威的专家手里，它就会转化为一种理论的权威、理论的权力。就基础教育来说，在这种权力面前，实践者包括我们的小学老师，根本进入不到现在的理论话语体系当中去。但是，这种话语又在规定他，使他必须在这样的话语当中。事实上，我们已经经过这样的一个过程。就拿我来说，我已经参加过很多评审，比如说，我是上海市教育科学规划领导小组成员，我从初审、复审，一直到终结的评审包括评奖，都在参加。这么多年下来，一开始担心中小学老师不愿报课题、科研项目，到后来他们踊跃地报名，申报科研项目，最后评奖。我就有个体会，他们原先的问题是写文章少，现在又感觉到他们的文章有问题。这问题就在于中小学老师是一个实践工作者，他们进入不到这个规制的理论话语当中。但是，我们又用这种话语去规制他们，他们又不得不按这种话语去进行研究。如果不这样做，似乎就不是搞科研，所以，他们的科研其实是走样的。走样到什么程度呢？实在没办法，就小报抄大报。天下文章一大抄，他只能抄，他没办法。因为他不是理论工作者，而只有写那样的文章，才能获得别人的承认。当教育叙事研究传播开来以后，中小学老师就发现找到了一种非常适合于自己的科研方式。也就是用人类最基本的最自然的表达方式进行专业的分析，这是大家最愿意看到的。在中小学，教育叙事发展得非常迅猛。我帮中小学老师写的书作序，至少做过五六本。中小学老师自己写书，给我看，还要出版，很不容易。因此，我是很认真对待的，从不叫别人替我写，我都自己写。另外，我写文章也没有让学生去代写的习惯，连打草稿也从来不叫学生帮忙，所以比较辛苦，每一个字都是我自己一个一个写出来的。我已经养成习惯了。所以我有好几个助研、助管，他们都觉得不好意思，拿了钱没活干。可是我实在是想不出让他们干什么活，我自己已经当苦力当惯了。到后来，我实在是想不出别的，就让他们去查资料。那个简单，反正复杂劳动肯定不要你做。因为我有我自己的事，我不希望别人打乱我的事。在做教育叙事研究的过程当中，中小学老师非常喜欢这种方式。他们现在还建立博客，在博客上每天发帖，讲他们的教育故事，这其实就是在进行专业分享。《教师之友》与《教师博览》这两种杂志都改变了，本来就是面向中小学教师的杂志，现在全部变成教育叙事，专门发表老师讲的故事。当然，还要注意一个问题就是真实性的问题，这个叙事经验的真实性问题我后面会讲到。

拥有了所熟悉的语言，实践者就能够以这种语言的方式参与进来，他能够跟文本进行一种交流，这个是很重要的。像以前思辨类的文章，事实上，一般的老师或者教师实践者很难参与进来的，因为看不懂。不过我依然是坚持这样的观点，有些文章是不必让大部分人都要看懂。我认为有两种学术文化，一种是大众的学术文化，或叫大众情人式的学术文化，它的目的就是要贴近学术普及的。其实，这种学术文化也是很好的东西。实际上，越是普及的东西，它越是个大杂烩，它是把各种各样的东西放进来后组成的一个大众所理解的结构。当然，这也是要下工夫的，也是一件不容易的事情。另外一种是精英的文化，它是非常严格的，非常逻辑的，很小众的。我的结论是，不是所有的学问都要走出象牙塔，而在象牙塔外面的学问也不必走进象牙塔。不必都冲出象牙塔，不必都走进象牙塔。象牙塔里的东西还是要像英国的伯恩斯坦所写的书一样，他写的书非常艰涩难懂，但是，人家伯恩斯坦非常自信，他说，我写的书就是让你看不懂，干脆把话说在前面。但是，在研究社会学的人，有谁能绕开他？他的 social code，就是社会的编码，包括社会语言学的这些东西，那都是伯恩斯坦做了大量的研究工作的。我们现在讲的私定课程、法定课程，来源就是当年伯恩斯坦做的一个八年级的数学实验，就证明一样的教材，每个教师教的不一样。每个教师用自己的能力在教，反过来也证明了一点，课程不是万能的，人才是最重要的！教师的素质才是最重要的！所以，现在国际上也有很大的转向，以前说教育改革最重要的是课程，现在说教育的改革最重要的是人。所以，又有谁能够避开伯恩斯坦的这些概念？如果你避开了他，人家就会说你不懂社会学，你根本就没学过社会学，但是，他的书就是让你看不懂，你很难懂，我的意思是说各有各的价值。但是，有一种东西就是要两种人都能够懂，像叙事作品，它就是让那些实践者感同身受，而它的魅力恰恰也在这里。

### (五)“常识”与“专门知识”

一般来说，“常识”在生活当中仅当权宜之计，“常识”的话语比较松散，不太正式。而所谓“专门的知识”，专业的话语是比较正式的，是有严格的规定性的。实际上，学校教育的一个任务也是由非正式知识到正式知识。从这个角度来讲，孩子从出生以后一直到上学之前，你不能说孩子没有知识。进步主义、实用主义观点早就解决这个问题了，儿童也有人格，儿童也有正义，儿童不是没有知识，只不过是他的知识是非正式知识。他也能够慢慢地学习，他上学之前也知道什么是鱼是肉，也不会搞错爸爸妈妈。他也看电视，看看什么是好人、坏人，但是，他没有对好人坏人内涵的分析，他会简单地认为，打人的肯定就是坏人，救人的一定就是好人，他会有这种判断。在很大程度上，学校教育让非正式的知识转化为正式的知识。

我们生活当中的语言，有一些是约定俗成的，也不是一种称得上正式的或专业的知识。它松散，但是，这种话语因为它的边际很模糊，所以，这些话语往往非常生动。而拿政策话语来说，它的表达方式是有严格的规定性的，这时候就变成了一种书面的话语——书面的理论规定性的话语，这种话语必然是比较枯燥的。我们关注经验事实的时候，必然去关注生活当中的话语。尤其要关注在这种边际非常模糊的这种话语。

弗朗斯瓦·于连是法国的一个学者，写过一本书《迂回与进入》，这本书是很有意思的。弗朗斯瓦·于连研究中国的文化，想通过中国的文化去观照法兰西文化。他感觉到处在法兰西文化当中，却并不能解开法兰西文化的文化密码，这时通过另一种文化的比较来观照自身文化，这在人类学上也称为文化比较法。你们可以看马尔库斯他们写的《作为文化批评的人类学——一个人文学科的实验时代》，这本书也是我经常给学生推荐的一本非常经典的书。他谈到文化的两种基本的方式，是非常有意思的。通过这样一种比较方式，于连在里面找到了一些东西，认为中国的说话经常是迂回的，不是那么直接的。

中文的写作和英文的写作不太一样，英文的写作是个洋八股，很好掌握，它是一个直线的思维，一上来肯定有个 literature review，literature review 以后得出 research question，至于 question 如何解释就是 introduction，然后是理论框架，framework，在后则是你的研究方法 methodology，把绪论写完了，才开始正文，有它的一套程序。当然，我们现在的硕士论文、博士论文全部严格要求这样，不是抄袭它，而是发觉这个对学位论文的规范非常重要。因为中国人写文章，上来就谈观点，也不做那个 literature review，不做文献综述，这个观点好像都是自己凭空拍脑袋出来的，天上掉下来的。

香港应用的是英国的文化，在大学做博士论文，如果你一谈方法，你说我用质性的研究方法去做这篇论文，只要你一开这个口，开题的时候先查，要求看质性研究方法的书和文章在一百种以上，少于一百种不准开题，而且这个必须是在你的开题报告当中全部引用过，没有引用的不能写在 references 当中。这个是很严格的，然后它 literature review 的东西规定的差不多，基本上要占六分之一，五分之一，在你整个的论文的篇幅中，你把这块做得越详细，梳理得越清楚，也就证明你懂了，而且你提出来的问题是有道理的。因为你做了这么多文献综述，人家立刻可以判断你这个问题的价值在哪里，而且你对这个问题的理解肯定会很深。如果这个文献做出来，你这个问题已经毫无价值了或者价值很小，你肯定就放弃了，不会去做它。等到开题的时候，导师再帮你判断，看你做了文献综述以后，这个问题真像你说的那样有价值吗？如果没有价值，全部推翻，重新再做，这是非常辛苦的。他们的开题和答辩时是五人导师小组，所有的导师都跟别的小组组合，一个主导师，一个协助，可能换一个学生他是主导师，但是，要组成五个人的专家小组，其中，至少要有两个人是外面的，不能是本校的，它全部是封闭式开题、封闭式答辩。在西方发达国家以及我国香港地区，所有的论文最高的评价，需要三个月的修改时间，这个评价已经是对你最高的了，一般的来说是一年。我们做论文一般需要三年，所以，美国有些地方对中国博士论文三年毕业持非常怀疑的态度。说三年怎么能学出来，他们感觉不可能，他们都要做六七年。当然我们的学生吃不消，还要找工作，金钱也承受不起，学校也负担不了，但是，现在我们学校鼓励四年，如果你延长到四年，不需要上报，那是正常年限，鼓励所有的博士生四年以后再毕业，或者最早第四年答辩。为什么？就是说你要做充分的研究，但是，在学生的论文当中，的确是需要让他们接触实践。我们看他话语的运用，看他的论文，我们就判断他这篇文章是完全关在门里看几篇文章演绎出来的，还是说他有着对实践的真实感受，整个文章是很容易判断的。我感觉这样的一种"常识"与"专门知识"的对比与理解，它会构成一种非常有生命力的语言张力。

在写作的过程当中，你会发现，看这样的一些叙事作品，感觉到很生动。而在生动的过程中，透过这些生动的事实，你能够体会其中的深意。而这种深意是不张扬的，不是完全靠逻辑化的语言来表达的。虽然，它也会有所表达，但是，它并不是靠张扬这种理论来表达，而是通过它写活生生的事实，尤其是在这种语言的张力当中，去彰显它的理论魅力，这一点很难，或者说非常难。我后面会讲到，你要修炼这样一种功夫是很不容易的，所以，有的学生做这样的文章，还不如当初去做思辨文章，你看我前面所说的，大三段，小三段，大家都不信，我也不信，反正我就把它写出来，管你爱信不信，就是这样可以对付了。他觉得做这个东西很辛苦，所有的资料需要自己收集，是一手。但是，我跟学生说，你做这样的东西你不会去抄袭，因为你没有地方去抄袭，你必须自己去体会，自己去观察现场。

现在所有的论文，都要进行学术不端行为检测软件的检测，就是你的论文一旦出来，把你的论文的电子稿放在这个软件里跟博士论文数据库和硕士论文数据库匹配，很快，电脑马上就算出来你有没有跟其他的文章、博士论文、硕士论文有重合的地方，它显示得很厉害。它可以分成几个部分，第一部分有重合，重合率是多少，甚至算到如 965 个字，把字数都给你算出来，然后与谁重合。你要知道，在西方，有的学术规范，注释两千字也没有关系，你可以说，我是在分析他的观点，但是，如果抄袭五百字，没有注明注释，或五百字以上没有注释的话，那就属于剽窃、抄袭。它这个学术不端行为可以分段，分成几段，告诉你字数多少，与哪一篇重合，所有的电子稿一交，一下就检测完了，我们要求是在百分之五及以上的重合率的话，提交学位分委会，我们把这个交到导师手里，让学生做出合理的解释，不做出合理的解释，不准答辩。所以，现在这个软件很多地方开始采用，而且我们现在是全院博士生盲审，就是要把这个关。因为我们学校博导太多，光我们院的博导就有四十来个，我们现在的确发现一些状况，学生论文犯的一些硬伤的错误，往往是导师没有认真看，所以，现在擒贼先擒王，先打击导师，(笑声)当然导师的处分还是比学生的轻一些。学生取消学籍，然后追加导师的责任，停招两年博士，取消两年博导资格，那也算是一种惩罚。因此，从这一方面，我们要去关注实践。其实，在很大的程度上，它还隐藏着一个含义，那就是真的可以防止学术的不端。因为这个现象是很容易发生的。在这样一种抄袭的情况下，我们的理论是不可能发展的。

对教育实践来说，我们理论的话语都比较脱离生活现实，但关注实践的时候是有可能产生自己的话语的。教育学是一门实践性非常强的学科，一个实践性非常强的学科，如果是非常脱离实践的，这无论如何是说不过去的。当然，并不是因为它的实践性比较强，我们不需要理论，绝对不是这个意思。而是我们应该发展出一种别样的理论，这种理论是不同于哲学、社会学、心理学的，因为教育在这里面必须要寻找到一个自己的出路。从这一方面来说，就像我去年在《教育研究》上发表的《教育学学科问题的可能性解释》这一篇文章，有的学生就问我了，丁老师，这不就是思辨的文章吗？我说对啊，我并不是说思辨文章不可以写，我们要搞清楚教育学的方法论、研究方式以及自身的理论疆域在哪里。如果我们不去理清楚，这对教育学是有损害的，教育学就会被人瞧不起。自己的目标、自己的立场定位都不清楚，你又怎么去研究？

教育界也有一种倾向，说如果凡是要理性的研究，都要引入哲学，甚至也有人写文章说教育学走向哲学，我是极力反对的。我自己是学哲学出身，我感觉不应该回到哲学。就像迪尔凯姆在19世纪末20世纪初写的《社会学方法的准则》一书，这是一本社会学上里程碑式的书，也很薄，这本书说的是把社会学从哲学当中分离出来。其实教育学从哲学里面分离出来，我们恰恰要感谢康德，是康德最早去开教育学讲座的。我们说康德老先生也是哲学家，我们今天教育理论一发展就要回到哲学，至少也不大对得起康德老人家。人家帮你分离出来，你还回过头再结合，这一点则说明教育学在理论上没有足够的自信，仍然想依赖他人，实在混不下去了又要回到别人的怀抱，（笑声）所以，我们应该完全建立自己理论的信心，而在这一点上，我有我自己的理解。

我给教育学的规定很简单，一个非常简单的事实我们忽视了，为什么从孔子开始讲因材施教，因为人是不同的。在20世纪40年代之前，甚至心理学认为，人都是可以以一种方式教，因为认知方式差不多。20世纪40年代以后做了大量实验，提出场心理学、场独立性、场依存性，其实就是性格的内向与外向。通俗的说，内向性格擅长理科，外向性格擅长文科，这是它的教育结论。也就是说，我们至少要知道我们学生大概可以分成文、理两科，可能具有两种思维方式的人。无论你是教理科的还是教文科的，你大概要有两种策略。但是，现在我们的老师有这样教书的吗？没有，全部白白浪费了那个成果。到后来哈佛大学的加德纳教授提出多元智能、人本主义的心理学，反对IQ的这种所谓quotient这种测量，虽然他说不可测量，但是，也有很多人把它做出独立量表。场心理学把它分成文、理两类。但是，从这个多元智能来说，他就开始发展七种智能、八种智能、九种智能，不过加德纳到了九种智能，说道德也是一种智能，我就怀疑。最早我买了很多他的书，在国内我看他的书算是很早的，甚至我在香港的时候买了一批书给上海市教委，上海市教委主任给每个教育局长一人发一套，说感觉有道理，从心理学的研究角度来说，是因材施教的现代版。当时我感觉加德纳以前是反对道德作为智能的，现在说话不算数，又反过来说道德是一种智能。有人说这是勇于否定自己，我说这难道没有深思熟虑吗？这有点不可信，他还想有几个智能？当他有十个，十一个……N个的时候那个人就不可信了。开始我对他的东西还是很感兴趣，慢慢地不是太感兴趣了。但是，我感觉到并不等于他的这种路向不对，这种路向不是他发明的。我们知道，学生是有差异的，学习个体是有差异的。

社会学从哲学当中分离出来的时候，社会学一开始就有声明，它是研究社会现象的，而社会现象集中在什么地方呢？社会的群体与阶层。社会学热门的话语是什么？是社会阶层的流动、弱势群体、强势群体。它贯穿着群体、阶层之间的差别，这是社会学研究的一个特长，也形成了它的一套方法。其实教育学就是研究不同差异个体的学习过程，我们要让知识或者能力，让这种不同差异的学习个体去分享、去理解、去掌握。这一点，比方说心理学，心理学更关注个体本身，当然也承认差异，心理学在这方面也有贡献，但是，它更关注的是个体的本身，比如说记忆，内隐记忆啊，信息加工啊，包括潜意识、无意识，等等。

教育是研究不同差异个体之间的关系，教育如果它有逻辑起点，可以把教学定义是教与学双方的活动及其关系，因为离开这个关系，教学过程就没了，所以，教与学是分开的，是这样的双边关系。那么从这个角度来说，很简单，学生都有差异，老师也有差异，这种差异之间的关系使我们很需要交往。比如，把这种关系放在基础教育当中，我们叫它基础的共同知识，我们怎么能把这些共同的知识让不同差异的学习个体去分享、去理解，这就是基础教育当中最根本的任务，也是最艰巨的任务，从古至今，我们一直在为之奋斗。教育，它和其他的学科就是不同的，我那篇《教育学学科问题的可能性解释》发表的时候只有六七千字，但是，我断断续续写了两年，从比较长的文章，删成了只有六七千字，因为我感觉到有很多话不必说。包括我的《声音与经验：教育叙事探究》，原先写下来有二十几万字，发表时只有十一二万字，因为我从来就相信，这个字数少的东西，书薄的东西不等于就一定不好，可能更好。我不想浪费大家的生命。所以，在这个过程当中，我的确是感觉到，我们怎样去理解教育的本身、教育任务的本身，其实和我们研究的方法都是相关的。如果我们面对的是不同差异的个体，我们怎样去了解不同差异的个体，质性的研究可能也是一条非常好的路子。

## 二、教育叙事与日常实践

第二个方面，我们谈教育叙事与日常实践。前面是从生活的角度来讲，现在我从日常实践的角度来谈这个教育叙事的一些问题。

### （一）问题的提出

布鲁纳在他的《教育文化》这本书里面有一段话，他说你既然是个地道的教育理论家，而你企图引进一些改革，那么你需要竞争、取代或者想以任何方式修正的对象，正是那些已经在引导着教师们和学生们的民间教学方式。这个话说得比较拗口一点。老外就喜欢给你玩来玩去，其实他这个意思很简单，就是你以为你是个教育理论家，你到学校想做出一些改变，你也想去改变学校，改变教师。但是，你要知道，在你到来之前，这种民间教师和学生教学过程当中所产生的一种经验的教学方式已经存在。并不是说，你去之前人家都不会教书。你不是救世主，你来了，你不必掺和下去，人家早就活得好好的。在这一方面，我感觉到这句话，非常有趣也非常有意思，有意思的是什么呢？我有时候经常说，我们到基础教育当中去做报告，比如，什么教育局，教委，都是老师、校长之类的，我有时跟他们说，你们会把我们当专家，但是，我需要告诉你的是，千万要警惕专家。为什么要警惕专家？专家比较好为人师，专家经常热情过头，为什么呢？我做的东西好，我做的东西好啊！我来了，我救你们来了！我到了你们这个学校，现在热情万丈，要把我的东西一定要装到你们的脑子里去，要把你们以前的经验都给擦光。其实他不知道，他做的是跟希特勒同样的工作，是法西斯主义的。把你的以前的东西全部擦光，我来了，把我的东西装进来。这可能吗？这种故事以前没有发生过，将来也不会发生，这不可能的。所以，专家有的时候就是热情过了头，就像列宁所说的，真理多走出一步那就是谬误。这就是有一个度的问题，所以，我们要做这种研究改革，我们做研究也是一样，我们一定要知道，当进入实践的时候，实践已经以自己的方式在运行。这点提醒是非常重要的。

### (二)教育与实践的“生产”

在这里，我们讲教育与实践的“生产”，实际上是两种“生产”。作为教育叙事的理论者，这实际上是两种生产。这两种生产怎么说呢？对研究者来说，理论的流通和理论的运用是很关键的。理论能不能推动实践，实践能不能变革理论，就看使用者对理论的接受程度。但对使用者也是实践者来说，他没有理论者这样的使命，他也不可能完全照你说的来做。也就是说，实践者无法抗拒你的理论权力，尤其当你是一个权威的理论家，而且是在这个领域当中全国知名，大家都买你的账时。然后当你来到基层的时候，后面还有官方背景、教育局长、教委主任陪着。他的东西很好啊，你们要好好地学习学习。政治权力和理论的两种知识的权力混合在一起，这是实践者无法抗拒的。他说现在给你做一个什么实验学校，你也不敢不接受。也就是说，他不能够直接抵抗，但是，他绝对不是没有办法，就好像我们婉拒别人一样，我不能把我的东西放在主流地位，但却能在参与理论的语境中，想办法来消解你的理论。这种消解的过程其实就是一种对理论的消费。对理论的消费过程有两种，一种积极的消费，我是很积极地去吸收它的东西；一种是消极的消费，因为这个消费不是我要的消费，就像“文化大革命”时，我就生产了一个铁疙瘩的水瓶，你说你还有塑料壳的吗？没有，你就只能用这样的水瓶，这时他的消费是被动的，是被动的消费。所以，从这样的一种角度来说呢，我们对这种“消费社会”的理解就很重要了，我们需要理解消费社会。

在20世纪前半叶，福特主义是工业化大生产。大工业生产标准化、规模化、同质化、齐一化。它的这个模式其实是很简单的一个道理，我生产什么，你消费什么，你没得选择。我们的确都是经历过那个时代——“文化大革命”，之前，我国的生产模式和福特主义工业化生产一样，生产什么，消费什么，至于新奇的东西只能在外汇商店、友谊商店才能看到。如果有人出国了，用外汇买回那些东西，你才发觉，哦，地球上原来还有那样的式样！而在国内，我们看到的都是一样，都是一种样子。因为它就生产这一种，你没得选择。但是，20世纪后半叶以后，这种非常死板的生产方式、经济方式变了，机会经济出现，在这里“后福特主义”最大的转变，其实就是以消费为中心，以前是生产为中心引导消费，现在要以消费为中心引导生产。道理很简单，我们举一个手机的例子，说老实话，我们在20世纪90年代末，不是人人都有手机，教师不能人人有手机，学生更谈不上人人有，很少。我1999年到香港去教学，那时他们的学生给我的每人的彩色照片下面都有一个手机号。当时我想，哇！他们的大学生的确是要比我们幸福，因为那时我们老师的手机都不多。到2001年回来后，手机普及非常之快，手机开始不断改变，那时中国的更新是缓慢的，但现在中国的更新速度是非常快的。最早的时候，女生用的诺基亚的手机，小小的，一种颜色不好看，厂商就很会弄点儿小玩意，今天换个暖色的，明天换个蓝色的，你可以买那个手机的小配件，女生比较喜欢，而且便宜，还可以经常调换。然后这个也不满足，说是手机光是打电话没意思，当时MP3已经有了，但是，我想手机也能听音乐，让它加进来，MP3是音乐手机。还想看看视频，MP4加进去，我还想上网，internet进去，email什么都有了。于是在这样一种状况下，一部手机变成了智能手机，智能手机就是在这样的概念下成长起来的。也就是说，这些都是根据消费者的想法生产出来的。韩国的三星手机，在中国的销量不行。但是，在整个欧洲销量是第一，其实这并不是在于它的技术含金量，而是它不断根据时尚去改造它，非常 fashion，而非常 fashion 是怎样去实现呢？它在一些中学、大学，说我出钱给你们这种 Apple 的电脑，当时这种做图像的电脑已经很好了，做图形可以说 PC 做不过 Apple。三星手机在生产的时候，鼓励这些学生想象，你们喜欢什么，你们设计，它还奖励那些有创意的学生，你说手机应该这样，应该那样，里面增加什么功能，什么功能怎么样，里面怎样设计，学生其实不懂这个技术，但是，能够完全想象手机的样式。对于三星公司来说不断得益于这种创新，它根据青少年的喜好，不断地、层出不穷地推出新款式。在中国，像以前中国的自行车，叫永久牌，还指望你使用一辈子，还指望让自行车传宗接代。（笑声）现在没有人用“永久牌”的东西，那太老土了，现在人的消费观念说得直白一点，基本属于喜新厌旧。消费者喜新厌旧的频率越高，商家越喜欢。消费引导生产，它想加快你喜新厌旧的频率，缩短你喜新厌旧的周期。这个周期如果是三个月一次，它更高兴，它的东西就卖得动，所以，它就不断地用消费来引导你，这个模式对我们教育来说是很有启发的。我们的教育理论做到现在，老想指挥中小学，老想是给他们一点指示，好像是我们恩赐他们。但我们要知道，用消费这个概念，我们的观念该转变了。其实你是为了他的需求，他的需求才是你需要去做的东西，当然还不是完全这样说，因为他的需求从社会学的角度来说，他也是一种社会角色。教师是一种角色，校长是一种角色，他所看到的东西不都是全面的，因此，你要用另外一种眼光去看。也就是说，消费者的需求，肯定是做理论研究的一个很重要的参照，但是，你还要从其他的角度多维度地看。从这一点来说，消费这个概念的产生对我们来说是非常具有意义的，改变了我们以前理论和实践的关系。

刚才讲到“消费社会”，其实这个概念也能促进我们对社会消费需要与可能满足这种需要之间的关系的理解。从这个角度讲，消费不再是简单的占有、使用和消耗的过程，而是一种主体的再生产形式，这种认识其实是很重要的。拿理论消费来说，它不只是实践占有理论、选择理论或者消耗理论的一个过程，更重要的是在理论选择下，实践者结合自己的实践进行再生产，而这个再生产的东西就是符合他自己实践所需要的东西。从教育理论与实践运用的关系来说，实践的主体对理论的需求不仅仅是需求，它更重要的是有独立批判性，独立批判性是一个运作的再生产。其实在这里，理论与实践的关系是一个亘古长青的关系，但这个问题怎么理解呢？就是理论和实践之间有丝丝入扣的时候吗？永远不会有丝丝入扣，从这一方面来说，理论不是落后于实践，或者对实践具有前瞻的作用，理论的特性就是这样。对实践来说，实践是对理论的选择。我为什么说要警惕专家，其实是提醒专家本身，我们所做的研究，在进入实践的时候，其实我们只是给实践一种选择，而不是主导他的所有实践行为。所以，没有一种理论可以包打天下。但对实践者来说，他要学会选择，我怎么样去选择这些理论去结合我自己的实践来进行变革。教师的专业发展，其实很简单的可以用一句话来说，就是不断地把自己的经验与你选择的新东西加以结合，形成自己的变革实践。这个变革实践是什么呢？当新的东西和你的经验结合了以后，已经变化了。变化的结果是，它不再是你纯粹去学习的那个理论，也不会是你以往的经验，因为在这种变革过程当中，两个东西都改变了。因此，教师的专业发展就在其中，教师的创新活动也在其中。这种变革都是隐藏在最平淡无奇的日常教育实践当中。试想，如果教师每天都在做惊天动地的大创造，那么这个世界就乱套了，不可能是这样。其实教师就是通过这样的一种变革才逐渐地推进教学变革。也正是这样，有人把教育的变革称为是静悄悄的革命，它是一个渐进的过程，而这个渐进的过程是双向合作的结果。另一方面，同一个理论在不同的环境下消费的时候，进入不同的环境，意义都会有变化。所以，从这一点来说，我总是告诫自己，我不会去创造一个什么教育模式。因为我知道，真正的创造力是在实践本身，是在每个教师、每个校长、每所学校手里。你可能在理论上有创新，但是，对于学校来说，它是一种选择的可能。而从学校来说，老师先是学会选择，然后加以他的经验，两者结合进行变革，这才是理论与实践的关系。

**(三)实践者的日常参与**

在这里谈实践者的日常参与，他怎么参与理论呢？就我们来说，日常实践受地区、学校、师资、生源等各方面的影响，而这种影响会形成什么呢？教育的差异使用模式。这种差异的使用理论模式，不具有统一的形态。我们需要提出这个问题，当理论与实践分开的时候，理论构造的努力能否解读那些众多的、零散的实践？我们的解释还都只是在形式上。反过来，我们又可以这样提问，这些众多的、零散的教育实践的工作方式是按照某种理论在作用吗？如果说不是，那我们怎样去面对这些众多的和零散的教育实践的运作方式？而我感觉到作为一个理论工作者，他必须要这样地设问。实际上，这样的设问在回答的过程当中，就厘清了理论和实践的关系。也就是说，这么众多的实践是不可能按照某一种理论在进行着的。而任何一种理论的构造也不可能解读所有的实践，因而我们就要考虑这样的一种方式，我们该怎么去处理理论和实践的关系？在这里面，理论与实践的联系必然存在着冲突。冲突才是这种关系发展过程当中一个必然的东西。但是，这种冲突也蕴含着不同程度的妥协，冲突不等于抵制，不等于你死我活的抵抗。而在实际当中，实践与理论也不是这样一种关系，它们其实是一种不断妥协的关系，就是实践在选择理论，而理论根据实践在调整。所以，这种妥协形成了理论跟实践之间的一种平衡。这是需要智慧的，需要双方负责自构。并不只是理论的推进才是一种智慧，其实实践在选择理论进行变革的过程当中，也是一种智慧。实践是一个智慧的过程。理论和实践不仅仅是处于一种平等的关系，还在于理论和实践的本质本来就是如此，否则，我们就会在理论与实践的结合上老是纠缠不清，根本解不开。我经常解释说，就像蛇头咬住蛇尾巴，谁也解不了这个怪圈。当我们明白这个本质时，很多事情实际上就很坦然了，我们就知道去怎么处理。

结合前面说的这种地区的不平衡，我们来谈谈实践与规范体系。规范体系，可以说制度上的规范，也可以说理论上的规范，它是在不平衡的状态下，一种差异形成的活动策略，它可以自动与理论之间发生一种张力，形成一种发展的张力。英文中就是这个 intension 的东西，西方很喜欢用这个词，intension 就是说它是一种紧张。但是，这种紧张是适度的。这种紧张在西方概念里怎么理解，我可以举个例子，马克斯·韦伯写的《新教伦理与资本主义精神》这本书，为什么会引起很大的关注？因为马克斯·韦伯本身是个宗教社会学家，他也写过一本《中国的宗教》，这本书也写得蛮好，但是，他根据传教士的一些材料来写这本书，依据不太可靠，对中国的了解也不是很深。但是，马克斯·韦伯在写《新教伦理与资本主义精神》时，他提出了一个东西引起了很大的讨论，就是中国有没有资本主义？他说，资本主义是这样，宗教改革以后，形成了基督教，后来形成清教徒的文化，而清教徒的文化一方面在现实生活中要苦修的，要克俭自己。而另一方面，他们的理想又非常高，所以，他们的理想跟现实是冲突的。正因为有理想和现实之间的紧张，才推动了资本主义的发展。反过来，马克斯·韦伯就马上用了这种理论观察中国，说中国儒家讲和谐，不讲紧张，所以，中国没有资本主义，就没有产生资本主义。当然，中国没有产生资本主义本不是这么简单的一个理由可以解释的。中国的文化并不是说没有一定的紧张，只是表达的方式不一样，比如说，儒家的理想是人人皆可成圣人，但孔子就说我不是圣人，就像马克思所说的，我不是马克思主义者。也就是说，一个很高的理想，我只能尽我所能地去做。一个圣人式的理想，能不能成圣人和它在现实当中能不能成圣人是一种紧张，而儒家的主张是在道德自我更新基础之上求发展。当然，国外也有研究，像纽约市立大学的狄百瑞(de Bary)，他是一个很出名的汉学家，他编过很多书，里面就把儒家的这种主张称为儒家的自由主义，那个当然有些夸张了。如果儒家真的有这种自由精神，中国的封建社会肯定要改观了，历史要重写了。因为他是从西方的角度来看儒家的东西，所以，会发现有许多像西方的自由主义的这种东西存在，当然不能完全这样的去理解。但是，他也看到了其中的这种紧张，这种紧张形成的一种张力，也是一种发展动力。

当然，儒家并没有成为近代社会发展的一个动力，以至于五四时期出现“打倒孔家店”运动。有人说林毓生提出了一个五四时期反传统的传统，结果形成了后面的造反派。这又是一种夸张，也是从反面夸张出来的。在看当时的西化时，我们咬住胡适不放，其实你真的仔细去看历史，陈独秀、鲁迅从言论上比胡适有过之而无不及。陈独秀说要否定一切价值，他在向西方学习的时候说，用西方的一切价值否定中国的一切价值。鲁迅是高喊打倒孔家店的，在这方面，他是一个非常激烈的人。但是，我们也看到并不是他们想要全盘西化，而是在当时的中国有一个传统，而这个传统的确是一个问题，就叫名不正言不顺。就像近代洋务运动时中国的变法，在变法的过程中非要争个明白，中体西用还是西体中用，非要讲清这个东西，争个明白以后我们才能做。同样是两篇《劝学篇》，一个出自福泽谕吉的，一个出自张之洞的。张之洞的《劝学篇》是中体西用，而福泽谕吉的是洋学派。当初严复那么先进的一个知识分子，其实不过是扮演达尔文的进化论的角色，他注释赫胥黎的《天演论》，而且采取中国传统的传注方式，通过传注来体现他的思想。而康有为、梁启超不过是托古改制，学起六书、六府说话的角色，追求的是开明君主制而不是共和制。因此，中国的第一次学西方是不彻底的。福泽谕吉提出要学习卢梭所说的天赋人权，也只有天赋人权才是一个共和社会建立的基础。因为天赋人权，所以社会是一个契约社会，使大家通过契约的方式建立共同的游戏规则。所以，正是这样两种对西学的不同理解，导致了维新变法跟日本的明治维新的两种不同的结果。我们翻译新说比日本早，我们的变法比日本早，但是，变法结束了以后，我们依然是个半封建半殖民社会，日本却开始变了。也就是说，我们学习西学的西艺、西政，而日本却是学了西学的一个根本，这影响了两个国家的现代化进程。这些说明，从历史经验来看，中国的这样一种传统对中国自身的发展是有损伤的，因此，我们不能再去纠缠那些东西。所以，我说，邓小平的伟大在哪里呢？就在这里。这个不是盲目崇拜，尤其是在 1993 年以后，他打破了中国一个固定的思维方式，以前姓资姓社也好，我们不争论，不管白猫黑猫，抓住老鼠就是好猫。因为一心要改革，必须要有当下的行动，如果没有当下的行动，姓资姓社的争论会像近代社会一样历史重演，结果会使我们继续落后。从这一点来讲，邓小平的改革开放是一个完全不同于我们传统思维的变革，倒有点像当年的日本改革，或者像美国的实用主义行为，但是，这点对改革的初期是绝对见效的，中国摆脱了一种固定的思维方式。

这种思维方式对我们教育改革也是这样，我们不能都考虑这些东西，我们也无法去考虑理论的完整性，因为没有一个理论是完整的，理论都是片段。从真正的理论角度来说，理论就是片段，就像哲学当中所提的，我们总是从相对真理走向绝对真理，生有涯而知无涯，所以，正确真理在哪里，可能是人类将来共同追求的目标。但是，我们在每一个历史时期产生的真理，只是适合这个时期的相对真理。不过在这个时候，我们要记住黑格尔的话，黑格尔说“凡是现实的都是合理的”，如果你们哲学考试的时候，这个只能够得一半的分数，因为他后面还有一句很重要的话，“现实都是变动的”，变动的现实才是合理的，不是一个静止的现实。所以，从这一点来看理论与实践的关系，我们就能够很坦然地去面对它。理论，某种理论，一个片段的理论绝对不可能是万能的。所以，你没有权力要求实践去按照你的模式去进行。同样，教育实践，你要懂得去选择，你不能因为你对理论的费解就拒绝理论，这一点，我们前一阵子也争论过，这种问题延伸的方面非常多。比如说，有一些人说，《教育研究》让我们现在的中小学老师越来越看不懂了，能看懂的文章越来越少，于是说我们都要写喜闻乐见的，要让中小学老师看得懂的文章。但是，我就有点不太相同的意见，我觉得，《教育研究》作为一个理论刊物，作为一个学科当中放在第一位的刊物，就像我们说的一级刊物，如历史研究、哲学研究。如果这样看，它处在这样一个地位，尽管离我们的理想目标还有距离，但是，至少它是放在这样一个地位上考虑，我们就要考虑它在理论发展当中的地位，理论的创新方面、学术的创新方面这些可能是它比较关注的点。教育本身在这方面已经比较弱势，如果我们这份杂志办的是全部中小学老师都看得懂的话，我不是说中小学老师一定怎么样，如果实践工作者全部能够看得非常明白，那么这份理论杂志的理论涵养是值得质疑的，它的学术涵养是值得质疑的。我觉得《教育研究》里面可以有一两篇文章，就实践当中的东西阐述得很清楚，我们中小学老师可以去看，但是，要保证它的理论地位。还有其他一些杂志，比如，《中国教育学刊》，它要面对许多基层学会，它可以这样去做，但《教育研究》不应该这样去做。如果《教育研究》再这样去做，那么教育学在所有学科中的地位那是可想而知的，这个我们有过很激烈的争论。我就是喜欢这样的杂志，但是，感觉像这样的杂志比较难办。但是，我也能走出我自己的道路，像我自己在2001年创办的《中国教育：研究与评论》，现在也进入CSSCI期刊行列。我当初办刊的宗旨是走纯学术的道路，但是，并不等于我这里没有中小学老师喜欢读的文章。其实我非常惊奇地发现，这里面，叙事研究是一个很大的特色，也包括研究报告以及很具有理论性的文章，而且都是长文章，我不发短文章了，七八千字的论文我从来都不采稿，我要的文章一般是至少在两万五到三万字以上，算是长文章。我用过的长文章有七万多字，整整100页。因为我感觉到，像这样的一种研究，你需要付出巨大的努力，而且我用硕士、博士的论文比较多，学术界就问，你为什么用他们的文章那么多？我说现在的教授谁还花三年时间写一篇论文呢？所以，我从硕士、博士论文当中总能选出好文章。令我感到很惊奇的是，在这些叙事作品当中，很多的中小学老师包括咱们的教育人士，他们有的文章写得很有道理。我到各地讲学的时候，他们都有这种反馈。为什么呢？因为在叙事里面，他们会用生活中的语言跟专业的语言形成这样一个语境，很有意思，他们有很多人也看这份期刊。所以，我说，我们既不要刻意地追求这种目标，像伯恩斯坦说的，我们就是要你们看不懂，因为这个也不是我们所要追求的目标。但是，我们也不需要刻意追求要让每个小学老师都看得懂的目标，因为我感觉到这两种追求都是过分的，都是不对的。对于中国目前的教育理论与教育实践相脱离的状况，我们完全可以把它们慢慢地结合起来，这就是培养理论素养。为什么在国外的中小学老师的文章，包括校长写的文章，理论性那么好，因为他们学术只有一种规范，完全按照学术规范系统，没有不同的。如果你没有这样写的话，文章是发表不了的。像我国的台湾地区、香港地区，它只掌握一种学术标准，而在基础教育当中的老师写的文章和教育学者写的文章的规范是一样的。从这里我们可以得到启发，学术规范可以是一样的。而学术意识、理论意识却是可以培育的，就像我们说，民主也需要培育，我们说今天不是个诚信社会，难道我们就不需要搞那些民主的制度了吗？不是的。诚信社会是需要培育的，如果你不去建设这些制度，诚信社会就永远不会出现，所以，在这里，这个道理是一样的，这个可能扯得远一点，但实际上这些都需要说明，即我们对理论与实践的理解必须有种这样的思考。

**(四)经验、抽象和理论**

刚才讲的是理论视角，现在我们要讲经验、抽象和理论的关系。为什么说经验重要呢？迈克尔·康纳利写了一本书 *Narrative Inquiry*，说的是在社会科学当中的故事与叙事。里面有一句话说，为什么叙事？因为经验。“Why narrative? experience.”就是因为经验，所以我们要叙事，因为只有通过经验，我们才能看到实践当中的东西，我们只有看到实践当中的东西，我们才有可能去形成我们的理论观点。所以，从这一角度来说，我们必须对经验进行解读。在我们以往的观念当中，经验不是一个好东西。只要讲一个东西很像经验的话，就感觉到这个东西的理论水平比较低，但事实上不是这样。

那我们怎么去认识经验？其实，直接经验是所有教育的基础，我们不可能离开教育的基础。无论是教育者还是受教育者，对事物的直接感受都取决于经验，都是用生动具体的形象来直接反映外部世界，外部世界是最丰富的具体经验，这一点是我们首先要确立的。

经验在我们教育过程中扮演的角色是相当重要的。反过来说，我们的直接经验是很重要的，但是，我们不可能经历所有人的经验。处在一种环境当中，扮演一种角色，不能够经历全部经验，把自己的感受都建立在直接的直观的经验基础上。那么怎么办呢？我们需要去获得间接经验，可以通过学习去获得间接经验。但从叙事研究的角度来说，我们可以通过参与别人的经验而获得别样的经验，就是经历别人的经验来获得与自己不同的经验，一种你不是能亲身经历的经验。这话可能有点拗口，其实不拗口，就是说，我们用参与的方式去经历我们所不能直接经历的经验，因为我们不可能什么事情都经历其中，这个做不到，但做不到的时候我们可以去参与。比如说，做一个中学教师研究，我是个大学教师，但是，我一定要参与到他的经历当中去。如果我要做这个课题的话，我就要跟这个老师长期接触，听他的课，观察他的课，通过观课，跟他谈，跟他聊，接触他的周围的师友，接触他的朋友，他的家庭，耿涓涓的那篇《教育信念：一位初中语文女教师的叙事探究》就是这样。她几乎有半年就和这个老师在一块儿，她回家她就回家住，如果不回去，她就和她一块儿住宿舍，因为做叙事研究有一点，就是人是有感情的动物，当我要对你无所不言，什么都可以跟你说的时候，这关系一定要亲密到一定的程度，必须要有这种关系。因此，这种研究不是一种冷冰冰的研究，而是一种充满温情、充满人性的研究。从这一点引申开来，我就感觉到教育既是科学，又是艺术，教育研究需要理性，但是，也非常需要感性，因为教育本身是一个非常感性的事业。因为你是跟人打交道，你对人一点感觉都没有，你怎么去理解人呢？所以，修养在叙事研究当中很重要。如果大家喜欢文艺，你应该去爱好文艺，你不一定要亲历亲为，说我唱歌唱得很好，舞跳得很好，会什么乐器，但你可以从知性上，从其他方面去了解它。我始终认为，文学艺术方面的修养，对于一个搞教育的人来说极为重要。文学艺术的修养能够丰富你的情感，提高你的感知能力，因为搞艺术的人比较敏感，他的艺术思维和感觉跟你平常的思维和感觉是不一样的。所以，从这一个角度来说，我就感觉到，尤其是当我们做叙事研究、做这种质性研究时，的确要丰富我们的感知能力。假如你到实践当中去接受经验、去参与别人经验的时候，你怎么能够很好地理解别人呢？这在很大的程度上，要你从很细微的事件当中，运用你的感知能力。最早我开始上课的时候，我说教育叙事可能对于女性更合适。为什么呢？因为女生比较细腻、敏感，结果我的班上有一大半女生，（笑声）当然，我说男生也可以细腻一点嘛，（笑声）男生是比较粗心了一点。但在生活当中，去观察的时候你必须要非常敏锐，不能放过任何细节。比如说，如果你非常粗心，啪的一下漏过去，可能很重要的细节就被你忽视了。所以，在这里面，即使你无法经历经验，但也要去参与这种经历。

从理论跟经验的关系来看，理论必须可以接受检验，理论还必须要有明确的经验支撑。但是，经验的研究又是以理论为旨归的，因为经验的研究可以促进理论的建立，可以检验理论的真假，所以，我说经验的研究其实很重要。经验研究可以帮助用经验的研究去澄清理论概念，防止我们的理论过于抽象和模糊。任何理论研究都是离不开经验研究的，它不是一个可以两分的东西。只不过是经验研究有其理论角度，从质性的角度说，我们更侧重于从经验的诠释角度出发。而且，从经验研究引出新的资料、新的经验的时候，我们完全有可能去调整理论，甚至有可能产生出新的理论。特别有一个体会，就是当经验研究运用新的方法的时候，这种理论的调整完全是可能发生的。我经常跟研究生们说，在做论文的时候，你收集的资料，包括你做历史的史料，还有现实当中你搜集到的素材，如果那些素材收集得很好的话，本身来说就是一种很好的文献资料。另一种是方法的突破，我们不能够指望每篇博士论文、硕士论文都在创新，尽管我们全日制的学生有创新之类的要求，但是，创新不可能是一个全面的，只可能是在点上。那么应该怎么办呢？我们可以更多地着力在自己的方法上，改变一些方法，甚至可以用多维度的方法来研究。我们知道，维度越多，他的研究就可能越密集。我们研究一个人，就拿耿涓涓那篇《教育信念：一位初中女教师的叙事探究》来说，她研究她的教师生活，再研究她的平时生活，她的家庭生活，她的事业，她的朋友，她的同事，她跟她的学生，然后再研究她的自述，将这几个角度回来一合，这个人的形象就很密集地呈现出来了。如果单纯地只从课堂上研究，可能结果还是比较片面的，因为我们并不能穿透课堂的这些教学行为，究竟还有什么原因会导致这样的结果。如果只从课堂上研究，我们只能着力一种分析，如果我们深入她的生活的各个方面，可能我们就多了很多维度，维度是非常非常重要的。这些维度可能还包括一些客观事实的维度。

这一点，实际上也形成我对研究生教学中的感悟。我发现研究生存在一种问题，这种问题是什么呢？问题意识的缺乏，很多研究生论文的题目不是个问题，不知道他要干什么，上次论文答辩到外校去，答辩女生的论文题目《民主教育与幸福》，不知道她要干什么，这样的题目我就感觉到不太像一个论文的题目，论文是针对一个问题去拟定题目。当然，做论文时，论文题目针对一个问题。但当你要出版的时候，书名也可以比较诗意。比如说，我招的第二个女博士，她是研究北京女高师的，研究庐隐、冯沅君、程俊英等著名的诗人、作家和学者。在论文答辩的时候还是很具学术性的，从问题切入，女知识分子是在什么样背景下出现的？其实是从一个女知识分子的角度，只有当初的现代大学制度才造就了一批现代女知识分子的出现，是从这样一个角度出发的。当然现在要帮她出书了，在修改时，我帮她起了一个比较诗意的题目，带点畅销书的元素，《历史的背影：一代女知识分子的教育记忆》。题目很好，保证她这本书销路也很好。这也没离题，还是比较切题的。我的学生的博士论文、硕士论文的题目基本上都是我定的。不是说我一定要给他一个题目，一定要让他写什么，我不需要那样。我最喜欢不同学科出来跨学科的学生，选题时，一定要结合他的背景，结合他的长处，结合他的可能写的范围，反复地商量，一旦定下来，就可以往这个方向上去写，写了以后，我们再来琢磨你这个题目，里面的章节题目，我很有耐心地帮他一点点的改，包括那个得全国百篇优秀博士论文的《嵌入村庄的学校：仁村教育的历史人类学研究》，这个题目也是我定的。我感觉到论文题目的确是很重要的，题目一个是要非常准，还要第一时间抓住别人的眼球，这个也很重要。

我发现，学生研究能力需要长期培养，不断训练。那怎么去训练学生的研究能力呢？我感觉学生的问题意识差。那问题意识差在哪里呢？体现出来就是，当他提出一个问题的时候，他不知道往里问，一开始提出一个问题的时候，可能它是一种线性，不懂得往深处问。我现在就是用一种非常钻牛角尖的方式来训练学生的问题意识。就是你要提出问题，往深里问，问第二层的问题，再问第三层的问题、第四层的问题，再问第五层的问题，直到问到你成功地发现问题的深意。反正这是训练，这不是你真正做研究，但是，长期养成这个习惯对你一定有益。你说你从来没有这样做过，没有这样做过就要这样去做，为什么呢？这和练瑜伽是一样的，瑜伽为什么对身体有好处？因为瑜伽教你做的动作都是你平时所不做的，它才对身体有好处，你平时会这么拧，把腿举过去，举过来，除非有精神病。(笑声)所以，这一种东西看似都是奇奇怪怪的，但对身体有好处，活动到平时所活动不到的部位。如摄影，我也喜欢摄影，但是，在我的主页上我自己的照片，是专门帮我拍的，结果那一小时的拍照把我弄得难受得要命，他们说摄影就是这样的，把你的形象要拍得好的话，你越难受的动作就是你最好的形象。否则，像一个模特三曲，她个人平时怎么可能这么弯，但摄影师就是要你这样弯那样弯，做出一个动作你简直是很难受，但照片拍出来就是非常美。所以，给他们折腾了一小时，他们说至少两小时，我说我不想折腾了，我折腾不动了，我骨头有点老，韧带有点紧，弯不过来了。所以说，问题意识现在一定要这样训练，这是往深。还有一个往宽，这是一个维度问题。你看看，它跟社会的发展有没有关系，它有没有些经济的原因，从文化的角度、生活的视角你怎么去观察等。我们关注不同的角度，这个就是跨学科的。宽是用跨学科的角度思考，深是对问题本身的探究，当学生既会往深里问，又会往宽处看，你想，当你把这些问题再进行梳理时，这些深度和广度的问题可以形成一个问题的结构，你写的论文无非就是解决这些问题的结构，文章就成了，文章就是这样产生了。而且这种文章一定不会差，因为它目的性极强，而且如果你训练成这样的话，讨论任何问题时候保证你语出惊人，与众不同，因为你能够这样问问题，是常人没有的问题，常人没有这样的能力。所以，这样的训练很重要，我甚至跟学生说，你不要感觉到对这种训练感觉到辛苦，你要练好了，哪怕是到什么场合要要嘴皮子你都比别人行。其实从问问题的这个方面来说，没有问题意识，你做研究的第一步基本功就缺乏。没有问题意识还做研究？做什么研究！所以，这一点训练非常重要。我顺便说一下另一种训练，反正也是谈方法，我再扯开一点，我对学生的读书也有训练的方法。学生老是跟我说读书读不过来，我说是，用你一辈子，书也是读不过来，怎么办呢？你总是要读书的啊，但是，你上来就可能马上要做论文了，带着问题去读书效率肯定是高的，但是，也有可能带着太多问题读书了。你上来的一年级，尤其前一年半，在考虑选题的这个过程当中，我都是开书单，不管硕士博士我都是把书单开出来，我就开一页的书单，当然是5号字，然后我分几个类型的书目开出来。有些学生说，要是照着这样读书，读得很辛苦，我说那要是不辛苦怎么行？你肯定是要辛苦一些。但是，你读书我是有考虑的，我绝不是乱开书的，我若是乱开，我给你开个十几页，但是，我为什么只给一页，这里面其实有个知识结构的考虑，而如何读书呢？有的学生说我一本书读一个月，一个字一行一行看，读完了，结果发现一个现象，拿起第二本的时候第一本已经忘记了，这种读书是很可笑的。我说，我教你一种，这也是我的一个读书方法。我家里有很多书，办公室也有很多书，堆得不得了，书架完全不够。但是，我保证每本书我都翻过。有人说我不可能都看过，但你随便拿一本书给我，我都可以说出大概的内容。我说读书一定要培养自己博闻强记的能力，博闻强记不需要很细致、准确，但是，一个大概的东西你要说得出来。这种功夫靠什么呢？靠中国的整体直观的思维方式特别管用。西方的逻辑推理思维在这里是不好用的，为什么呢？精读是在泛读的基础上进一步的，你不要一上来，说，哎！我转到这个专业，我什么都不懂，找几本经典的书仔仔细细地看。一上来别这样，要找一大堆的书，很快地翻，甚至一天一本，就可以了。你翻的书多了，看得多了，这种直觉就出来了，基本的小判断也出来了，若有些逻辑概念不大清楚，再回过去看看。如果论述相似的问题，翻得多了，马上就有个直觉，哪本书先看，哪本书不值得看，在这个基础上有很多的判断是你自己做出来的，而且你又翻了很多书，然后你才能判断哪几本书值得仔细读。但是，仔细读也不要去读一个月，也就是说，着重读我最想读的部分，读了以后我感觉好像知识结构有些不完整，然后再翻回来看一看。读书一定要有方法，这样的方法使你可以看很多的书，而且你对知识的判断力会很强。也就是说，详读是在泛读的基础上建立起来的，这是非常重要的一点。还有一种情况，学生会问我，如福柯、哈贝马斯的一些翻译过来的书，读的时候不知道在讲些什么东西。我说，你从来没有看过，一上来就想马上看懂，你的悟性也太高了，你太有造就的可能了。一上来看不懂很正常，但是，也有一个办法教你，先看研究哈贝马斯、福柯的书和文章，看这些书及文章的时候，看他们对哈贝马斯、福柯的这些概念的梳理，他们提出了哪些核心概念，哪些概念基本上是怎么规定的，基本上要知道，哈贝马斯主要讲的是些什么概念，福柯主要讲了些什么概念，当时可能会受到他们解读的一点影响，但是，反过来再去看哈贝马斯、福柯的原著，你就要着重自己的理解，因为这些概念的架构你已经有了，就相当于看书找到了钥匙，你就不会感觉到读这本书完全没有头脑，这样看完一本书后，再看一遍，然后就产生出来自己的想法了。这个就涉及读书的境界，每次上课，我都给学生带一摞书，我为什么要带一摞书呢？因为每次上课我总要用一小时给他们开读书会，我知道他们一离开教室就根本不看书。我就怕他们不看书。所以，我就用上课的三分之一时间跟他们开读书会，果然不出我所料，我每次拿的书，他们都问是哪个出版社的，我说检验出来了吧，每次上课我都有大纲书目，明明我的书目里都有，你们看见了这本书却像没看见过一样，说明你们根本就没看书，我是检验过的。比如，我最早带的三个硕士生，那个时候硕士生带得还少，上我的课，我就感觉到我讲的课没效果，他们有点不对头，反应不对。后来我说，我先不上课，你们回去。第二次上课时，一人开三本书，你自己读一本书，到课堂上来，你讲给我听，我们一起来讨论。结果令我非常生气的是，他们用那种犬牙交错的纸，在上面随便写上几个像爬的字，就来应付。我说你至少是对老师的不尊重吧，哪一个垃圾堆里拣出来的纸，上面写三个书名，讲的时候，三个人磕磕巴巴地还讲不清楚。我说，这是你们自己开的书，读后都讲不清楚，还不是我开的，这样怎么能行呢？第二次上课，再开三本书，他们开始认真一点。但是，那个功夫仅限于复述给你听。我说，这是读书的基础阶段。第三次课再开三本，他们脑子开始神经，就感觉不对，开始认真阅读。我说，读书能读出什么呢？能够复述这是最基础的阅读，到第二境界，能够有比较，有些批判的眼光。因为看多了，就知道这本书好在哪，哪些地方还不如另外一本书，哪些地方写了什么，它在哪个领域做到什么程度，你这样告诉我，我就会知道你很会读书，而且看了很多书。到最高的境界，看书的时候就会联想，看了教育的书，你就会有其他的联想。我主张看书要杂，因为所谓的创造力，就是当你在思考一个问题的时候，两个不同学科的知识同时在你脑子里加以链接。这时创造力就出现了，因为它已经跨越学科本身。美国 2007 年做了一个研究生教育的研究报告，其中有一句话说，“创新往往发生在学科交叉融合的领域”，这是绝对有道理的。教育本身就是一门综合性非常强的学科，有什么学科比研究人、培养人更复杂呢？所以，要想研究人、要想培养人，你必须要有综合学科知识的基础，所以，对教育研究工作者理应要求得更高。

## 三、叙事理论的演变

下面说说教育叙事理论的演变。谈演变的过程，想谈一谈国外一些在教育叙事方面比较流行的东西以及在教育叙事方面对存在的一些观点的不同回应。

### (一)从结构主义到后现代主义

首先谈从结构主义到后现代主义。20 世纪经历了这么一个过程，从 20 世纪五六十年代，结构主义开始兴起，叙事的研究跟这个过程是相伴随的。最重要的一个结构主义的变化是来自于索绪尔《普通语言学教程》这本书，劝大家一定要看，因为这是了解 20 世纪 60 年代以后当代西学的基础。当代西学就是从索绪尔的《普通语言学教程》开始，形成了一个语言学转向，遍及历史、文学、哲学。可以毫不夸张地说，索绪尔的结构主义语言学影响了整整一代学术的发展，结构主义语言学的影响很大，后现代主义理论也开始大量运用。中国人现在讲的教育哲学还大多停留在 20 世纪 60 年代以前的永恒主义、要素主义，等等，20 世纪 60 年代以后的教育哲学，有很多人都弄不懂，因为它非常难懂，从这个结构主义延伸出来的符号学也很难懂。你们有没有看过艾柯的一本书叫 *Interpretation and Over Interpretation*，就是诠释和过度诠释，读这本书的时候，我保管你读起来像看天书一样，很难懂。但是，这些书你不看，你根本不知道现在的西学是什么东西。在美国除了实用主义的杜威，还有一个当代哲学家，符号学派的罗素，符号学派和结构主义语言学有着密切的关系。现在你看，英文当中的 test analysis 就是文本分析，西方的文本分析跟结构主义语言学太有关系了，基本上可以说不了解西方当代的语言学，也就是说，不了解从索绪尔开始的结构主义语言学，基本上就不懂当代西学。

我为了梳理西学，看了很多书，结果到后来写不下去。于是，一个寒假，我哪里也不去，天天在办公室，一个字也不写，就梳理这个当代西学，看它究竟是个什么脉络。我跟老外也谈论过，他们也感觉到从语言的载体角度来讲，如果说当代的西学发展得最充分、最具影响力的，就是语言学。但是，从某个学科的角度来讲，历史学在发展过程中，从历史学、史学理论转向历史哲学以后，它也影响了文学，影响了哲学，甚至对教育的影响也是非常大的，几乎影响了所有的学科。我以前有个同学，甘阳，他是中国最早搞解释学的，现在他在香港中文大学开的课是西方史学。他就感觉到，不了解西方史学的发展也就不能够了解当代西学，因为它是一把打开西学的钥匙。

索绪尔的影响为什么会这么大呢？因为他把语言看作是一套自足的体系。他说语言不是传达意义的工具，意义是语言的一种功能，这是很厉害的一句话。也就是说，你的推演除了语言能够表达实在，在语言之外什么都不存在，语言表达了实在，语言又有了解释的意义，而意义属于语言本身。所以，西方在文本分析的时候会出现这样的一句话：就是文本分析。中国文化的传统是文以载道，分析这个作者的背景，研究红学就要看曹雪芹生活的那个时代背景，里面涉及的伦理和社会思想等之类的东西。西方可不是这样，在结构主义语言学影响下，就文本谈文本，一切都在文本之中。

罗兰·巴尔特是个非常出名的文学理论家，懂点文学理论、知道一点西方文学的，一定会知道这个人，这个人是文学理论研究不可回避的一个人。罗兰·巴尔特有一本书，我想大部分人应该都没看过，这本书就是《典型的结构主义语言分析》，文本分析，叫 $S/Z$，他对文本分析精致到了不厌其烦的程度，他的这种分析和我们当初的微言大义差不多，但是，它是一种很精致的语言学东西。没有很深的语言学基础，根本就写不了这种书。在这本书里，罗兰·巴尔特把结构主义语言分析运用到了极致。而且结构主义的语言学也影响了经典的叙事学，经典的叙事学是20世纪60年代兴起的经典的结构主义叙事，像列维·斯特劳斯，大家以为他过世了，结果到网上一查，老先生还健在，大概是西方思想家中活得最久的，现在105岁了。我们最早知道他是因为20世纪80年代翻译的《野性的思维》这本书，现在的研究生80后为多，这样的书可能都没有看过，但是，建议你们也要看看。我觉得做学问是要从根子上做起，而不是就事论事地为了解决某一个问题，就只看这一方面的书，其实真正的学问功底，是要从遥远的地方打起。也就是，看上去与问题无关的知识，其实是有关的。建立一个人文素养的基础，要有很好的文化底蕴，绝对不是就事论事的研究就可以解决。像结构主义的叙事，它关注文本内部的结构与结构要素的关联，在这一方面，结构主义在一定程度上会割断文本作品跟社会历史的关联，这种割断到后来就形成《新叙事学》。戴卫·赫尔曼的这本书也翻译了出来，他说结构主义的叙事一直关注着文学，也关注着经验的方式，但在这个里面，必须要把经典的结构主义叙事放在新的语境当中，从后结构主义、后现代主义来看，它们会去关注叙事的社会与历史的文化语境开始扩展，突破原先的结构主义。但是，看上去它想突破，其实在本质上还是相连的。因为无论是结构主义还是后结构主义，它们有叙事，有故事的时候，就容易抹杀历史与历史小说之间的关系。罗兰·巴尔特有篇著名的文章，“历史的话语”，广西师大出版社编写了一本历史哲学的书，书名就用了罗兰·巴尔特这个篇名，书名就是《历史的话语》。话语的研究很难，话语英文翻译为 discourse，discourse 的东西很难做，我的一个博士生周勇就尝试用 discourse 的来做教育历史，形成了《知识、教化与欲望——中国十一世纪的教育话语》这本书。Discourse 的东西是非常难做的，可以说你用 discourse 的东西来做论文，人家立马对你刮目相看，因为大家都不敢碰，你敢碰，说明你写得比较好。周勇的那本书写的是教育跟社会，其实写了 11 世纪的教育话语，实际上写了 11 世纪教育的悲剧。南师大吴康宁给他的博士生一人发一本，我去南师大参加博士生论文答辩的时候，南师大的博士生马上给我打预防针，说丁老师我们做不到那本书的程度，我知道那个人是你的学生。但是，我说周勇是怎么做出那篇文章的，我给他写了一个非常特别的序，这个特别的背景就是，当时我在香港教书，他在上海读书，我们是用 email 通信，我们之间有激烈的争论，而且我感觉到我辛苦得不得了。当面指导学生那是空口道，说，很惬意，结果隔了两地，用 email 写，就要规整，变成了空手道，很辛苦，写得不对就可能误导他，但是，他的确是受了罪，他的论文写了快两年了。这个论文我和他是有争论的，因为我跟他商量过，认为他一直没有体会 discourse 这个东西。然后讨论，虽然他的论文前面已经写了二十万字，但我还是全盘推翻了他的论文。我说我不想看你一个字，最后没办法重起头再写，结果仍然是三年准时毕业。他在后面的一年拼命地写，但是，这个拼命却写出了一篇非常漂亮的文章。后来他也得了全国百篇优秀博士论文的提名奖。对这个研究来说，人家说是开了一个研究的风气，但是，对他来说，却很辛苦。这个事情我引申出来是想说 discourse 这个东西在现代西学当中是一个热门话题。而罗兰·巴尔特在分析 discourse 时说，一旦把话语分析运用到历史写作当中，那么历史就是一种话语方式，而且历史作为话语方式就存在历史话语的手段，话语离不开语言，语言一旦介入，事实只能以语言的方式存在。这个典型是索绪尔的观点，一切都存在于语言之中，于是就构成了贯穿整个历史话语独特性的整个问题的矛盾，于是他的结论就是，历史就像小说一样，它的真实性知识来自于精心的叙述、讲究的章法等。话语永远不可能在话语之外得到指涉物，指涉物是我们指对的这个物体，客观存在。这种是非常典型的结构主义语言学的一个推演，这样的一种推演，其实就为后现代主义的发展留下了基因，这种基因都是来自于对语言自足性和意义是语言一种功能的发展，这是索绪尔语言学中最核心的概念。严格来说，后结构主义、后现代主义，对结构主义的发展不是一种逆动，而是一种基础的发展。我们可以看到，后现代主义挑战就是在这个基础上形成的。为什么我会把对历史的争论作为典型呢？刚才我已讲到历史学的发展对其他学科的发展产生了巨大的影响。懂西学的人说，如果不懂历史学、历史哲学，你就几乎无法去理解当代西学。海登·怀特是后现代史学方面可以称为大师级的人物。在欧美国家里面，他的著作成为历史系的教科书，而且是重要的教科书。这个人也比较牛，不写具体的历史，只做历史的理论，他最著名的一本书就是《元历史：19 世纪欧洲的历史想象》，这些观点基本上都是结构主义语言学的东西。他说，语言既然不能指涉语言外面的任何事物，包括过去、现在，都不能够指涉。因此历史的记撰只能诉诸叙事，于是话语具有意义和说服力，叙事代替了无能的语言，也是无能的语言的替代。当历史介入了虚构中发展起来的叙事，历史叙事最终与虚构叙事无法区分。他认为，只有历史的纪撰，也就是编年史可以算历史。但是，如果历史用话语的方式，尤其是叙事的方式讲事件，历史就变成了故事，已经不是历史的本身，就等于是历史的虚构。这等于把罗兰·巴尔特的话进一步引申，历史叙事就等于历史虚构，画这么一个等号，这是争论非常厉害的一个观点。在西方的历史学界，包括它的社会学、哲学之间都对这个问题大加争议，吵得不可开交。当然也有反驳的。阿瑟·阿萨·伯格写的《通俗文化、媒介和日常生活中的叙事》，这本书很有名，他这个人也很出名，你们有没有看过广西师大出版社最早出版的一个被称为典型的后现代主义的出版物？他们出版了一本插图版的书——《一个后现代主义者的谋杀》，这本书是很好读的，在这本书里，你可以大段地读到后现代主义的言论。当时这本书畅销的程度简直是吓人，在很大程度上，广西师大出版社的这本书让阿瑟·阿萨·伯格一夜在中国成名。他写的《通俗文化、媒介和日常生活中的叙事》这本书也很出名。在这本书里面，有一个观点，他承认日常生活是真实的，我们在日常生活中看到的顺序和叙事因素与说它们是叙事不是一回事。按照亚里士多德的观点，艺术模仿生活，现在是不是生活在模仿艺术呢？另外他有一个观点，他说日常生活有叙事因素，比如说线性的、顺序性的，为什么这样说呢？因为很多人认为，叙事就是一个有蕴意的时间的表述，它的时间性很强。所以，很多人写理论都会写“时间与叙事”，时间是叙事当中一个很重要的概念。叙事是我们最基本的、最自然的表达方式，但叙事的研究是很复杂的，我保证叙事研究的很多书大家都不大容易看懂，尤其在法国人、德国人手里，玩得很玄。德国人本来就非常擅长抽象思维，思维严谨，法国人是一种自由的浪漫思想，所以，当代的思想家往往出自于法国。以前有一套哲学地平线的书，其中五个思想家中只有一个德国人哈贝马斯，其他四个都是法国人。法国这种浪漫主义在思想上放得开，没有拘束。在这本书里，伯格认为，虽然日常生活线性，但他把日常生活看成周而复始的重演。他认定，常规的日常生活是平淡无奇的，它只有随着我们的阅读、分析、书写，才可能成为影响我们的东西，也就是生活在我们书写阅读当中才能成为影响我们的东西，书写需要语言的进入，但语言的进入就不是周而复始的常规生活了。所以，他说，要使生活变得有趣，是不是应该把亚里士多德的话倒过来，生活模仿艺术。但是，这句话逻辑上其实是有问题的，日常生活正像他说的千篇一律，这样一个“典型的一天”的抽象理论，令人非常困惑。如果世界是这样的一个世界，那么这个世界肯定是没有生气的世界，如果我们是完全按照文学的描述去生活，那则是不可能的事情。如果你像《红与黑》中的于连那样去生活，恐怕不太可能。所以，从这个方面来说，我感觉到这种推理不成立，艺术模仿生活并不等于可以反推，生活模仿艺术。实际上等于是断定生活只有在文学艺术叙事当中才能变得生动。尽管文艺当中叙事可以更加典型，但是，生活的多样并不是只在文学当中。如果是这样的话，生活就失去了它真实的基础，这一点是必须要厘清的。为什么我会继续再讲这个问题，后面还要搞懂这个东西。现在已经有一种市场，有一种说法，说教育叙事是可以虚构的，甚至说可以虚构到我们一些老师坐下来一起商洽，每人编一个故事。去做文艺，写小说，这样做没有关系，但是，教育如果这样做，也就给了研究者一个借口，我根本不需要到教育实践中去，我就编故事，凭空想象故事就可以了，而且这种现象已经出现，这是一种非常有害的做法。我们研究教育，要清楚我们必须从我们的教育实践当中去产生自己的观点、理论。如果我们完全靠编故事把各种各样的故事变成一个典型事件，那你是在做文学，而不是在做教育。如果那样的话，我看教育叙事不需要以真实为旨归了。

**(二)事实与虚构：对挑战的回应**

像这样的东西我们不得不梳理，我们必须要去回应这样的观点。比如，伊格尔斯这个人以前是研究比较传统的史学——兰克的实证主义史学，他是德裔美籍学者，他写了本《二十世纪的历史学——从科学的客观性到后现代的挑战》，辽宁教育出版社翻译的。这本书不能仅把它当历史学看待，要知道从这个历史学当中，它影射整个西学发展的一个非常重要的侧面，就像彼得·伯克写过的一本《法国史学革命：法国的年鉴学派(1929—1989)》。你们可能对史学关注少，法国的年鉴学派是什么呢？它们引起了史学研究很大的转型，新史学的转型，到后来的发展，包括德国的日常生活派、美国的新的文化派、意大利的微观史学，等等。这些流派的发展跟年鉴学派都有关系。我们现在研究文学的、哲学的很多人在做精神史。年鉴学派的发展着重研究心态史、精神史，他们也会运用叙事的东西，这完全改变了学术研究的思路，法国的年鉴学派开始了法国的史学革命。反过来说，它对西学改变很大，因此，我们很需要了解这些理论。伊格尔斯原来是兰格学派的，现在他要批判海登·怀特的东西，也需要做进一步的工作。他认为，后现代正确地指出历史作为一个整体，并不包含任何内在的统一性、一贯性，每一种历史概念都要通过语言来完成一种建构，每一种文本都需要不同的语言方式来阅读和解说，这是完全对的。但关键的是，这种语言哲学使它更好地参与了文学的批判而不是历史写作，因为历史叙述无论怎样的借助文学，无论怎样需要文学的想象，它还是建筑在真实的基础上。他写道，不管通向真相的道路可能是何等的复杂而又不完整，历史学家总是要检验造假和作伪，因而总是满怀着求真的意念在操作，每一种历史叙述都是一种构造，它是从历史学家与过去双方之间的对话中产生的一种构造，不是凭空产生的。也就是说，做历史的人，历史学上有一种说法，叫孤证不立，它很讲证据，如果只有一个证据，这个证据是不足以证明这件事情的，所以叫孤证不立。那我们完全复原历史的真相也是不可以的，但是，我们在逼近真理就是在逼近真相，我们需要有逼近真相的这样一种科学态度。从这个方面来说，我们会借助一切历史的想象，但历史的想象必须在考证当中经得起检验，我们可以用大量的史料来考证、检验它。因此，并不等于有文学的手法，事实就是不真实的。其实不是这样的，当然，海登·怀特也不是一味地否定历史事实和真相。他们的分歧在于，仅仅拘泥于文字记录的人，产生的只能是年代纪或编年史，而不是“历史”。历史编纂是话语，多少要虚构，但是，伊格尔斯毅然反对，他说用文学的东西不等于它就是不真实的，所以，这个就有一些争议。我想岔开举一个例子，其实我们在做教育叙事的时候，有的人说，你怎么知道她微微一笑，眼神当中带有另外一种异样的眼神？你描写的时候，学生会意地一笑，你又怎么知道这个东西呢？这个不就是文学的描写吗？我们现在要求叙事的时候，你在几年几月几号记录了什么，底下都是要标出来的。你不能编故事，当别人质疑这个叙事的时候，这个东西必须作为证明。其实没什么奇怪，行为主义的研究早就告诉我们，教师在课堂上的言语行为与学生的学业成绩是正相关的。也就是说，教师的言语行为可以影响学生的学业成绩，比如，教师对学生的态度会对学生的成绩影响非常大，小学生非常明显，数学老师喜欢这个学生，这个学生的数学绝对不会差到哪儿去。他不喜欢这个学生，这个学生的数学一定好不到哪儿去。老师这种行为言语当中的教育，可以绝对地影响到学生的学业，我们在华东师大附小做实验的时候，都有很多这样的例证。伊格尔斯的这些争论跟海登·怀特的这些争论，我们后面还要说。但为什么要很仔细地去考虑这些争论呢？我刚才已说过，如果我们不去理这些东西，我们的教育叙事很可能会走向一个歧路，走向一个不正确的方向，变成一个可以编造的教育叙事，这对教育叙事研究的品质将是一种巨大的伤害。

我想时间差不多了，我们下午再继续，谢谢！（鼓掌）

**下午：**接着上午所讲，从后现代主义的挑战来说，从结构主义到后结构主义再到后现代主义，实际上是一脉相承的。在这里面，争议最大的无非就是，只要语言的介入，只要话语的介入，似乎就会改变历史，就会变成虚构。另外一个争议点就是文学性，因为有很多文学描述性的东西。在这里，我们梳理一下，前面已说过，历史是一个传统的学科，而且历史一直在声明它在文科学科中是最科学的学科，因为它是讲究证据，它是追求真实的。但对历史和历史叙事来说，在遭到结构主义和后现代主义的挑战以后，历史就必须要回答这个问题。我在这里有两点要说。一个就是意识形态的介入，的确有历史著作作者背后的一些时代的观点影响，这是肯定的。但这并不意味着在不同的意识形态层面上的不同的诠释，就可以把历史事实置于虚构的立场。这个是第一点要说明的。意识形态的介入是任何的人文学科都不可避免的。人文学科必定有意识形态的介入，否则它就不是人文学科。它不能像科学那样去说自己是价值中立的，价值中立英文翻译为 value free，科学是价值中立的，科学是无国界的。你到哪里 x y 始终还是 x y，公式还是公式，但是，英国科学社会学家 R. K. 墨顿在《17 世纪英国的科学技术与社会》中表明，科学本身的东西可能是无国界的，就像它的符号公式，但是，科学的认识是有国界的，你对科学怎样去认识，一定是有国界的。这一点很简单，上海教育出版社出版了一套关于数学教育的丛书，都是翻译的，其中有数学教育哲学基础、教育哲学等之类的。有一本书是德国人写的，他认为数学本身的知识可能是没有国界的，但是，怎样去认识数学、怎样去了解数学还是有国界的。每个国家的教师在传递知识的时候，都会把自己的价值观带入。以什么样的途径让学生去认识科学，在科学基础研究中有个基本的认识，凡涉及认识论方面，它一定是有意识的介入，不是像科学那样，可以撇得那么清，说科学无国界。对科学的认识是有国界的，是有它的文化处境的。

第二个是文学性的问题，我们认为文学只有在叙事的手法上才能够成立，它必须建立在历史的真实与事实的基础之上。从历史学研究的角度来说，历史的真相毕竟是历史学科本身的内在要求，而接近日常生活真相的叙事研究、严谨的历史研究与教育叙事研究才能成为意义的本体。我们已谈到，行为主义早就研究过这个问题，教师的言语行为与学生的学业成绩有关，而我们从课堂观察来说也是这样。师生之间的关系程度对学生的学业成绩是有影响的。而师生之间的关系程度在国外还有一种说法，叫效能问题。效能概念与学科无关，它纠正了一个概念，不是说学科知识越丰富，它的教学效果就越好。如果那样说，教学就不具有它的专业性。比如，从知识的高深来讲，研究生肯定比本科生好，博士生肯定比研究生好，教授肯定比研究生好，如果是科学家，肯定比一般教授要好。这是没有道理的，因为如何能够让学生积极参与和分享知识，这恰恰是教育的专业，它的专业性就体现在这里。因此，学问再高，你未必能够做到教育知识的传播，教师的专业性就在这个地方凸显出来。我刚完成教育部的一个重大课题，就是关于教师专业发展的创新情况。这里面我抓住了一个问题，就是高效能的教师专业发展，而效能的发展要看师生的关系程度，而看师生的关系程度，就是看教育双方及其活动的关系，这是教育很核心的一个问题。也就是说，我们要解决不同差异的学习个体分享知识、理解知识的问题，需要考虑教学活动及其关系如何处理。从这一点来讲，我们要考虑师生关系的程度，师生之间关系程度越高，效能就越高，关系程度越低，效能就越低。我曾经写过这方面的文章，很通俗地讲，学科的功夫在学科外，并不是学科知识好就一定能够当个好老师。因为教学之间的关系程度凸显教学的专业性。为什么说这种关系程度很重要呢？因为这个问题一直是很受关注的，因材施教，因人而异，学生是不同的，是有差异的。怎么能够让他们共享知识呢？这就需要对不同的学生建立不同的教学目标，以帮助他的成长。我们以前的刘佛年校长在改革开放初期，就提出要大面积提高教育质量的问题。看似一个很普通的概念，其实这个概念后面隐藏了很多的东西。如何才能大面积地提高教育质量？学生是有差异的，大面积提高教育质量也就是要让他们共享知识，就要对不同差异的人，制定不同的目标。像前面提到的场心理学，它至少要有两种变化策略，因为学生是不同的，但是，我们没有做到这样，所以，不能说所有的问题都能在课堂上解决，但是，有相当一部分差异的学生的确是在课堂上可以解决的。而我们在课堂上却没有去解决这些问题，但这个问题又恰恰是教育当中的一个根本的问题，我们并没有去重视它。这一点我们也测试过许多中小学教师，比如，现在教育讲师生互动、生生互动，而师生互动、生生互动最基本形式是什么呢？是问答！主要是通过问答这一种形式。而当我们问，谁能够说出五种以上问答方式？大家都在说小组学习、合作学习，我才发现这些词大家是耳熟不能详。为什么呢？合作学习有三种国际公认的模式，问我们的中小学教师的时候，几乎百分百的答不上来，所以，给我的一种感觉就是，现在高级的话，我们都会说了，而教育的基本技能却在下降。所以，我们现在培养师范生的时候就在调整这个策略。调整的策略就是加强教学技能的训练。我在香港的时候也开了两年的课，为本科生、研究生开的课是 classroom teaching skill，就是课堂教学技巧，我们不讲很花哨的理论，就讲这个技巧。我上课的技巧就是不管小组学习、合作学习，包括所有的角色扮演，每一个人都必须要做一遍，把每一种方法技能都体会一下。当他们去实习的时候，就要求他们在实习的时候去用这个。让我们回到行为主义这个方面，其实这个理论也早就有了，但是我们并没有关注到这一点。比如我们到华师大附小去做实验，那时候，附小在全上海也算得上是比较好的学校吧，所以，在挑选老师方面要求就比较严，这些被挑上的小学老师形象非常好，几乎可以走T台表演。但是，在课堂上就发觉不对，为什么一个一个都像后妈似的，对学生特别凶，特别是对低年级的一、二年级的小孩，为什么呢？因为这些小孩刚从幼儿园出来，还没有什么规矩，尤其是那些小男生很调皮。老师就很凶，以此控制这个课堂活动。我们就想，形象也不错，怎么对学生就凶神恶煞的呢？感觉这点首先要改，为什么呢？因为师生之间的关系很重要，关系要靠你的态度来建立。从行为主义的角度去看，这种文学性的手法在叙事中的表述并不是不可以，我们在课堂上的观察记录，要做到非常仔细，如果能够录音就录音，其他的话就不需要记。要记的东西就是要仔细地观察他们的动作和每一个表情，他们之间的交流，因为这些在叙事当中是非常有用的。我们要知道这种言语行为对学生是有影响的，这样就会把这个作为观课的内容。而描写的时候，看上去，莞尔一笑，偷偷乐了一下，挺像文学的，但它却是真实场景的体现。如果不知道这种言语行为对学生是有影响的，你就不会去观察这种细节，你只会记录他说了什么，对话了什么，这就很可惜，漏掉了很多细节，其实这些细节都是非常重要的。从这样的一个角度看，文学的性质在叙事的手法上是成立的，但是，它依然是建立在真实的基础上的。

卢波米尔·道勒齐尔写了一篇《虚构叙事与历史叙事：迎接后现代主义的挑战》的论文，这篇论文完全是用语言学来反驳语言学，可以说是一篇语言学的战争宣言。西方有很多人在讲这些问题的时候，由于缺乏语言学的知识，很难驳倒从结构主义到后现代主义的观点。如果用中国目前的理论表达方式，就根本捕捉不到他，因为他感觉到你在语言学方面几乎是白丁，不屑于跟你来争辩，他感觉你基本的都没懂。所以，要驳倒他，也必须用他的武器，还其人之身。所以，卢波米尔·道勒齐尔这个人是很厉害的，他会用一些语言学的判断来进行鉴定，比如说，他感觉到叙事的形式也许能够轻易地跨越虚构与历史的疆界，但是，建立语义的衡量标准，就能够区分真实与虚构。可然世界里的存在和行为条件依赖于它究竟是实际可能的世界还是实际不可能的世界，这里面要做区分。虚构和历史的可然世界都是不完整的，它有断点，虚构的作者可以自由的变更断点，但是，历史世界的断点是属于认识的本质，只有在可靠的证据的基础上，才能进行历史事件的建构。他用了很多语言学的概念来驳斥海登·怀特的观点，因为跟海登·怀特辩论不是一件容易的事情，而是一件非常辛苦的事情。

上海三联书店出版了一套历史前沿丛书，它实际上是以书代刊，以书代刊现在有种新的说法叫 Magazine in the book，合起来叫 Mook，很时髦，我编的集刊也属于 Mook 一类。网上好事者做了一个全名单，发觉这种期刊有四百种将近五百种，也有很多人做这种诗歌的，比如，《他们》《轨迹》等都是很出名的。我们有很多学生就是买这样的书闲着看看，也感觉到挺好的，给人一种非常时尚、非常先锋的感觉。回到这个问题上来，陈启能、倪为国主编的，上海三联书店出版的书，第一本是叫《书写历史》，第二本叫《历史与当下》是插图本，非常漂亮，给我做这个《中国教育叙事丛书》插图本的时候，有很大的启示。可以说教育科学出版社出版我的《中国教育叙事丛书》那套书时，我基本上把他们编辑的饭碗给抢光了，因为里面内版设计、插图设计全部是我做的。我没有用什么排版软件，用 Word 做的，可能你们觉得用 Word 只能打打字，其实它有很多功能的，Word 现在被我开发的功能是很强大的。我那套书的封面、封底都是我自己设计，给人家的感觉还是比较儒雅的。设计公司曾经做了七个版本给我，我觉得它们太俗气，因为设计公司可能不懂里面的内容，体会不了里面的含义，所以我就自己设计，两天就设计好了。后来我对他们说，我不要一分钱，但是，雁过留名，名要，所以前面设计者是丁钢，后面是他们公司的设计符号，钱都给他们。因为设计七个版本也很辛苦的，我不要钱，只要名，算是玩票。另外，我的辑刊也是我设计的，连那版面都是我设计的，编辑只要做文章校对工作，然后套在我这个版本里面就行了。我现在又做了几本书还是自己从头到尾设计的，现在也做插图本。现在更高级的是用电脑的排版软件做，它可以自动转为方正系统，方正排版系统现在用得最多，因为我感觉到出版社有时候设计的东西我实在不喜欢，感觉不到位，所以，我说如果政策放开能办出版社，我第一个申报去办出版社，专出自己的书，说不定还很赚钱。

《书写历史》和《历史与当下》里面，专门有一篇是和海登·怀特争论的文章。伊格尔斯和兰克是搞实证主义的，语言学功力也不深，所以，从诡辩的这种力量来说海登·怀特的文章具有强大的吸引力。当你进入他的思路中，他的那种独特的语言逻辑力量就将你牢牢地困在其中。到了道勒齐尔，他做得非常地道，他感觉到，海登·怀特的原理不是一个历史记撰的退场的工具，恰恰相反，他说："它从理论上证明了历史学家探求历史真相的正当性和普通人对歪曲真相行径的强烈反感。"在此，我们可以总结一下，在后现代主义思潮的影响下，不仅在历史学领域，而且在文学、哲学等领域，叙事都已经成为一门显学。现在，在历史学、哲学、文学里都有大量的关于叙事的文章。其实在教育学当中也是这样，不仅在教育历史，而且在现实研究当中，我们也可以看到叙事研究。因为它关注经验事实的叙述，能够把主观的经验事实推向前台，给我们一种崭新的语言方式、话语方式，因此教育叙事所带来的不仅仅是个方法，也是教育基础理论发展的一个主要组成部分。

## 四、叙事风格与方法

### (一)教育叙事方法的理论取向

在这里，要谈一下叙事风格与方法。拉博夫有个结构主义的方法，在国际比较文学领域是比较出名的。他认为，叙事具有形式的属性，我们知道这个是从语言学中发展过来的，每一种故事都有一种功能，每个故事分成六个要素，他认为用这个六要素可以组成一个结构。但是，他是从句子的浅层评价、文章的字里行间来加以解释他分析的意义的。这个是典型的索绪尔的观点，意义是语言本身所具备的，要解读意义只能从语言结构的本身去解读。拉博夫对叙事也下了一个定义，叙事就是对过去经验进行摘要重述的一种方法，它用一系列字句构成的词语系列与实际方式的时间序列相匹配。也就是说，语言的构成、叙事的构成、序列的构成是跟时间顺序相配的。通常认为叙事就是一个时间序列的记述，他指出叙事的两种功能：指示功能和评价功能。在基本的经验基础上，建构了一个故事，解释事件的重要性然后做出比较，叙事并不是仅仅说明过去发生的事，更重要的是让个体如何理解这些行动，这就是意义。理解这个行动的过程就是阐述它的意义。从这一个方面来说，它有它的意义，就是在文本的结构当中有一定的合理性，但是，在这样一个结构中，叙事者与倾听者的互动关系没有体现出来，没有能够回答谁提出问题和叙事的目的在哪里。这个方法依然是有它的局限性的。

另外还有一个瑞斯迈(Riessman)的五阶段模型，在西方社会中用得也比较多。她认为研究者不可能直接进入叙述者的经验，要通过处理经验的各种呈现方式——谈话、文本、相互作用、解释来完成。其基调还是定在最基本的生活经验，但是，不要去想如何分析它，而是首先要考虑怎样让自我意识自然展开，然后进入研究，这个说法看上去很玄妙。其实，任何质的研究，包括叙事研究，它不是预设的。比如，做一个教师专业发展状况研究，在一个中学做会怎么样？可以带着这样的问题设问下去，但是，却没有理论可以设问下去，因为理论的东西是在叙事过程中呈现的。我们先把这一事实展开，当事实展开的时候，其实在讲故事，而讲故事的时候，这个故事怎么组织，把它放在什么样的叙事时间上，放在什么样的空间位置上，其实意图就会自然地流露出来。当回过头再来看的时候，实际上已经对故事进行了整理，这也就从侧面的告诉大家，叙事的研究需要高超的技巧。千万不要把故事安排到后来，把自已给安排迷茫了。有的学生刚开始做叙事的时候，经常会遇到这样的情况，收集来一大堆资料，却没有研究方向，那么多故事却不知道从哪些地方入手，怎样去整理它。在长期的指导当中，我是有一套做法的，这套做法还是很灵的，我后面会讲。在这里，瑞斯迈认为可以有五个经验呈现处理阶段，第一阶段是进入叙事者的经验；第二阶段是讲述经验；第三阶段是誊写经验，誊写经验不是 copy 经验，实际上是用一种重构的方式来分析经验；第四阶段分析经验；第五阶段读取经验，这个就具有了意义诠释，当然它仍有局限性，就过程操作而言，它是比较模糊的。另一方面，这个故事比较讲究随机，应该谁来讲？谁来评判叙述分析的有效性？这个她却没有解释。但是，这五个阶段很容易让人进入叙事状态。

现在影响比较大的是康纳利和克莱丁宁的三维叙事探究空间模式，康纳利在多伦多大学教育研究院工作，长期做叙事探究，这个教育研究院在北美也是一个顶尖的研究院。克莱丁宁是在阿尔伯塔大学工作，他们俩是长期的合作者，先后得到了全美教育研究学会(AERA)的终身成就奖。他们提出一个三维的叙事空间模式，这种模式建立在杜威的经验基础上，所以，经验在这里是个关键词。就像康纳利所说，为什么叙事？因为经验。但是，这个经验是有划分的，经验指的既是指个体的内心体验，又是社会化的经验，并且是交互的，这是一方面；经验也具有连续性，它基于过去的经验，导向未来的经验，所以，经验也具有了历史性，而且不断变化。另一方面，他们又关注个人与社会互动以及过去、现在和将来的连续性。三维的叙事空间在这里实际上是时间为第一维度，个人与社会为第二维度，情境为第三维度。时间涉及事件的前后关系，个人与社会涉及内在条件与外部环境问题，而情境是具体探讨情境的边界，情境不是无边无界，故事发展的情境是有边界的，不是无限发展的，所以，一个情境当中考虑它内在条件和外部环境的关系，考虑时间的维度，称为三维。三维这一模式，说起来复杂，其实并不复杂，当分析一个问题，去阐述一个问题的时候，要多维度地去做。比如，我们把历史的东西放进来，会显得比较厚重，就像在西方社会学与历史学之间有一场很激烈的争论，历史学说历史才是科学，社会学不是科学；社会学说历史学都是老古董了，只有社会学才是现实研究。但是，后来从 20 世纪 90 年代开始，两家开始妥协，社会学研究经常运用一些历史学的东西，让它现实的研究显得有厚重感；历史学研究也运用社会学的一些方法，让历史学的研究显得更有现实感，两家开始结合。实际上做学问也是这样，都是互相交叉的。而在他们这里面，也是这样，既有历史的考察，同样也有内部条件和外部环境的考察，然后又把它放置在一定的情境下考虑，这个就是多维度的分析。我们绝对不能单向度的分析，就事论事的分析，那样对研究是最不利的。像这种分析能力的培养，我以上所说的那种特殊的思维训练形式就有用了。我们也一层层的设问，然后将它打开，打开的时候，问题的维度可能更多。不要怕问题的维度多，当维度多的时候，我们才有由博返约的可能。博都不博，还有什么呢？就没有什么约了，约到哪里去呢？

就只有那么一点儿牛角尖了。所以，在这一点上，我感觉到尤其是年轻的学者，包括研究生，需要好好地培养这种能力。我读研究生的时候，就写了不少的文章，而我博士毕业的时候，博士论文还不是我的专著，我的第一部专著，在我的博士论文之前就完成了，而且出版了。那时，我发表了18篇文章，现在这些文章都已经进入CSSCI中了。我那时就感觉到，当你思维打开的时候，视角越广泛的时候，会感觉有很多事来不及写。直到现在，我还有这个习惯，就是同时写五六篇文章，但是，我不是同时都写完，我写写后就要思考，我该写什么，该怎样写，写写这个又写写那个。如果突然在大脑里想出一个好题目，就在电脑里将它存起来，回头再拿出来看看以后，有想法了，就再往下写。所以，有的人感觉我每年都发文章，而且还不少，我说其实我的文章都是这样积累起来的。其实，今天讲的内容和我研究生讲的那个课已经不一样了，因为我又开始学习，又添加新的东西进来，而且我的授课大纲是每年都改，一定是改得和以前不一样，因为我感觉到我今年还是用到去年的选课大纲，那只能说我没劲，落后了，已经不前进了，不进则退，不进步就是退步。我甚至跟我的学生比赛读书，我看到好书了，我也给他们买，他们看到好的书也给我买，然后我们有的时候就是聊哪本书怎么样。所以，他们有时候也感觉到特别紧张，就感觉到我还在看书。我觉得，他们有点太紧张了。因为我感觉到如果哪天我不看书了，不看报了，那基本上就完蛋了，因为学习就是这样，必须不断地学习，才能不断地进步。

像刚才的那种思路打通了，其实有很多东西我们都能够理解了。三维空间是说玄了一点，但事实上，如果把自己的脑子练好了，这些都不在话下，你就会想到，他这里面强调的是经验的情境性、连续性、交互性，这是它的三个关注点。经验肯定是在一定的情境下，从联系的角度去考虑它，从内外的环境去考虑它，所以，他这里说个体的内心体验和社会化体验是一个交互性，过去、现在和将来体现的是经验的连续性，结合特定的场合就是经验的情境性。这种表述就感觉到很好理解。要思考个体的生命经验的连续性和完整性，叙事研究是理解经验的方式。探究者是为了帮助叙事者理解其经验及其经验自身的意义，在文本上他们也有一套模式，比如，现场、经验文本和研究文本，同时考虑这三者之间的关系。

从具体方法上来讲，现场就是你要去观察的现场，你要去了解的现场。你要了解一个老师，就到一个学校去，这个学校就是你的现场，他的课堂也是你的现场，他的办公室也是你的现场，他的周围所有的关系加起来都是你的现场。但现场为什么叫"经验文本"呢？"现场"这个经验文本不是实录，这个经验文本是有发挥的，是对经验的一些描述，有自己的内容结构。但这个肯定不是个研究文本，现场的记录跟现场的经验文本结合起来，来考虑研究文本，研究文本必须结合有意义的诠释。把三个联系起来就是这个方法的复制，当然还有一些更细的要求。2003年我把康纳利、克莱丁宁发表的一篇文章，翻译了出来，发表在《全球教育展望》第四期上，题目是《叙事探究》，现在引用这篇文章的人很多，可能是这个理论写得比较详细的缘故吧。

### (二)教育叙事的一般方法

1. 进行经验的收集

我认为，教育叙事的一般方法，也是经验的收集，所有存在教育问题的地方本身都是我们的场所、现场。这样范围就扩大了，就像董纯才、刘佛年、张焕庭三位先生在《中国大百科全书》(教育)上对教育进行的定义，凡是有意识有目的地影响人的活动都可以称之为教育。这样的广义定义其实是合理的，我们谈的狭义的定义就是学校教育。广义的教育，人类学早就有解释了，非文字的传递、非文字的记录、非学校的教育。西方将教育分为正规的教育、非正规的教育、非正式教育，这是联合国教科文组织分的。一般来说，我们关注非正式教育比较多，谈它的影响、谈它的自主价值，甚至谈传媒跟教育的关系。我有两个学生做这些，他们有两个题目是很棒的，为了保护他们的知识产权，我在这里就不说了。因为我跟他们讨论过几次，最后他们拿那个稿子给我看，我看了一下，觉得下面去论证还是可以的。我是鼓励学生有点奇思妙想的，要想的和别人不一样，因为我从来都认为 creativity 背后就是 imagination，没有想象力的人是一定没有创造力，一个人想象力如此贫乏，你说他很有创造力，你打死我我也不信。如此缺乏想象力的人，怎么可能会有创造力呢？所以，培养学生的创造力，其实是从培养他的想象力开始的。有时候，为什么有的人写的文章，为什么有的人的选题，你感觉它太妙了！是啊！也许放在自己身上，这辈子也想不出这个题目来。就是这样，有的人能看到你所看不到的，想到你所想不到的，但是，这并不是说这个人是神人，其实是靠修养的，它是个厚积薄发的东西。能够看到别人看不到的，视野越宽，你的想象力就越丰富。从这点来看，我就感觉到，教育不是那么狭义的，教育不只是发生在某个特定的场所的，我们所有能看到的场所都可以用来观察教育，这个场所是否能成为一个观察点，就看你的想象能力了。只有观察力敏锐、具有很好的人文素养，你才能把这个场所和教育联系到一起。另外，在我指导学生的过程中，逐步体会到这种能力其实是可以培养的。举个例子，我有一个学生，她是东北人，毕业后就到东北的一所大学教书去了。有一次，他们开讨论会，她提出了几个与众不同的观点，参加讨论的老师就感觉她挺不错，问她是谁的学生，她说是我的学生。那边有认识的人就给我打电话，说的确是不错。其实，我只是鼓励了她，在这个过程中，培养了她独立思考的能力而已。后来，那个学生也打电话回来跟我说了这个事情，心里那个很得意的。我说，是啊，当初读我的博士辛苦吧。我去年毕业的两个学生，都是女生，离校的时候，那个瘦的啊，只剩下皮包骨了，我都有点不好意思了。我和她们开玩笑说，如果想减肥的话，你就来读我的博士，出去的时候变苗条了，那也挺好，呵呵。他们做的的确是很辛苦的，就像我的第一个女学生。我跟她说，开题报告在我的手上没有三遍是过不去的，她就反复的改，反复的写，直到第二遍的时候还要重写。改到第三遍的时候，她过来找我。都不敢坐到我的对面，一直坐在我的旁边，看着我。我对她说，不错了，剩下的你把电子稿发过来，我帮你改。她一直没吱声，我还纳闷，今天为什么这么沉默。然后回去以后，她的一个师兄给我打电话，说她回去就找他大哭了一场，说来的时候脚就一直在抖，怕又给弄回去了。毕业的时候，她在她的后记里面写到：蛮辛酸的，说我在这里每每郁闷的时候，就顶着满天的星斗，在我们的操场上奔跑，就像美国电影里的阿甘。她就一边跑一边在想，但愿我的师弟师妹们能过上幸福愉快的学习生活。在她答辩的时候，我就检讨了，我说我没有让你过上幸福愉快的学习生活，但是，我相信你苦尽甘来，你会体会到的。果然，他们到了单位以后，都是一把好手。我的几个学生，一年的时间就申请到国家社科基金等类的课题，因为他们的思路与众不同。我对他们说，我教给你的绝不是知识，而是一种思路，对你进行一种思维方式的训练。无论你是搞学术也好，你去当官也好，经商也好，都是需要脑子的，脑子不行你干什么都不行，脑子灵活你干什么都占优势。

在叙事当中，既可以是自己的故事也可以是他人的故事，既可以是个体的故事也可以是集体的故事。但是，它必须经过一个选择、演绎、诠释的经验经历过程。为什么说经验经历过程呢？我前面已经说了，你不可能经历所有的经验，但你可以通过参与别人的经验，去经历不一样的经验。而叙事是一种讲述性的编故事、讲故事的过程，在这当中，要注意的是，故事一般包括开头、经过、结尾，它也具有一般性故事的特征，有叙事者、有情景、有场景、有人物、有事件，这些都是必须具备的。关键的是叙事当中的故事它不能是只言片语的。因为叙事中需要一种深描，就是 description，要比较深的，只有对故事进行了深描，这个故事才能阐述得比较完整，才能使它的内涵更多。形式逻辑也是这样，外延越大，内涵越小，内涵越大，外延越小。叙事中故事的内涵与外延的关系也是如此。另外要注意一点，叙事中的故事不能像法律中的判例一样，为什么呢？因为法律中判定一些事情，需要以前的判例作为标准，如果没有类似的判例，那也可以将这个判例作为下次判同类案件的一个案例。而教育叙事中所有的故事都是不一样的。因为实践是不同的，所以，我们每一次到实践中去，都要有一个新的立场，一个新的开始。对于叙事研究来说，要有情节、场景、事件三要素。但是，情节是需要编排的，而且必须是真实的；场景是需要多元性的，事件是需要完整的。这大概是用故事的方式来进行叙事的三个基本的要素，它也跟其他的一些研究是有区别的。有人说，社会学当中也会有这样的东西，但是，它跟叙事还是有很大的区别的，一般来说，社会学中的故事的表现是充分的。还是拿耿涓涓写的《教育信念：一位初中女教师的叙事探究》这篇文章来说。她讲的是一个教学故事，她把这个教学故事分成三组，一组讲她作为语文教师的上课的规范；一组讲她作为班主任，进行班级管理；一组讲她在两个班级教学中的比较。而三组事件中有不同的故事，需要对这些情节进行仔细地安排。

为了进一步深化叙事，我们还可以从两个方面入手，一方面从主观的经验入手，比如，结构性的访谈和非结构性的访谈。关于结构性的访谈，我们会想好一串问题，列个单子，然后报上去问访谈对象。这样做的优点是，问题可能比较集中，访谈的目的也可能比较明确，但是，也可能会遗留很多问题。因为当你把问题设计好了，人家会照着你的问题来回答，对于问题之外的问题，他是不会回答的。这样就有可能造成一些可能会呈现的东西会因为问题的结构而不能呈现。非结构性的访谈，首先是肯定要有主题的。比如，我想了解你和同事之间的关系，我会这样做，我只是跟你谈谈，至于一些细节的问题，我会在我们谈的过程中穿针引线，不露声色地给引出来。就是在谈的过程中，我一直保持心中有数，不会很生硬的直接问问题。也就是，我会创造一个轻松自由的谈话环境，使你处在一种完全自由放松的状况，一旦这样，访谈对象就会很轻松地把心里话给说出来。但是，有一点，就是我在访谈过程中，有写你的部分，在我发表之前，我会征得你的允许，如果不同意我里面的访谈内容，你可以修改，直到你满意为止。例如，许美德(Ruth Hayhoe)在做《思想肖像：中国知名教育家的故事》的时候，每个教授她都访谈了两三次，然后稿子写完以后，就把这稿子拿给老先生们看。如果老先生有不懂英文的，她就请他的学生翻译成中文，让这些老先生看。如果老先生感觉到有些内容在中国的情境下，不好这样说，她可以改。这也就是充分地尊重这个参与者、叙述者的权利。还有一点，结构性访谈的时候，如果你是用问题直接对着叙述者问，可能你和叙事者的距离就像无轨电车一样，没有汇合的焦点。这样你的访谈效果可能就比较差。例如，你想了解一个学校的管理如何，你到这个学校找一批老师访谈，问他们的校长怎么样，他怎么吃得准你想干什么呢。他回答时就会犹豫，是说好还是说不好呢，说好，有点拍马屁的嫌疑，说不好，说不定要倒霉。所以，他一般的会这样回答，“啊，不错，不错”这样的话，你的访谈的目的就很难达到理想的效果。所以，用非结构访谈的时候，我不直接去问你这个校长怎么样，我会问，你们一年有多少次校外培训，你们都到哪里去培训，你们这里的机会怎么样，谁的机会多一点，以这种方式访谈的时候，你就能够感觉到这个校长实际上在怎么做。但是，这需要你对实践非常地了解，要像人家电台主持人、电视主持人一样，事先做点功课。如果对实践不了解，随便问，可能会适得其反。例如，一些研究生一进学校，乱问问题，问得人家烦得要死。有些问题实际上是属于常识性的，你一问，人家会想，这么幼稚的问题还问，这些老师就没什么兴趣跟你对话，感觉到没什么意思。就像老外说，我很想了解中国文化，问孔子是谁？你还有兴趣跟他谈下去吗？所以，说要避免犯这样的错误，就要做功课。那么怎样去做功课呢？比如，要到一个学校去做访谈，要先了解这个学校，至于有什么不懂的地方，大家坐下来一起讨论，了解哪些问题是不太合适的问题。

做完这些功课后，就要知道在访谈的过程中怎么去穿针引线了。在访谈放松的情况下，你要有很敏锐的眼光，从这些谈话当中把你需要的东西找出来，你可能有一大堆记录，但是，这个记录也有技巧。一种是描述性的记录。在征得被访谈者的同意下，你可以使用录音设备。这样你就可以专心的描述这个场景，描述他的神态，观察他的动作等。另一种是瞬间记录。就是他正在讲东西，我脑子突然一闪，他的某一种观点、某一种东西很重要。记住，当时一定要把它记下来，因为，灵光一闪的东西，去了就不会再回来了，回头你无论如何也想不起来的。另外，在谈的过程中，你感觉到有些观点是很有意思的，甚至有些观点还可以进一步论证，你就马上把它记下。这只是你的一己之见，就是当他谈到这个问题时，你联想到这个问题还可以从另一个思路，或者从这个思路再进一步推进。要很快地把这一点给记下来，因为这些东西在你回过头对着录音材料的时候，你会感觉到这些材料对你写作是极为有用的。

当然还要用好口述史、日记、日志、书信。对口述史的了解，大家可以看一下保罗·汤普逊的《过去的声音：口述史》，这本书是我经常给大家推荐的，写得比较好。口述史在很大的程度上是通过 interview 完成的，他这里面 interview 的技巧很好，会告诉你很多的访谈技巧，引导你怎样把你想要的东西给引出来。还有一本书是布塔利亚·乌瓦什的《沉默的另一面》，大家也可以去看一看。它里面主要讲的是印巴战争时期，印度妇女惨遭蹂躏的故事，作者去了解当时在战争时期那些惨遭蹂躏的妇女的生活处境。为什么说沉默的另一面呢？因为很多妇女不愿意去回忆，不愿意去谈这个事情。对他们来说，这是个非常痛苦的经历。所以，作者要通过各种各样的知识，要从其他的地方转述，把这个沉默的另一面给揭示出来。叙事最高的水平就是将沉默的东西给叙说出来。还有一点需要注意的是，口述史里面会讲到交互分析，就是把客观的事实世界和主观的经验世界做交互的分析，以保证故事的真实性。因为你访谈、口述出来的故事，甚至是研究者自己观察出来的，都带有一定的主观性，你要将它与客观的事实材料进行交互分析，以保证它的真实性。我举一个例子，《中国教育：研究与评论》的第一期，给许美德发表了一篇《现代中国精神：知名教育家的生活故事》的文章，在她书还没完成，她就把文章先给我了。我们就把这篇文章用英文校对了五遍，然后又用中文校。还是发现有问题，比如说华中科技大学朱老校长，老革命了，华中科大以前不过是个一般的学校，现在华中科大跻身十大名校之列了，里面肯定有原因的。在朱九思校长手里，这个学校从文化大革命以后迅速地往上蹿，那办学思想肯定有一定的助推作用，但是，在研究他的时候，我仔细看他的回忆录，就产生了一丝怀疑。那时，邓小平复出，主持召开第一次科学大会。朱先生的回忆录里说他当时被邓小平接见，我想他是高等教育专家，是老革命，但绝对不是自然科学家，邓小平接见的应该是院士、学部委员。我的记忆中，邓小平接见的应该都是科学家，于是就赶快查阅资料，一查下来果然都是科学家。还有就是朱老说，“我在这次大会上做了发言，引起了强烈的反响”。我想，这是科学的大会，校长怎么会做大会演讲，除非你是院士。后来一查，果然是在小会上发言，在小会上引起了强烈的反响。为什么要这样查呢，其实我们是在保护老先生，因为一下发表出来，人家说，你这不是说瞎说吗，对老先生不好。老先生可能是无意的，是记忆发生了错误。但是，我们一定要很仔细的，一定要查阅当时的资料，通过网络，很容易就查出当时邓小平接见了谁，然后在大会的发言查一查，一查就知道了。所以，客观事实的档案材料一定要交互。包括张学良晚年的时候，90 来岁，过世之前，做了一个回忆录，那本回忆录有很多东西不可信。老先生也记不大清了，老先生甚至说，“英雄爱美女，我们算不上英雄，但是，我爱美女，所以，也算是一个爱情的英雄。”老先生到这个时候说话已经不大对头了，其实他和赵小姐的那个爱情故事，本来是蛮动人的。这么一说有点不堪了。但实际上很多人考证了一下，就感觉到他晚年的口述，有很多地方不可信，因为他的记忆有问题了，所以，像这种东西我们不能当信史。但像年鉴、编年史这些文件、官方记录什么的都要去查，要保证它的真实性。

再有另一点，日记和日志，日记是非常具有私密性的，而且它是当天记的。日志是可以事后回忆着去记的，它跟日记是不大一样的。我主编的《中国教育：研究与评论》发表过一篇文章，西南大学的学生的《顶岗实习：农村教育的日志》，我当时是听说了他们的事，到西南大学去答辩的时候，还特地跟他们的学生和老师开了半天的座谈会，他们就跟我讲其中的故事，讲了以后，让人很感动，当时就决定让他们写这篇文章。因为当时还没有到农村去顶岗实习的研究，他们就是通过日志的方式写的，但是，这篇文章他们写得不太好。我几乎是用他们的资料自己重写了一遍。我就感觉到这篇不用可惜了，但是，用呢，写得不太好，所以，还不如我重写。我这个主编在中国可能还是很难找的，在我的《中国教育：研究与评论》这个辑刊当中，我帮他们重写的文章可能不下于五篇，有很多的投稿，很有意义，但是，写得实在不好，我就全部用他的材料重新建构，变成一篇很好的东西。有一次，有个学生写的文章，是关于教师课堂言语行为研究的，我看她的材料很好，但是，她的这个观点有点不对，可能是因为理论根基不深。所以，这个观点一推论了就偏了，这还可以删删，但是，里面的布局就不对了。我看了之后，觉得材料很好，不用有点可惜，所以，我说对她说，你把你的毕业论文拿给我，我给你调整，完全给她调整成新的，发表了五万多字。所以，我说，一个很好的材料，思路不对，写不好就可惜了。我现在就用你的材料帮你重新组织一遍，一篇文章马上就活起来了，就好了，我感觉到这改一改与不改是完全不同的。而且我认为，在我的这个集刊当中，没有小辈前辈之说，像有的研究生，我根本就不认识，他们写的素材比较好，我就给他们看，给他们提一些很细的意见，包括一些出处不规范等之类的，我也会帮他们改，直到修改好了，成了一篇好文章时，我就帮他们发表，名字、稿费都是他本人的。所以，有些研究生，给我发来短信说，和我从来没有见过，我还能用他们的稿子，挺高兴的。其实，我觉得这些研究生都是挺不错的。

另外还有书信。研究鲁迅，你就离不开他跟广平兄的关系。我的学生通过研究认为，鲁迅是新文化的倡导者，广平兄嫁给他以后却受怨气不少。鲁迅就是不让她出去工作，就是让她在家里做家庭妇女。可是鲁迅当初欣赏她的时候，是因为她是个新女性，但到了他家以后，不需要她是个新女性了，只需要她是个旧女性了。可以说，人都有两面性的，都喜欢新潮，但是，到了家里以后，就希望她是个贤妻良母，最好别新潮，人就是这么矛盾。胡适大概是新文化运动当中最为挣扎的一个人，他始终没有背叛他的小脚老婆。他就感觉到这样不好，又怕舆论，又怕人，结果前几年在纽约发现了一批胡适的书信，那个书信里的胡适是浪漫、风流倜傥的一个人，看了让人荡气回肠。人家一看就知道胡适心中原来也有一座火山，只是这火山被胡适自己压住了，他没敢越雷池一步，只能搞点小动作。文人在书信里面，还是可以抒发情感的。我们知道那时候，胡适和张爱玲很熟，我看张爱玲的书的时候，有些同学很奇怪，他们都还没看，我看得很早，我在大学的时候有个非常怪的主意，就是我觉得在文化大革命中，找不到书，书读得太少。到了大学的时候，我就给自己规定了一个任务，找一本文学辞海来，把那些著名作家的书都划出来，每人看他两三本。每个礼拜换一次书，就感觉这图书馆好像是为我开的一样。我就是这样把这种文学作品中名著都读一遍，当时我有一个很正确的策略，先不读现代小说，现代小说情节性太强，看了以后，古典小说就没法看。古典小说都是心理描写的比较多，像司汤达的《巴马修道院》《红与黑》，现在都看不下去了，都不是侧重情节描写的，像巴尔扎克、莫泊桑的小说都有大量的心理描写。所以，要先看古典小说，看完了以后，再看当时最流行的小说。当时最流行的小说是加拿大人黑格的小说，像《最后的诊断》，那是推理的，很多情节描写，引人入胜，非常精彩。然后再去看现代的小说，包括《巴金全集》《茅盾全集》，也包括当时能看到的郁达夫的小说，能看到的我都看了。

像书信这种的内容，在研究人物的时候是非常重要的。当然了，活着的人你去研究不太好，他也不会给你资料。但是，过世了的，你隔了很多年去研究他，他就是很重要的历史材料。像蔡元培的侄子，他当时写蔡元培的时候，别人写不过他。因为他是传人，蔡元培的很多书信从来没有发表过，他就可以用那这些书信来写，那谁写得过他，这些资料都是垄断了的。所以，在这里，我就感觉到，这都是一些深化叙事的方式。

2. 提供意义诠释

要有基本的意义诠释。要从深度描述走向深度的诠释，所以，我说 explanation 和 interpretation 是不一样的，explanation 讲的是因果关系，interpretation 是多义的关系。然而，要想有深度诠释就要有深度描述。我这里举一个例子。

作为浅层描述：

2005 年 12 月 20 日，上午 8 点，W 校长来到办公室，准备打开电脑，看看老师们的“博客”。

如果作为深度描述，你看后面这一个例子：

W 校长先倒了杯水，他每天都有个习惯，一上班先打开电脑上学校的网站看看昨天老师们又发表了什么新的网络日志，因为自从学校建立了“博客”，老师们的积极性很高，这成了老师们敞开心扉、分享专业经验的共同平台。他还记得这几天大家对一位老师关于课堂纪律的日志讨论十分热烈。他把电脑打开，开始浏览。他昨天就在想应该参与一下，谈谈自己的看法，再与老师们做些讨论。

实际它已经透露了很多的信息。就是他们的学校有一个网站，网站和教师专业发展有很大关系。校长经常去看，教师经常在上面发表议题的，校长每次就做出回应，等等，这样，信息就突出来了。你光看前面一条，你还不知道是什么事情。

所以，深度描述一定是深度诠释的基础。要做到深度的描述，那就需要做到绝对细致的观察。这里顺便说一下，也有理论好事者说西方的课堂观察是观课，我们的 open class，即公开课是听课。两者是不一样的，观课和听课是两个不一样的概念，我听了觉得奇怪，当你带眼睛的时候难道不带耳朵，而当你带耳朵的时候难道不带眼睛？其实这两个东西同时都在，又看又听的，你仅从字面上去理解这件事就太可笑了。

回到前面来讲，只有深度描述，才能够有一种确实的诠释，才能做到深度的诠释。

现在，我们需要来谈如何结构叙事了。在我的书中，我用了一些书面化的语言、学术性的语言，现在我简单地把我的意思表达出来。首先，我们可以通过参与别人的经验或观察故事发生的现场，给出故事的叙述，这个故事可以是单个的故事，也可以是数个故事组成的一个完整事件。然后根据这些故事的关联性，把这些故事分成若干小的关键的故事组单元。把关键的故事组单元重新编排，前提是这些故事都是真实的，把故事相关联地进行连接，把它变成故事单元群。在故事单元群当中，要逐个的去分析，分析什么呢？就看它有什么内在的意义。因为它是一个相互关联的故事单元群，它的意义应该是相对集中的。把这些内涵的意义分析出来以后，原先的故事单元群，就变成了意义群，然后把意义群进行连接。连接了以后，寻找出它的主线，就形成了整个叙事写作的灵魂，由此，把整个叙事连成一个整体。之后，你还要检验自己，还要再回过去看看，去验证，如果的确是这么回事，说明你这样的一种诠释是对的。

也就是说，叙事需要在现场去发现这些故事，这些故事出来以后，要逐渐从这些故事当中，事件的关联当中，去发现它的意义，诠释它的意义。作为整个故事的一个灵魂性的东西，所以，它是后设而不是前设。这样的做法就保证了它在实践当中，在大量素材的掌握上，这些观点、意义是从其中生长出来的而不是你强加于它的。

如果前面先有个理论预设，说出一个假设，继续下去就是证伪，来证明你的框架，我称之为 idea touch，什么是 idea touch 呢？明明是一个白的冰激凌，上面加个樱桃，就叫樱桃冰激凌。加点橘子，就叫橘子冰激凌。加点巧克力，就叫巧克力冰激凌，这就是 idea touch。先架一个理论框架，理论框架完了以后，所有的叙事往篮筐里装，装完了以后，然后证明给你看，证明这样一个框架是成立的。我说你不能这么做。教育叙事，你说它是草根式的也好，说它是从你做的现场当中生长出来的也好，最关键的是，它不是你预设的。也恰恰在这点方面，它保持着强大的生命力，甚至要比那些预设的文章要好。所以，在这些方面，我们一定要坚持。而我们这样做，我们自己可能就会生长出一些理论来，这个是我们最需要的。所以，这样一种结构的方式也许是比较好的。

### (三)中国叙事风格和方法的若干例证

在这里，我先简单讲一点中国的叙事风格和方法的若干例证。

1.《论语》的叙事

《论语》其实就是中国一种很好的教育叙事记录，通过孔子的学生回忆、口述及故事的方式，描述孔子和学生在不同情境中的教学与交往故事，研究了教师孔子的生活与思想。这是一种非常有意义，也是非常有意思的教育叙事。

2. 文学的叙事

从整体来说，中国作者在描写人物时倾向于依靠对话和行动，其他方法虽也可见，但相比之下少得多。直接的心理探索方法运用的很少，不像西方叙事文，把它作为技巧之一，运用广泛。这基于中国的一个基本哲学观念，真相只能暗示而不能直接表达。中国人在这方面比较巧妙。比如，以故事的呈现方式来说，西方的侦探小说，直到最后，你才知道谁是凶手。中国的侦探小说，包括京剧，都是脸谱化，坏人就是坏人。一上来就知道这个家伙是坏人，但是，怎么能够逮到他，需要技巧。(笑声)它关注的是这个过程，怎么样将他绳之以法。而西方呢，不脸谱化，你上来看不到，你不知道谁是坏人，慢慢地就弄清楚了。所以，表述和叙述的方法都不太一样。

3. 绘画的叙事

绘画也是这样，宋代杰出画家郭熙总结了传统绘画的经验，创造了“高远”“平远”“深远”的“三远法”，其实这个就是散点透视。所谓散点透视，是指不受固定视圈的限制，将其在不同的视点上，将不同的视圈内所观察的事物巧妙地组织在一幅画里，使得视点像是在移动。这种散点透视法，在一些结构复杂、场面广阔的画幅里，更是经常地被使用。我记得联合国教科文组织为毕加索出了一本画集，其中画了一个女人体，三百六十度都可以看到的。他在下面写道：我就是想表达人的思维有多么的丰富。西方的绘画善于用焦点透视，也就是从焦点角度看，画上的东西是要变形的，而从一个点的观察角度来看，有的东西是看不见的。毕加索的这个立体画派在西方的影响是很大的，但是，中国对这种立体画派却没有太大的兴趣，中国的散点透视就是这样的。一幅画，但不是一个固定的视点，山上山下，屋里屋外，山前山后，全部都看得见。很多农民画出现以后，大家说画得很好，其实它就是典型的中国的散点透视。比如说，在画面上画张渔网，它透过这张渔网，让周围的人，以各种各样的形式存在。所以，它里面的这种布局是很巧妙的，而在我们的古典小说里，也有这种布局。比如，四大名著基本上都是大场面，擅长描写多人物的群体。我们当时在读大学的时候，好事者说，《红楼梦》这么多人物，最起码的来说，你要记得住四十个以上的人物你才算是看得懂。因为它里面的人物关系是很复杂的，很需要把这四十个以上的人物之间的关系搞清楚。古典小说《三国演义》《水浒传》等之类，人物繁多，也都有类似的情况。总得来说，它不会在一个角度上去描写一点，而善于去描述这个大的场面，就像《早春图》《清明上河图》，也是中国散点透视的一个典型。

其实我在读大学的时候就想学美学，那是因为我出生于一个艺术世家，我爷爷和我父亲都是画家。我从小学三年级就开始画画，但到了博士生的时候，因为尽做那些枯燥的文章，没时间画了，就把画笔搁下了，有点遗憾。但是，现在我依然可以画，我的办公室就有我的私人画作，还有我设计的那些东西，我感觉这也是一种精神寄托吧。宗白华先生写的一本《美学散步》，是我非常喜欢的一本书，我至少看了三遍。我非常喜欢宗先生那种飘逸的文笔，到处显示那种灵气的意境。关于散点透视法，宗白华先生在谈这个的时候有妙论。他说西方的景物空间是画家站在地上平实的去写的，由于是固定的主观立场看到的客观的景象，貌似客观，实际是主观的。一个固定的立场，它是比较主观的，你看不见不等于它不存在。他认为这样一种焦点透视，无论哪个角度来说，似乎都是客观的，但实际上它是一个比较主观的视角。所以，他认为，写实主义的极点就成了印象主义。而中国画的透视法，是提神太虚，从世外鸟瞰的立场，观照完整的律动的大自然，他的空间立场是在时间中徘徊移动，游目周览，集合数层与多方的视点谱成一幅超像虚灵的诗情画境。这些你看上去很主观，实际上是很客观的。这些也是与中国的哲学和其他精神方面是一致的。

4. 时间的表达

杨义写过《中国叙事学》，他认为从时间的表达也可以看出中国对于叙事时间整体性的关注。中国的年月日，西方的月日年，或者日月年，这一种分析式思维和整体性思维毕竟是有差别的。理查德·尼斯贝特写了一本《思维的版图》，中信出版社出了这本书，讲的是在芝加哥的一个社会心理研究院做了一项研究，就是把中国学生、美国学生、韩国学生放在一块儿，对他们进行了大量的心理实验。其中的一个实验是这样的，给他们一张图，里面有几条小鱼，描述这几条往这里游，那几条往那里游。东方的学生看到这幅图，说这是一个池塘，里面有鱼；美国的学生看到这幅图，说有两条大鱼往右游，几条小鱼往左游。他们的观察点与东方学生的观察点不一样，他们首先看到的是局部，而东方的学生首先看到的是一个整体。他们的思维方式有很大的不同，而这种思维方式的表达对我们教育叙事的结构是有很大的借鉴意义的。这种局部和整体的观察，与我们的思维方式是有很大关系的。它能够引起我们很多的思考，比如，中国人的思维方式，中国人会从阴阳两极引申到天、地、人三层，讲到天在上，地在下，人在中。然后讲到天有四季人有四肢，另外中国的五行，五行的相生相克，阴阳交替，形成世界。讲到八卦，八卦就是八个单卦，然后把它排列组合以后，变成了六十四重卦，拿它来预测天地万物人间。所以，中国是以这样的一种方式，这样的一种标准来认识世界。中国的中医也是这样，中医看病从来不会头疼医头，脚疼医脚，它认为人的身体某一部分出现了毛病一定要调理全身机理。中国的经络学也是讲究全身调理，它这个金针，针灸的地方都是管全身的。比如说，针灸手，手是管全身的。针灸耳朵，也是管全身的，脚也是管全身的。

其实，中国的理论知识是特别地强调整体，而西方的理论知识特别地强调局部，这和各自的文化是有关系的。比如，中国人自己不说自己好，主要看社会对你的评价，大家评价你好才好。我们现在还是这样，看一个学生是不是适合当学生干部，看你以前当过没有，没当过，基本不要。用人单位一般也是这样，如果这个人从小什么荣誉都没得过，就认为他不行。如果他有一大堆荣誉，这人肯定比较厉害。这个就是中国的文化思路，特别注重社会评价。小时候评三好学生、优秀学生干部，工作了就评先进工作者、劳动模范。现在的教授也是三年一评。所谓与人斗其乐无穷，设了很多这种激励政策，让你总是忙个不停。而在西方古希腊哲学中，强调的是个人的特质并存，我怎样是我自己的事，我不需要你来肯定。那么，如何分享彼此之间的特质，通过辩论。你看他最早的文法学校，辩论就是常用的形式，并转化成了政治方式，这也是很自然的方式，这是它的一种文化传统。西方讲个人主义，所以，它的英雄人物和中国的不一样。中国的英雄人物喜欢以大团圆为结局，而西方的英雄人物却不是这样。比如，莎士比亚戏剧中的英雄人物明知不可为而为之，充满了现实和理想的激烈冲突，这种人虽然是悲剧，但也是英雄。再比如，美国的电影里常有美国梦的创造。今天我是个穷光蛋，给我一个机会，明天我可能就是亿万富豪。人们移民到这个国家，就都开始做美国梦。在中国却不是这样，中国没有美国梦，因为中国靠的都是关系，给你一个机会，让你发财，但是，没有关系，你就只有去做白日梦。因为中国就是处在一个关系社会中，这是中国的文化。像美国的电影文化，特别强调个人英雄主义，都是强调单打独斗，但是，中国却强调团体协作。虽然施瓦辛格做终结者，怎么死也死不了，似乎代表着西方也开始不喜欢悲剧，也喜欢英雄人物永远不死。但是，它在本质上还是一样的，就是靠个人的魅力。尼斯贝特在书里还提到一个实验，在碰到困境的时候，东方人和美国人会怎么做。美国人就是靠个人的能力去解决这个困境，但是，韩国人，他要调和这种关系，才能够解脱这种困境。他们的处理方式完全不同。因此，东方人在政治方面都很注意，他不会像美国人那样去思维。从民族性格来说，中国人做事，他会那样，先把前后左右看清楚了，再去做。又比如说，关于关系的转换，像老子的学说当中提及的高下相倾，刚柔相济等，它讲究对立转化。

第二种表现形式就是视角的流动，用流动的视角去贯穿全局。第三种表现形式是对换行动，而这种行动是非常富有意味的行动。在这种行动当中，你需要去暗示、去联想，当你把这种暗示、这种联想体现出来的时候，也许才是你猜到他的意义的时候，也就是能够理解他的内涵的东西了。比如，古时候的谈恋爱，都会用一些象征性的动作来暗示人物的心思，这就是中国的一种特殊的表达方式。又如，中国人骂人都不会直接骂的。粗一听像在表扬，细一想原来在骂我。其实，你应该琢磨的，语气不同，用字重音不同，动作不同，它代表的含义就可能发生变化。比如，他非常得喜欢你，同样的一个动作它也可以表示非常的讨厌你。所以，要琢磨中国人还是很有难度的。

不同的民族有不同的思维方式，每种文化都有它自己的理解、解释与处理现实的方式。相对于我们的教育叙事，我们要了解自己的教育叙事，只有去了解它背后的思维方式，我们才能展开我们自身的教育叙事的研究。这点和文化是密切相关的。我再举一例，比如，课程改革，有的人认为，课程改革就是知识的重新排列组合，在原来知识的基础上，加点知识重新排列组合。但实际上，我们一直没有考虑一个东西，那就是课程改革的文化背景。《中国教育报》对我做了一个访谈，其中用到我的一句话，就是没有文化分析的政策是浅薄的。就像课程改革，课程体系背后是知识体系，知识体系背后是价值体系，而价值体系必然关注文化。当它关注文化的时候，你要考虑，为什么课程改革必须要考虑文化背景，因为这是在中国的情境下发生的课程改革，是在中国的文化环境下发生的。文化是由生活方式构成的，就像老外跟你相处一样，尽管他也能够讲中文，但是，他一眼就能判断你是个中国人，即使你能够说非常流利的英语，你的举止行为也处处体现着中国的生活方式，这个遗传就是在这样一种生活方式上的再遗传。因此，任何课程改革，我们都要考虑它的文化理由，没有文化理由的课程改革，是很难成功的。那么那种认为把我们的课程改革理解成对知识的重组，仅仅把它解释为一种技术活动的观点，也是不对的。课程改革与知识的传授的不同，就在于它一定要考虑在什么语境，在什么文化土壤，进行什么样的课程改革，这是我们必须要考虑的。

## 五、作为理论探究的教育叙事

最后谈作为理论探究的教育叙事，我想简单地讲四个方面。

### (一)人文与科学

第一个方面：人文与科学，古希腊哲学家赫拉克里特就认为：人不能两次踏进同一条河流。他在说什么呢，河的位置没变，水在流动。当你踏进去，这个水已经不是你前一次踏进去的那个水。河没动，水在流。也就是说，一切都在流动变换之中。由此引申开，人文科学研究的恰恰是一次性不可重复的事情。而自然科学强调，越是可以反复证明的东西，就越是真理。也就是，这些可以反复证明的公理，在一定范围之内都是可以反复重现的。这与人文科学是不一样的，在人文科学当中，前提是不一样的，人文科学的前提认为一切都是可变的，都是不相同的，因为人和人是不同的，它是把这个作为前提的，这种方式是相对不一样的。包括得诺贝尔经济学奖的哈耶克，他有本很著名的书叫《科学的反革命》，这本书大家可以去看，很有意思。他采用一个比较激烈的态度来批评科学，他感觉用科学来约束社会科学是不对的，社会科学应该完全拥有自己的方法。尤其是17世纪以来，科学主义是甚嚣尘上，虽然科学给我们人类带来了很多发展和进步，但是，也框住了我们的思维。像我们的教育，一谈教育就说教育规律，恰恰是用一种科学方式来进行探讨的。所以，在教育叙事研究当中，它追求的不是一种带有普遍规律性的东西。它呈现的是每一个人的经验和每一个集体的经验，而每一个人的经验和每一个集体的经验都是有特点的，但是，并不想把它扩展成一个规律性的认识。这里是想说，正是因为教育有这种不同差异的特点才如此丰富。这就告诉我们，并不是只有总结出规律性的东西，它才是有效度的。追求了那么多年，到今天我们总结出来规律来了吗？我们是完全可以扪心自问的。

### (二)序列与位置

还有一个问题就是序列与位置，一方面，叙事所包含的是一系列的事件；另一方面，叙事并非因其序列而获得意义，却是因为叙事中的事件在叙事先后序列中的“位置”而变得有意义。从位置的角度再来看序列性概念，我们可以进而指出，序列不仅仅是时间序列，也包括空间序列，乃至有主题序列的多重含义。比如说，在叙事当中，我们可以按照时间顺序来做，和耿涓涓同时发表论文的是我们学校黄向阳老师。他做无锡一所小学的校长的例子。这个小学校长做了十几年的小学校长，对他本人来说，没升官，可能不太有利。但对于研究者来说，他越是没有机会升官，就越有好的素材。因为他见证了学校的教育变革的整个过程，如果他脱离了学校，这个过程的联系性就断了。黄向阳把他以前台历上记的东西，他的报告，他的所有的东西都翻出来，他的旧纸堆了一堆。当时黄向阳老师告诉我，人家来收废品，以为这些是废品要扔掉了。我说，这哪是废品了，这是非常珍贵的东西。正是要通过这些东西来探讨他在学校变革的过程当中的人生历程，然后我给他的题目是《学校春秋——一位小学校长的笔记》。这篇文章后来发表了，这个小学校长用的真名，学校也用的真名。这个小学本来就是农村中心小学，就叫扬名小学，结果这篇文章发表了以后呢，中央电视台马上去找他，又给他扬名了，很有意思。这个研究就是一直按着时间顺序来的，与耿涓涓那个做法就不一样，她是按照主题来做的，实际上她是由“位置”来决定的。所以，这两个方面都是很重要的，既是讲时间，时间的发生过程当中依然有位置的关系，所以，我们只有把两者结合起来，我们才能构成一个空间。这个空间不是仅仅客观的几何空间，其实是一种经验，是一种体验的关联。

### (三)诠释与解释

关于诠释与解释，布鲁纳有个生动的比喻，“你可以对一个落体作解释，因为有重力的理论可循。但当那个传奇的苹果掉在牛顿爵士头上的时候，你对于他脑袋里发生了什么，只能作诠释。”掉下来，他想到了牛顿力学，那也只是你的猜测。因为只有牛顿知道，你不知道。你研究马克斯·韦伯，只有你是马克斯·韦伯，你才知道他是怎么想的，否则你只是一个研究者。当然我们还是要去了解他，我们还是要从多种渠道去逼近他。因为诠释的目标是理解，不是因果的分析。苹果掉到头上，他的牛顿力学产生了，这是一个因果的分析，掉下来它肯定有启示。但实际上，牛顿力学的产生肯定有很多原因，所以需要去诠释。诠释是什么，是一种多义的理解。所以，在教育叙事研究中，它的结论往往是开放性的。它提供了几种纬度的诠释的可能，但是，它并不给你一个斩钉截铁的结论。这样，读者就可以参与进来，就可以从自己的维度来理解。但是，一般的思辨性文章是不会这么给你理解的。这种意义诠释能够引起你的感同身受，引起你的共鸣。同时，你的理解也可能成为这种意义诠释的延伸，你的理解也可以成为它的研究结果的延伸。这就是诠释与解释的不同。

### (四)主观与客观

在以往的一般研究当中，我们说我们是客观的研究，但是，在客观的研究以后，我们又说我们是从实践当中、经验当中提炼升华为理论的研究。当我们把实践升华为理论以后，实践却看不见了。现在的教育叙事研究，它倒过来了，它把主观经验事件推到前台，把客观事实事件放到后面进行研究。但是，它并没有放弃对客观事实事件的研究，而是采取了交叉研究。可以这样说，如果说主观经验事件是一条主线，那么，客观事实事件就是一条副线，它们在里面不断地交叉，以保证叙事及其意义的真实性。所以，在教育叙事研究当中，可以说经验事件是显性的，而客观事件是隐性的，两者之间保持一种适度的紧张和张力。而这样的一种研究，正是它的魅力所在。

但是，以前要想把主观经验推到客观事实经验前面进行研究，那是很不容易的。就拿我来说，我在指导第一篇这样的研究生论文的时候，受到的非议远远多于赞赏。虽然我们当时研究的东西还是很严谨的，但是，几乎所有的人都看不惯这样的研究，认为这样的研究就是在胡说八道，怎么可以做成论文呢。因为在以往的研究中，我们看到的都是概念逻辑演绎类的文章，而我们这种研究的东西，在以往的文章当中是看不到的，或者是陪衬的。而现在，它颠倒过来了，它把主观经验事件放在前台，用主要的篇幅来谈人们的经验。这就需要说明这个经验，使得它成为一个事实证据。其实，在这一点上，教育叙事研究是很明智的。因为在教育叙事研究当中，作为理论诠释的东西，并不是那么张扬的，它的处理方式是与经验事实有机地结合起来，让读者从作品的字里行间中去体会这种理论。就像我前面提到的那个学生写的《文化、性别与女大学生：1900—1930年代的教会女子大学》，写得还是挺不错的。她把理论跟叙事的东西结合得非常好，看起来不露痕迹。说实在的，这个学生说当初没有幸福快乐的学习生活，但是，你苦尽甘来，你的能力得到了磨炼，就同样的题目，同样的素材，你要一般人去写，没有这番磨炼，他是写不到这个程度的，因为他一定会非常生硬地在这一块谈理论，在那一块拼命的谈叙事，而两个之间还不搭界。能够将理论与叙事水乳交融地结合起来，这的确是不容易的。另外，我们说主观的经验和客观的事件之间的穿插交互印证，这个也是不容易的，这是需要锤炼自己的修养和写作功夫的。

总的来说，教育叙事研究的目的是想让教育回归生活本身，也想让教育的理论研究跟教育的世界息息相关。但我们绝对不是说教育叙事研究只是唯一的一种方法，唯一的一种理论方式，只是在对整体事件的理解上，理论思辨的方式依然是我们所需要的。只不过，思辨的方式不能再像以前一样，表达得那么斩钉截铁，说我们说的条条都是真理。只有这样，我们才能够给教育叙事研究留下空间。最后，我想说的是，我们要真正地了解我们实践的世界在发生着什么，也许，从教育叙事研究的故事中，我们可以找到自己发展的方向。

今天我要讲的就到这里了，谢谢大家！（掌声）

## 提问互动

**甲问题1：** 丁教授，您好，一直以来，我非常关注您的教育叙事研究，从您的文章一直到您的学生，比如说周勇老师，你们的书和文章，我看的也很多，但是，一直有一些问题，试图找到一个解答的方式，刚好今天很荣幸地能够在我们学校听您的学术报告。我的问题可能比较多，因为几次会议上跟周勇老师也有过正面交锋，包括我们私下也有些交流，就是关于您的教育叙事研究以及在教育叙事研究中可能会遇到的问题，引发了我们的一些思考。针对您今天的教育叙事研究讲座，我有以下几个问题，在您的教育叙事研究当中，您多次提到了法国的年鉴学派，我们知道法国的年鉴学派从第一代的费弗尔到第二代的布洛赫，到第三代的勒华·拉迪里，其实他们也有很大的变化。但是，在您的叙事研究当中，可能更多的让我们看到的是第三代这样的一个变化的历史。不管是第一代、第二代、第三代，他们之间的联系还是非常紧密的。就是说，他们开创的新史学的这样一个方式，被历史学叫作一种“眼睛向下看”的研究。那么，在您刚才讲座中提到的另外一个人布塔利亚·乌瓦什写的《沉默的另一面》，我们知道《沉默的另一面》更多的是从底层的视角来叙述历史。第一个问题是，在您的叙事研究当中，您是如何把法国年鉴学派的“眼睛向下看”的历史研究方法和这种从“底层视角”研究的这种方法结合起来的，这引发的问题就是，在您的叙事研究当中，您最后得出的文本是谁的文本？

**甲问题2：** 我们所研究的教育的日常生活到底是谁的日常生活？

**丁钢：** 我觉得向下看也好，从底层做起也好，其实都是一种由下而上的这么一个视角。这都不矛盾，因为刚开始进行史学研究的人，可以去研究普通的人，也可以去研究精英人物。但是，这样研究的视角是不一样的，一般来说，研究普通人物的视角是自下而上，研究精英人物的视角是自上而下，我们想弄清楚的是，一个自上而下的视角如何转化成这么一个自下而上的视角，这可能是新史学最重要的转变。比如 20 世纪 80 年代后期已经出现的新文化史、微观史学、日常生活史，它们都代表了史学的一个转向。就拿中国的教育历史研究来说，中国的官学制度，在我们的教育史上有中央官学和地方官学两种制度，他们主要研究精英人物的思想。发展到后来，他们就感觉到，精英人物的思想也不是从天上掉下来的，它一定是社会文化生活发展到一定的程度，在大众之中产生的那些具有一种前瞻的眼光，能够提炼现在的生活，展望将来的生活的那一小部分人，而这部分人就是精英人物的代表。所以，要了解精英人物，研究的视角还是要回到社会基层的层面。这样来看，史学研究就完成了一个由自上而下到自下而上的视角的转向。

那么从这样一个视角的转向来说，我感觉到在叙事的文本当中，发出的声音既有研究者自己的声音，又有叙事者自己的声音。为什么这样说呢？教育叙事研究实际上是研究者跟参与者交往的过程。这个过程中，最重要的就是交往，它与别的研究是不一样的。因为在别的研究当中，有的人说，我站在外面看世界，我才能保证有一个客观的态度。而在教育研究当中，对研究者来说，你只有站在世界之中，你才能看清这个世界，这两种研究的观点是不一样的。因为教育叙事研究中必然存在研究者和参与者之间的意识交流，而且里面必定有研究者自己的意识的卷入，所以，它反映出来是双面的，既有叙事者的声音，又有研究者的声音，这两种声音我们都能听到。而在一般的研究性文章当中，研究者之外的声音有些迷茫，甚至研究者的声音有时也是模糊不清的。所以，教育叙事研究其实表达的是两种声音：研究者和叙事者的声音，而这两种声音又是相互交叉的。而且，发出这两种声音的文本，既是研究者本人的文本，也是叙事者的文本，比如，我们要研究一个教师，那么，这个文本可能既是教师的文本，但也不仅仅是教师的，它还是研究者本人的，因为这里面也代表了研究者的一种理论取向，所以，它是双向的。这种研究将研究者和参与研究者的利益、兴趣、经验，还有他们的认识紧密地联系在一起，而这在我们的研究当中，恰恰是我们乐意看到的事情。

**甲问题 3：**在您的《声音与经验：教育叙事探究》当中，您提到了一种历史人类学的研究方法，比如说是“变熟为生”，这个东西我非常感兴趣，我想请您给我们解释一下，历史人类学的“变熟为生”的方法与社会学的“化熟为生”，他们之间的关系是什么？紧接着这个问题，其实就涉及您的教育叙事研究的本身，就是在您的教育叙事研究当中，所采用的这种事件展开的方式或者叙事的方式，与您在文中所提到的孙立平先生的过程、事件分析路径的这两种事件展开方式有什么不一样？就这两个问题，谢谢！

**丁钢：**这个我不想做一个比较，实际上这个比较也是不恰当的。我的教育叙事研究方法与社会学的研究方法还是有区别的。因为从社会学的角度来说，社会学开始转向个体的研究是逐渐呈现出来的，但是，与它拥有的历史长度相比，这种变化还是比较矜持的。从我们自身的角度来说，我们可以说一个人的特质是由这个群体的特质所规定的。反过来，就是群体的特质规定着我们个人的特质。这样，观察的切入点就不一样了，教育学的观察是从个体的不同，从个体之间不同的关系入手，而社会学会从群体的角度以及群体中个人的角度去观察。所以，我认为这是教育研究叙事与社会学具有的完全不同的观察点，而这个观察点有可能恰恰是发现我们教育学与社会学的不同之处。有了不同，教育学的立场就找到了，它也可以有自己的方法了。

其实，“变熟为生”从认识的角度来说，就是说我们要摒弃自己的情结。比如，有的老师很自豪，说自己当过小学老师，还当过中学老师，现在是大学老师。凭这个就说自己对基础教育很了解。其实他不知道，他的这种说法恰恰是错的，也许他以前是很了解基础教育，或者说他了解以前的基础教育，但是，基础教育也是有一个变化的过程，拿以前的经验来理解现在的基础教育，就有可能出现经验落后的错误。也就是说，如果把先前的了解固化了以后，这种经验就很有可能遗传，就变成一种不可破解的前见。而这些前见就会妨碍你再次面对经验，再次面对新的经验。所以，“变熟为生”的意义，转化到教育事实当中的意义就是这么一个含义。其实，这个“熟”未必是真正的“熟”，也许是过去的“熟”，或者是某种片面的"熟"。所以，当我们每次面对一次新的研究的时候，就应该有一个新的思路，有一个新的开始，认识到我们所面对的世界是一个新的世界。就像弗朗斯瓦·于连写的《迂回与进入》中说的，一个人的方法也是这样，法兰西文化已经太熟，但是，我不能破解法兰西文化时，也许从另一个文化来关照法兰西文化的时候，可能我以前所谓熟知的情结就会破解。也许我就能独处法兰西文化当中，从而获得一种更新的意义。我想这样一种方法给我们的教育叙事研究的启示也是很重要的。

**乙问题 1：**感谢我们尊敬的丁老师侃侃而谈，以这样的一种方式带领我们一起来领悟教育叙事研究的这种理论与方法。下面，我想请教丁老师一个问题，就拿对教师的研究来说吧，我们用教育叙事研究来选定一个特殊的老师，我们对他观察了，也交谈了，也对他的行为诠释了，也深描了。那么，我们得出一个整体的事件，我是想问，这样的一个整体研究事件对别的老师或是你的研究对象之外的其他的广大教师有多大的参考价值，又或者这种研究怎样推动教师整体素质或者教师整体专业能力的发展。

**丁钢：**这个问题我们以前也经常会遇到。其实你谈这个问题的时候，我想里面肯定还隐含了这样的一个思路。就是我们以前一直在强调，我们要树立典型，因为这个典型是具有普遍效应的。只有具有普遍效应的东西它才可能是有用的。但是，我感觉到我们教育叙事研究恰恰是要改变这种思路。其实有用没用的东西都在我们自己的判断之中，就拿耿涓涓做的那篇论文来说，一个再普通不过的初中语文女教师，你不研究她，也没人知道她，你研究了她，她还是隐姓埋名，她没有用真名。但是，很多老师都说，他们看了这篇文章之后，都很感动，有种感同身受的感觉，好像就在写自己一样，为什么呢？因为他们从这篇文章当中，恍恍惚惚地看到自己的影子。比如说，这个教师在课堂规范上的这种严厉，对学生课堂管理的模式以及怎样处理两个班级的这种关系。让很多老师都感觉到，自己也有点像她，尽管不是跟她完全的像。但是，这种让人读后有种感同身受的感觉，本身就是一种巨大的力量。也就是说，一个问题，她是怎样去认识的，我又是怎样去认识的，通过对这个女教师的研究，可以引发自身对教育的这种思考，我感觉这里面就有很强的感染力。教育叙事研究有些东西是需要体会的，需要我们对这个故事有自己的理解。否则，不需要体会的教育叙事研究就很容易变成白开水，变得没有意义。也就是说，教育叙事研究是开放的，你可以按照你的想法去进行教育叙事研究，别的老师也可以借鉴，但不完全是按照你的理解去做。教育叙事研究就如同一幅现代画，看了以后，你可以不理不睬，也可以有自己的理解，当你的理解观察空间开始提升的时候，一切的意义也就开始延伸了。

**乙问题 2：**我还想接着问。我们说，作为一个研究者，到了我们特定的场地之后，比如说，课堂或者走进一个老师，我们不能把我们的理论或者理念强加给他，但是，现实当中确实存在一些问题，像有的老师的确是他的专业能力比较低，那么在这种情况下，作为研究者怎样去与他们达到一种相通、相融呢？怎么处理这样的一个矛盾？

**丁钢：**首先，我只说我自己，我个人认为这个判断不是太准确。因为现在很多研究农村教育的人，就会提出农村的老师教学思想落后，教学方法落后等之类的。我认为这种说法不公平，为什么呢？你说你的教学方法先进，你去农村啊，你又不去。从这一点上来说，他们坚持在那里，他就比你还优秀。当然了，也许这个是情感上的判断，好像不是理性上的。但是，我认为，我们不能用我们的理论工作去判断一个实践工作者，说他们的教学水平比较低。因为一个实践工作者，如果你给他灌输太多的理论，可能他也会说一些理论，但是，这就能够证明他的教学水平有所提高吗？我看未必，可能理论仅仅是他嘴皮上的功夫。理论要转化为行动就一定要与他的实践生活密切联系起来。我们要考虑的问题应该是，理论怎样才能够转化为行动，知识如何转化为行为，而不是说我们用一个理论工作者的标准去判断一个实践工作者的行为。比如说，如果我跑到一所大学说，跟我的理论水平比，你的理论水平比较低，那我要被人骂死，因为在一定的程度下，他做的工作，跟你做的工作，其实并不具有可比性。尤其是实践工作者和理论工作者，在理论层面上，他跟你不具有可比性。我们不能用理论工作者的尺度去要求他，或者是这样去要求他。我的观点就是，只要实践工作者能够学会选择理论，选择那些感兴趣的，可能对自己实践有直接帮助的理论，那么他就是一个很好的实践工作者。我们不能用这种理论水准的话去要求他。

**乙问题 3：**谢谢丁老师。我还想提最后一个问题，就是您做过的一个教育叙事研究，从您选题到选择您的教育研究对象，到您的研究过程，能否跟我们讲一个完整的例子？

**丁钢：**也就是说要讲一个教育叙事研究的案例，是吧，如果这样的话，那就要讲故事啦，那时间就长了，恐怕大家一时半会儿都回不去啦（笑声）。我就简单举个例子，我院有一个学生，以前是在北大学心理学的，刚开始进来的时候，老是想用心理学的方法做论文，但是，后来却迷上了教育叙事研究。当时还没有老师能够指导她，她的老师就委托我给她指导一下。于是，我就和她一起探讨她的论文。她的情况是这样的，她在一开始进校的时候，就在一个中学蹲下去做教育叙事研究，这一蹲就是三年，功夫做到相当扎实，拿了一大堆资料，访谈，故事什么的，好几十万字。但当她整理这些资料的时候，突然就迷失了方向，不知所措，毫无头绪。我们大家都知道这种感受的，就像做研究，资料不够的时候，显得底气不够，资料一多，又容易不知道从哪里着手。其实，这就需要一种研究功力，要锻炼自己。当她拿着资料来找我的时候，一开始，我也没有思路，因为我不了解你到底收集的是些什么素材，我不可能乱说啊，我就没有什么发言权，也不可能给你具体讲。后来，我就说，那你就给我讲几个故事，讲讲你这里面你最感兴趣的，感受最深的地方。她给我讲了好几次，每次都要好几个小时。在她讲的过程中，我就不断地整理我的思路，线索慢慢就理出来了。因为我感觉到，她实际讲的是这个学校当中，教师的个体实践知识与教师的专业成长问题。那么我们先从里面梳理出几种类型的教师，丰富教师研究的角度。比如，一种类型的教师是老教师，有经验的教师，这是一种平常的角度，我们不可能放弃。还有一种是新教师，新教师在故事中是怎么成长的。另有一种是外地来的教师，像她这个资料中讲的那个教政治的教师，从北大来的。可能她本身是想到上海来工作的，到了这个学校以后，这个老师反映出非常强烈的北京和上海的不同文化的冲突意识，而且不自觉地将这种冲突意识带入到了教学当中，这个是很有意思的。还有一种是，参加教师进修的老师，她原先在一所中学教书，然后又到一所大学读书，追求高一层次的学历培训，那么在这一过程中，这些老师对自己的专业要求又会怎么样。我们先是选定了这几类人，把他们放到一个群体当中，然后细细地梳理他们的故事，梳理出来以后，思路就慢慢地形成了。然后再看这些老师之间的交叉点在什么地方，有没有共同之处。也就是说，他可能是一个个体，当个体在交叉当中，他会反映出什么样的群体形象，也就是这样的一个群体所面对的一些问题，也把它们给列出来。然后再在这个基础上进行细致的比较，对这些故事进行意义的诠释。这样，意义的诠释越来越清晰，教师的个体实践知识在这个环境当中究竟是怎么生长出来的，就越来越清楚了。实际上我们通过不同身份的教师的研究，可以看到他这样一种成长的过程以及成长的不同途径。论文就这样一步一步做出来了，到最后几次再讨论，再把它梳理好，一个作品就这样写完了。

其实这是我们共同摸索的一个过程，我有一点体会就是，当初在做这个论文的时候，她是没有任何预设的，她只是想看看这个个体实践知识在中学教师成长过程中是一个什么样的情况。除了这个，什么也没有，但是，后来在做的过程中，就越来越丰富，一步一步地将论文丰富起来。另外，我感觉，在教育叙事的样式方面没有什么固定的模式，你们看我的那份集刊《中国教育：研究与评论》中，几乎就没有什么雷同的样式。也就是说，教育叙事研究的方式是可以各种各样的，它怎么样可以更好地体现所要体现的东西，那就是最到位的方式。我认为，它应该是完全没有固定的模式的，如果硬要给出一个固定的模式，我实在是给不出。在这个教育叙事研究中，我只能讲，怎么去深化它，怎么去搜集它，怎么去诠释它，却不能讲如何用固定的方式去呈现它。而且我认为，一旦这种方式固定了，那绝对不是一件好事情。

**乙问题 4：**我想问的是，在以上您所举的研究例子当中，在资料梳理的过程中，是谁起的主要作用？

**丁钢：**坦率地说，是我起的主要作用。我是先听她讲故事，然后又看她收集的资料，我是从这个故事与文本当中给她整理出了思考的头绪。比如，我学生司洪昌做的那个《嵌入村庄的学校：仁村的教育的历史人类学探究》，也是这样。他用人类学的方法去调查，在那个学校蹲了五个月，收集了大量的资料，五个月后回到学校，整理这些资料的时候，完全没有头绪。我发觉大多数人一开始都会有这样的盲区，资料多了以后，不知道从哪里下手。但这种工作的挑战性就在于，这个头绪的梳理过程，恰恰就是你发现问题的过程。当然在这里面，理论功底是很重要的。如果我们说这个需要很好的洞察力的话，那么这个洞察力就是来自于你的文化素养。因为这个洞察力，不是说聪明就能看得到，聪明不一定能看得到。

**丙问题：**在您编的《中国教育叙事研究丛书》当中，我觉得如果按照时间划分的话，可以分为两种类型，一种是对在场的现场的一种叙事；一种是对已经过去但是客观在场的历史的叙事。我想问这两种叙事在我们做研究的过程当中最大的区分是什么？因为我觉得，当我们面对在场的活生生的现实的时候，比如说某个中小学，我们获得的更多的是主观的在场。而在历史的梳理过程当中，更多的是一种客观的在场。那么这时候，历史中的主观经验在我们叙事过程中如何向研究者去复现，我们复现的是研究者自身赋予的意义，还是历史本身的真实？另外一个问题是，这种研究的方式对历史学当然是很重要的一种变革。我们的中国教育史，我们的外国教育史如果按照这种风格去写，我觉得这种教育史是不是一种别样的教育史，那么对我们学生的学习、问题的思考，意义是否是非常的重大？谢谢！

**丁钢：**其实你刚才说的肯定是指研究者，就是说研究者在参与现场的时候，他是一个主观态度。而如果他参与叙事者口述的时候，他可能是一个客观的态度，其实却不一定。因为他的这种客观其实是不存在的。其实你面临的都是一个主观的场面，我们都需要用客观事实去交互分析。这个不是说研究者的立场变了，其实研究者的立场在这两种场景当中，处于同一种境地。因为他是一个聆听者，聆听者的对方是一个主讲者，是一个叙述者。而这个叙述者他当然是主观经验的叙述。比如，王枬他们做的就是一种现场的观察，许美德他们做的就是一种对历史的追述，历史的叙事。其实这两种都有主观的态度在里面。对于你的后一个问题，我始终要声明的是，一种方式本身的意义，也许这种方式本身是很有意义的，但是，它永远不会是唯一的。我们一定要记住，不要用一个东西去掩盖另一个东西，而强化一个东西就否定另一个东西。至于它在教育历史上的意义，我有一篇文章是《叙事、范式与感知：教育历史研究的一种方法维度》，将会在《教育研究》发表出来，可能对你刚才提的问题会有用，在这里我就不啰嗦了。

**丁问题**：谢谢丁老师，您今天的讲座给了我一种精神鼓舞，非常感谢您。我一直有一种理想，就是有一天我们的教育成果能像文学一样去感染人。然后，我们的教师，我们的家长，甚至我们的国民都能够有一种教育素养。我曾经也想过，是不是以文学的这种方式来进行教育研究可能会更好？接下来我的这个问题可能就比较的急功近利了。这么说吧，我们今年就要论文开题了，我现在还没有确定好我怎么来做这个毕业论文。我想问的就是，丁老师，如果您的学生要做这个教育叙事研究的话，您对他开题的这个评判标准是什么？他们可能会出现失误，失败的地方，您觉得都会有哪些？希望跟我们讲一讲，谢谢！

**丁钢**：第一，先说明我不鼓励用文学的方式去做教育研究。为什么呢？在学术体制之外，你可以把教育写成诗歌，写成小说，比如，叶圣陶写的那个《倪焕之》，这个是可以的。但是，在学术体制之内，教育必须是真实的。我并不主张我们的教育要像电影、像小说那样去做，因为它会形成一定的虚构，而我们的教育就要像纪录片一样，主张故事的真实性。另外一个问题是，评判学生研究的东西有没有意义？一般来说，我不会从他的研究方法去评判他的论文选题，我最关心的只是他的这个论文问题有没有意义，这个问题研究有没有价值，至于他用什么方法去研究，他会怎么样去做，这是后一步的事情。一般来说，我的学生的论文题目都会改个两遍三遍的，往往在这个过程中，他们研究的问题就逐渐的明朗化了。有的学生就感觉，丁老师，我老是改来改去，觉得挺累的。有时候，我也对他们说，想偷懒也是正常的，想偷懒最好就去抄，但是，这样做，你就不是我的学生。因为我希望你们能够有些自己的创意，自己的想法，这才是做论文最重要的。对于教育叙事研究的方法来说，我认为它不是一个预设的方法，但肯定会找到一些研究方法的路径。比如，做一个比较有意义的题目的时候，可能会用到访谈，可能会去做观察，也可能会需要别的一些方式去获得实际研究需要的素材。但是，至于怎样去获得，这是必须要考虑的。这个是很重要的，因为要去获得实际研究需要的素材，总会有些方法途径。这一点，是我经常考虑的。至于学生的开题，我一般是这样的，把学生的开题时间放在第三个学期末，比如，去年进来的，我们就放到今年年底甚至一月份，为什么这样呢？因为，你一定要有一个充分酝酿的过程，把这个问题想一想，想得比较清楚了。然后，我们大家一块来思考，一块来讨论。如果我感觉到你的这个选题非常好的话，就考虑你用什么方法，下一步你怎么去做。基本上，我是第二个学期就要求他们着手考虑要写哪方面的论文，鼓励他们多看书，多思考，甚至是胡思乱想，有想法了之后就找我谈，我们一块来探讨。我最恨的学生就是，踢三脚踢不出个闷屁来。不说话，他也不找你，然后他美其名曰说：丁老师我们很怕你。我有那么可怕吗？我又不是青面獠牙的，其实我是蛮可爱的。（笑声）

**郝文武：**时间已经不早了，整整一天，大家都很辛苦，特别是丁老师更辛苦。但是，要全面系统地了解教育叙事研究，恐怕至少也要一天的时间。我相信，我们花费一天的时间是非常值得的。如果是花一个小时，或是两个小时，恐怕这是达不到我们的目的的。我的感想是，丁老师前面的叙述，深入浅出，既有理论也有实践。我们不能说是全都听明白了，但是，我相信，我们大部分应该是听明白了。（丁老师开玩笑说，夸我还是骂我？全场笑）另外，我想，丁老师教育叙事研究能够做得这么好，他肯定是读了很多书，研究了很多叙事的理论；但更重要的是，他运用了叙事的理论进行了叙事实践的研究，而且是真正的研究。所以，我们希望，愿意用教育叙事研究这个方法的老师、同学，我们鼓励。另外，我们开始也说了，以前我们更多的是倾向理论思辨研究。但是，现在，也不是说我们全部都用教育叙事研究，至少是重视教育叙事研究的，重视实践研究的多样化。当然了，要做好教育叙事研究，不仅要听我们丁老师的教育叙事研究报告，看我们丁老师教育叙事研究的书，更要向丁老师学习，跟丁老师那样在实践中去做教育叙事研究，这样才可能达到目的。另外，从提问中，我们也能看出来，好像我们的女士们更喜欢叙事研究，（全场笑）也许是更喜欢丁老师而喜欢叙事研究，（全场大笑，鼓掌）同时，我们也希望我们的男士们也能喜欢，虽然你不喜欢丁老师，但是，也要喜欢叙事研究。（全场大笑，鼓掌）就这样吧，我们再次谢谢丁老师为我们做精彩的报告！（全场鼓掌）

（参加本文整理的有博士后：周先进；博士生：郭辉、杨建忠；硕士生：彭文静、尚小军、夏剑、杨锐）

# 走进教育社会学

演讲人：吴康宁

（2009年7月15日）

## 演讲人简介

吴康宁，男，汉族，1954 年 5 月生，江苏省扬州市人。中共党员，教育学硕士，教授，博士生导师。现任南京师范大学副校长，兼任国务院学位委员会学科评议组成员、教育部社会科学委员会委员、全国教育科学规划学科规划组成员。

1982 年 6 月本科毕业于南京师范大学学校教育专业，并考取华东师范大学教育系研究生，1983 年 10 月赴日本广岛大学留学，1986 年 2 月获教育学硕士学位，并继续攻读博士学位，同年因母校教学科研需要，主动中断留学，提前回国工作。历任南京师范大学教育科学研究所副所长、教育科学研究院院长、教育科学学院院长，2003 年 1 月起任副校长。

主要从事教育社会学与教育基本理论的教学与研究。先后承担“课堂教学的社会学研究”“课程的社会学综合研究”“信息化社会的到来与中国教育的转型”及“中国教育改革的社会学研究”等科研课题，出版有学术译著《非学校化社会》，学术专著《教育社会学》、《课堂教学社会学》(合著)、《课程社会学研究》(合著)，教育讲演录《转向教育的背后》，教育随笔集《假如大师在今天当老师》，主编《教育社会学丛书》《现代教育社会学研究丛书》《社会学视野中的教育丛书》《中国教育改革的社会学研究丛书》等。获“中国高校人文社会科学研究优秀成果一等奖”、全国教育科学研究优秀成果一等奖等多项学术奖励以及“全国模范教师”等多项荣誉称号。

## 主持人：栗洪武

各位同学：大家早上好！(掌声)我们一会儿把热烈的掌声留给吴康宁教授。吴老师大家比较熟悉，他是我们陕西师范大学的老朋友，也是我们教育学院非常好的朋友！吴康宁教授现任南京师范大学党委常委、副校长，兼任教育部社会科学委员部委员、国务院学会学科组成员、全国教育科学规划组成员。他主要从事社会学和教育基本理论的教育学与研究，在教育社会学、教育基本理论等领域取得了丰硕的成果。最近我们学校很忙，吴老师那边也很忙，他们要学习科学发展观、要给硕士生和博士生答辩。他在百忙之中抽出时间给我们博士生主持答辩、给我们做这个报告，我们表示非常真诚的感谢！（掌声）吴老师的报告今天安排两个单元，分别是上午八点半到十点半和下午三点到结束。他今天上午给我们讲的是《走进教育社会学》，我们以热烈的掌声欢迎他给我们做精彩的讲演（掌声）！

**吴康宁：**

各位：不好意思！刚才被栗洪武老师夸奖了一番。（笑声）我每次来，他都要夸奖我一番。我真是觉得时代变了，连栗洪武老师也发生变化了。（笑声）我记得他以前是经常批评别人的。大概是前两年吧，我和几位北方的老师在一起，他也在。大家都在吹自己的家乡好，我就讲江苏多么好，江南多么好。北方的老师有北京的，就讲北京有多么好，东北的老师就讲东北多么好。然后他就不愠不火、软中带硬的说了一句（模仿方言）："南方的秀才北方的将，（笑声）陕西的黄土葬皇上。"（笑声，掌声）我这个人有很多优点，但也有一个很大的缺点，一个总也改不掉的缺点，就是不太经得起夸奖。你说我胖我马上就喘，你说我长得苗条我马上就觉得自己一身的老骨头、一身的硬骨头，尽管中华民族也是需要有一点儿硬骨头的。我跟栗洪武老师不太一样，虽然随着时代的变化我也慢慢发生了变化，但是变化的方向不太一样。过去是比较喜欢在口头上表扬别人，但是现在一般不这样，一般喜欢在心里面赞赏别人、欣赏别人。不光赞赏人，也赞赏地方，尤其是欣赏西安。西安的历史底蕴确实是非常深厚，文化精神十分激昂。和西安比起来，北京算什么？（笑声）南京更不算什么了！南京虽然是六朝古都，但西安是十三朝。（笑声）而且，南京都是短命王朝。和西安比起来，上海就简直不值一提了。（笑声）不光赞赏西安这个地方，而且赞赏西安的学校，尤其是赞赏陕西师大，赞赏陕西师大的老师与学生。当然啦，尤其是赞赏陕西师大教科院的学生。（笑声）我那天在饭桌上也谈到，到这里来，看到陕西师大教科院的学生就觉得非常亲切，也非常的得体，一看就知道本质上是好的，(笑声)心地非常善良，也非常勤奋好学，这是毫无疑问的。不像到了上海，你看那些学生一个个眼睛滴溜溜地在转，你不知道他在想什么。(笑声)所以，如果是陕西师大的老师有吩咐，郝文武啊、栗洪武啊，一叫我来，我马上就来。我这个人不太喜欢重复到一个地方，但好像唯有西安这个地方，来了又来。当然，这里边有很多因素，大家都是朋友。

但是来了也很为难，答辩就答辩吧，非要叫我讲一讲。我其实是不大善于讲的，讲话时也不太勇于看着对方的眼睛，(笑声)就往旁边看，你们刚才大概已经注意到了这一点。尤其为难的是，郝文武老师在电话里跟我说，能不能讲一讲教育社会学的研究方法。他这么一说倒是促使我好好想了一下：教育社会学有它的研究方法吗?

不错，我在十几年前，将近二十年前，开过一门课，就叫教育社会学研究方法。当时我坚信教育社会学有它自己的一套独特的研究方法，当时我的学科观和好多人的学科观一样，也许跟在座的一些同学的学科观差不多，认为一门独立学科，要有它独特的研究对象、独特的研究方法。但我现在不这样看了，我现在把这两点基本上都否定了。

教育社会学没有它自己所谓的特有的一套研究方法，教育社会的研究方法往上溯源的话，是社会学的。但是在今天这样一个学科大分化、大综合的时代，有哪一种研究方法是某一门学科的专利呢？算是特有的呢？当然，如果你翻开一本社会学书，你可以看到，有人还会大言不惭地说社会学的研究方法，什么观察法啦、访谈法啦、内容分析法啦，等等。这些方法其他学科不也都在用吗？因此，现在当我们说一门学科的研究方法的时候——当然这只是我自己的观点，我并不是说其他人的观点没有合理之处——当我们说教育社会学研究方法时，它的实际意涵是说教育社会学中经常用到的一些研究方法，这些方法并不是它所特有的。教育经济学、教育法学、哪怕是教育哲学，都没有什么特有的研究方法。没有一种方法是某个学科的专利，任何一种方法——几乎任何一种方法——许多学科都可以共享。所以，要我讲研究方法的话，恐怕真的是没有什么好讲的。当然，要是讲教育社会学研究中经常用到的一些方法，也可以说一说。

但在我看来，更为重要的问题是，如果要把教育社会学研究同其他一些学科相区分的话，它可能有一些要素。当然，这些要素也不一定完全就是它自身的，但相对来说有它自己特有的一些东西。这样，与其讲教育社会学研究方法，不如讲走进教育社会学。

所以，今天想给大家说说走进教育社会学的问题。我觉得可能有三个东西比较重要，至少在我迄今为止的研究当中经常会注意到这三个问题。一个是人群差异；第二个是事实判断，这是相对于价值判断来说的；第三个是量质互补，量指的是量化，质就是质性，就是这两种研究方法的互补。下面我就这三个方面，简单谈谈自己的一些看法。

## 一、人群差异

首先是一个人群差异的问题。

这个问题是从研究对象提起来的。教育社会学的研究对象究竟是什么？它研究什么东西？许多人讲教育社会学是研究教育问题的。这是毫无疑问的。说教育社会学是研究教育问题的，这至少可以同其他的“社会学”区分开来：可以和经济社会学区分开来，和政治社会学区分开来，和人口社会学区分开来。当然，这也不是说绝对区分开来，但主要的方面可以区分开来。

但是，说教育社会学就是研究教育问题的，那还没有办法同其他“教育学科”区分开来。我在这里讲是体现不出差异来的，如果写在纸上的话，那么我刚才说的这句话就要打引号，“和其他的教育学科区分开来”这句话中的“教育学科”要打引号，因为我不认为教育社会学是教育学科的组成部分，这个以后再说。仅仅讲“教育社会学是研究教育问题的”，这和其他“教育学科”就没法区分了。比方说和教育哲学没法区分，因为教育哲学也研究教育问题；和教育法学没法区分，和教育经济学也没法区分。

这些学科在我的一位日本导师那里有一个说法，叫作“连字符学科”。以“教育”开头的连字符学科，都是研究教育问题的。教育哲学、教育法学、教育经济学、教育政治学、教育人类学，这些都叫作连字符学科。这些连字符学科的特点是，前面是研究对象，后面是什么呢？后面恰恰是相互之间加以区分的一种学科的眼睛，一种视角。

因此，准确的说法应当是“教育社会学是从社会学角度对教育问题进行研究的一门学科”。这样一个定义很简单，但是，它把教育社会学和其他教育学科区分开来了，这里的要害就在于“社会学角度”。我们许多人进行教育社会学研究，结果他写出来的东西你一看不是教育社会学的，它好像跟教育哲学差不多；你再一看，它好像跟教育心理学也差不多。这里的关键是对社会角度的一个把握，在这个问题上还是有不同的观点，我这里只能谈自己的观点。

所谓社会学角度，也就是说从社会来看问题，它看到的是社会。什么叫社会呢？这些词看起来都很简单，但现在的问题是，当我们讲“中国社会”这个概念的时候，整个中国这样一个宏大的社会体系叫作“社会”；当我们讲“社会主义社会”的时候，说的也是“社会”；那么，陕西省呢？延安市呢？榆林县呢？也是“社会”；西安市的钟鼓区呢？也是社会；那么，陕西师范大学呢？也是“社会”；陕西师范大学教科院呢？也是“社会”；陕西师范大学教科院硕士研究生三年级呢？还是“社会”。这些通通都是社会。所以，社会学里所讲的“社会”，它的根本含义就是“群体”，也就是我这里讲的“人群”。社会学里讲的所有的社会，不管是什么层面的，都是在人群这个概念上拓展开来的，界定出来的。一个班级是一个社会，学校是一个社会，地区是一个社会，民族是一个社会，国家是一个社会，只不过是人群的不同层次而已。正式的组织是社会，非正式的社会群体也是社会，都是人群。

讲到人群，比方说，政府官僚是人群，它是我们社会学中所说的一个小社会，尽管在我们中国，政府官僚在社会已经相当庞大了，甚至有它自己的利益诉求。在现代国家里面，政府是不应当有他自己的利益诉求的。但是在我们国家不一样，我们国家的政府它本身是一个非常强势的利益群体。

再比方说知识分子，尽管知识分子本身内部的构成非常复杂，但整个的知识分子在一个特定的历史阶段是一个整体，它也是一个人群。我们看到了政府官僚，看到了知识分子，看到了这两者之间的不同，这就是社会学的角度。

再比方说企业高管与下岗工人。企业高管相互之间有矛盾，企业高管作为一个人群也有着复杂的构成，但是，它在我们今天的社会转型期的中国当下，它难道不是和下岗工人相对来说差异最大的一个群体吗？社会学就看到这个东西。它看到了企业高管的特殊性，看到了下岗工人有着与之相对的特殊性，这就是社会学的角度。

再比方说市民与农民。当然，在提倡和谐社会的今天，农民受到的关注越来越多，农民市民化正在成为一种趋势，但农民与市民之间毕竟还是有着巨大的差异，尤其是在过去城乡二元对立十分严重的情况下。今天也依然对立。他们是两个不同的群体，两个不同的人群。

再比方说教师与学生。我们再怎么讲师生平等，那是从人格的意义上来说的，是从一种所谓的公民的意义上来说的。我们都是人，我们都是这个国家里的公民，我们都是社会的成员。但问题是，教师在制度上毕竟是教育者，是社会代表者；学生呢，他是所谓的受教育者，他是未成年人。他们是两个不同的人群。即便是学生，也有好生和差生的区别，我们看到了好生，也看到了差生。

所以，社会学你搞的时间长了，你看到一个人的时候，你就会自然而然地联想到和他相同或相近的一类人，一群人。当然，这样也有它的缺陷，我后面还会谈到。

比方说重点学校与一般学校，如果不是从社会学角度去看，你会把它们都看成单位。单位是什么？单位是人群的一种形式，人群组织的一种形式，人与人结合的一种特殊的方式。

再比如公安干警与三陪小姐，也是不同的人群。

社会学看到的是不同人群之间的差异，它首先看到我们社会当中存在不同的人群，然后看到人群与人群之间的差异，看到这个东西。当然，这是从社会学一般意义上讲的。我们如果把它限定在教育领域内部的话，也可以区分出许多不同的因素。

我国近代启蒙思想家严复是非常有名的，他翻译了斯宾塞的一本书，书的原名叫《社会学研究》。这本书要是在今天被翻译过来，译名毫无疑问就是《社会研究》，但严复把它译为《群学肄言》。这实在是太精到了。一群人与一群人，人群与人群之间的区别，对人群进行研究的学问就叫作社会学。

我们可以举一个教育方面的例子。这个例子在我的书里也谈到，我一直觉得这个例子相对来说比较能说明问题。对于中小学教师的课堂教学，我们强调要用启发式，不要用灌输式。当然，现在对于灌输式的运用也有人提出不同看法，认为对于不同知识应当用不同的方法，有些知识就应该用灌输式。这个我们今天撇开不谈，我们只说当我们倡导中小学教师，尤其是小学教师在课堂教学中运用启发式的时候，你会发现有几种情况：一种情况是教师根本就不会用启发式，他就是不会，他只知道照本宣科，他只知道灌啊、灌啊、灌啊。怎么样启发学生的思维，怎么样发掘学生的潜能，他不会，他就是不会。你说这是什么问题？说实话，这个问题社会学没有办法研究它。但现在问题是，这个教师，比方说我吧，我在这个课堂里面，我在英语或者数学或者语文的课堂教学中，对一部分学生运用启发式，对另一部分学生从来不用启发式，而这种用和不用又不是因为学生的能力不同而异的，而是因为我对这一部分学生抱有一种强烈的期待，我希望他们能够考高分，为我的班级争光；另一部分学生我觉得不行，我已经把他们破罐子破摔了，我不用启发式。

也就是说，教师在课堂里启发式的运用因学生的人群而异，这个人群又是在班级这样一个社会结构里处于不同的位置。所谓的好生、差生、有希望的学生、不可指望的学生，教师就是这样来区分的。那教师不是首先就有了人群的观念了吗？不是首先就有了学生人群这样一个角度了吗？他根据这样一个角度来看学生，然后来决定用还是不用启发式。这个问题我们说就是教育社会学可以研究的问题。所以，启发式的运用，你说它是不是教育社会学的研究对象？笼统地说，不好回答。当我们说对谁运用启发式，马上就可以回答。

再比方说学校中的课程。学校中的课程可不可以成为教育社会学研究的对象？可以，但是它有前提。当你说我们要揭示出这样一套现代学校的教科书——比方说语文教科书，它符合不符合学生的知识接受、心理发展的规律，这个问题社会学没办法研究，这个可以交给教育社会心理学去研究。但现在的问题是，我们这个课程，任何一门课程，一本教科书，它总是有一定的文化特性的，总是有一定的社会文化特征的，因此，在中小学里面，即便是在我们大学里也一样，大家虽然都在同一所学校里，坐在同一个课堂里，听着同一个老师的讲解，用着同样的教材，但他们却是在学习着不同的文化。这话怎么说呢？因为有些课程，比如说，教科书的某一课，有些课文，它和全班四五十个学生当中的十个学生，总而言之，是部分学生之间有着极其紧密的文化联系。也就是说，教科书内在的文化特征和学生已有的文化特性之间具有亲和性，而与另外一部分学生之间没有亲和性。我记得大概在2001年或2002年的时候，也就是课改刚开始的时候，当时在编教材，我们在审订教材的时候就发现思想品德课的教材，包括小学的《品德与生活》《品德与社会》、初中的《思想品德》课的教材中有许多内容我们觉得在当时的情况下农村的学生根本就看不懂，因为这些教材会谈到许多高科技的东西。对于这些高科技的内容，城市的学生可能已经有所了解，因为城市的学生可能每天都在接触高科技的文化；而农村的学生家里什么都没有，高科技的东西什么都没有接触过，所以他看到教材里的这些内容时脑子里一片空白，他没法鉴别教材中的观点。这样，教科书内容和学生已有的文化特性、文化基础之间就有着相容性或相斥性。

我自身也有这种经历。我跟在座的几乎所有学生之间肯定都有代沟，有的恐怕不止一代两代。我记得80年代初的时候，大概是1981年吧，到一所小学去实习，80年代可能在座的还没出生。哦，出生了。（笑声）当时听的是一堂语文课，是小学三年级的语文课。课文是讲大海的，标题好像是《海水为什么是蓝色的》，课文在讲了海水的表面啊等之后，有这么一句话："海水是否是蓝色的呢?"我当时看到这句话，浑身一颤。为什么会浑身一颤呢？我当时就在想，我上小学的时候，是一九六几年，"海水是否是蓝色的"这句话中的"是否"这个词我肯定是一点都听不懂的，因为我父母亲是城市平民，一个是几乎文盲，一个是小学三年级。也就是说，在我的家庭生活过程中，我从来没有听过我父母亲两个人的对话中以及他们和我的对话中出现过"是否"这个词，来我们家的朋友们也从来没有从他们嘴里冒出"是否"这个词。这是个什么词呢？这是个书面用语。用伯恩斯坦的话来说，是一种精致代码或精致编码的语言。这种语言只有在上流社会或者知识分子家庭中才可能会出现。如果父母都是教师，他们在谈情说爱时可能就会说出"你是否爱我”这样的话来，(笑声)他们与小孩的谈话中也会冒出这样的词来。我想在座各位的家庭对话中可能经常会冒出“是否”这个词来，你们的小孩在包括以“是否”这一系列的词所代表的文化环境中生活，他到了小学三年级的时候，对于“是否”这个词是毫不陌生的。对他来说，与“是否”相同或相近的一系列的词语，一系列的语句，一系列的课文并不陌生。因此，课本与这样的小孩之间便具有一种文化上的相近性、相容性。可是，它与农民工的小孩之间呢？它和一个父母都是文盲或者文化程度不高的小孩之间呢？就有了一种相斥性。

在学校的日常生活中，有着许许多多要让学生接受的文本。这些文本并不是简单的字词的组合，而是社会文化的体现。所以，谈到学校的课程，马上就会想到这是“谁的课程”。这就是刚才讲的人群的问题。学生之间因为家庭背景的不同，家庭文化特征的不同，而自然地形成不同的人群。这样来看的话，我们就会发现课程的社会文化和学生之间的联系。这就是教育社会学可以研究的问题了，它是通过“人群”这样一个节点把两者连接起来的。

这样，我们可不可以来回溯一下。教育社会学是研究教育问题的，教育哲学也是研究教育问题的，教育法学、教育人类学等都是研究教育问题的，但它们的角度不同。这就需要对作为研究对象的教育问题进行进一步界定。也就是说，教育社会学研究的是教育问题的社会层面。教师在课堂中不用启发式，这是个教育问题。但如果他仅仅是不会用启发式，那只是个教育学问题，甚至只是个教师教育的问题；可是，如果他对一部分人用而对另一部分人不用启发式，那就是社会层面的问题了。课程也一样，课程有没有按照学科知识的一种逐步递进方式来加以组织，这是一个教育问题，但它不是教育问题的社会层面。但学校课程的文化特征，它的人群文化特征就是社会层面的问题了。

前面谈到，在学科大分化、学科大综合的今天，没有什么方法是一门学科的专利。这里，我要强调视角与对象的关系。

当我们说“一门学科有它独特的研究对象”时，这句话也许没有错，但要注意的是，当我们讲一门学科的研究对象时，这个研究对象其实已经是你用这个学科的眼睛看出来的结果了。不信你们试试看。郝文武老师是搞教育哲学的，在他面前我不敢卖弄，但他现在不在。(笑声)你们有没有搞教育哲学的？你试着界定一下教育哲学的研究对象是什么。只要你界定清楚了，真的和其他学科相区分了，你就已经是用哲学的眼睛看出来了。否则，你界定的教育哲学的研究对象一定跟我刚才所说的其他连字符学科没有太大的区别。教育法学、教育人类学、教育心理学都一样，只要你说它的研究对象是什么，只要你把它同其他学科真正区分开来，这个时候你就已经有了这门学科的眼睛。眼睛是最重要的，对象是眼睛看出来的。所以，早晨吃饭的时候，和郝文武老师、栗洪武老师在一起的时候，我就谈到了这点感想，他们说你不妨跟同学们谈一下。

我这里想拓展开来说的就是，“传统的”学科观是不合适的。传统的学科观认为，一门学科之所以作为一门学科，是因为有它自己独特的研究对象和特有的研究方法。特有的研究方法在今天这样一个时代里是不存在的，至于独特的研究对象这种表达也是需要加以说明的，是有前提的。这个独特的研究对象不是你给它界定的，而是你用学科的眼睛看出来的。这一点刚才已经谈到了。所谓独特的研究对象这种说法，如果不加任何前提的限定是有问题的。我不知道在座的老师和同学们是怎么看的，我觉得我们对于学科的许多界定、对于我们所从事的学科的许多认识、一些观点和主张，其实经常是出于我们的一种学科捍卫情节。因为我在从事这门学科的研究或者学习，所以我就一定要说这门学科已经存在。也许，它存在的理由并不充分，于是我就对它进行辩护，实在不行我就强辩。在这样辩护的时候，一定有一个不讲理的东西，辩到最后就辩不下去了。这些都与“我”这个个人有关，因为我是从事这个研究的，我是吃这碗饭的，这门学科不存在了我还干什么呢？然后我就说这门学科是一门独立的学科，有它独特的研究对象。

那么，回过头来谈刚才所说的人群差异问题，可不可以看出一点儿来。人群是有很多种的，我这样来罗列，也就表明了在不同人群当中我们的关注重心。研究知识分子的时候，比方说研究教师，从社会学角度来讲，其实你是不能就教师来研究教师的，你是不能单纯地研究教师的。对于其他好多人群，你也不能单独研究。研究农民，研究学生，研究差生，你都不能单纯地去研究他们，你得比较。不管你进不进行比较，你实际上有一个比较的对象立在那里。你说下岗工人多么苦，它有一个前提就是企业高管多么富。当你研究“差生”的时候，你实际上已经有一种情结，即我们的教育中不应当有“差生”这个概念。“差生”为什么会存在？因为我们的制度，因为我们的教育制度，因为我们的文化，同时呢，也因为在现实生活当中有另一个群体，另一个受关注、受重视、受褒扬的群体——“好生”。

所以，教育社会学从人群差异的角度来看问题的时候，它会有两个东西。一个是比较，不管你形式上进不进行比较，它一定有你的研究所关注的那个群体的一个对立面的存在，你实际上已经把它的对立面和它进行比较了。你在研究中西部不发达地区的教育公平问题时，实际上已经把发达地区作为一个前提立在那儿了，不发达地区和东部沿海发达地区这是一对儿。当然，就中西部不发达地区来说，城市、乡村又是一对儿。所以，教育社会学研究成对成对的关系，它基本的关系是成对成对的关系。在这成对成对的关系当中，它关注的是弱势群体。

政治官僚，他们是不是人呢？他们也是人，但是当我们讲知识分子的生活困苦的时候，我们实际上是把知识分子作为弱势来对待的。尽管政治官僚是人，但是我们的研究不会去关注他，是把他作为和知识分子相对比的一个存在而立在那边的。

我们研究学生的时候，尽管有“好生”“差生”的区别，但假如我们把学生作为一个整体，作为一个人群来讲的时候，总是说有“压迫者”，作为打引号的压迫者，作为打引号的教育者，作为打引号的控制者，也就是教师立在那儿。相对于教师来讲，学生是弱势；相对于“好生”来讲，“差生”是弱势。所以，我们关注的是弱势群体。

因此，接下来的这个问题是，我在前几年也谈到过，社会学研究不研究具体个人。因为在座的一些博士生可能也看到一些论文，它就是对某一个学生进行研究。比方说，陈向明有一篇文章大家可能看过，那是在《教育研究与实验》上发表的，具体时间记不清了，文章的标题是《王小刚为什么不上学了》。王小刚是贫困地区的一个学生，他辍学了。于是，研究者就到他的家里去采访，进行调查、访谈。通过王小刚为什么不上学来说明那么多的和他同一类的学生的辍学原因，通过他们的深层境况来说明教育的不公平到底是怎么产生的。

我也进行过一项研究，有一篇较长的研究报告，题目是《我不需要这样的教育公平》，本来是要发表的，但是到现在也没有发表出来。这项研究也是讲贫困学生的。对于贫困生，从政府到学校都采取了许多措施，伸出了援助之手。但我觉得这里面有些问题。我们的援助经常是一种什么状况呢？有些学生的家庭非常困苦，非常贫穷，需要资助，没有资助就根本上不了学，上了学可能还要退学，于是我们对他们进行资助。但问题是，我们的资助方式经常是给贫困学生制造了一个更大的障碍。我们经常是举行一个仪式，主席台上放着上面写有资助金额的各种牌子，然后叫贫困生在大庭广众下到台上象征性地领取。在我看来，因为家庭贫困，贫困生的心里已经有了伤口，而这样的仪式却是把他们的伤口再撕开，然后撒上一把盐。人都是有自尊的，这些贫困生心里究竟是怎么想的？我们现在的这种资助形式到底要做怎样的改变？带着这样的想法，我对一些很贫困的学生进行了时间比较长的断断续续的算是质的研究。我自己觉得做得还是不错的。这项研究发现相当一部分贫困生有这样一种声音："我不需要这样的教育公平。"但研究成果发表不出来。为什么呢？因为这里面有一些个人的隐私。这些隐私如果不见诸于文字，你就不能最有力地说明问题，而要把这些隐私发表出来的话，那就必须经过研究对象本人的同意。但这个小孩死活不同意，于是就只好搁在哪儿了。这也许是我和其他不少研究生的区别。我们不少研究生在做质性研究的时候，不管研究过程是通过什么样的手段，只要让研究对象说出自己的故事来就行。最后也不征求研究对象的同意，就把对当事人可能会造成伤害的一些谈话等都发表出来。因为，他想取得学位，想通过论文答辩，想使论文写得好一点，讲的故事动人一点。这个"动人"实际上是充满着血和泪的，我不干这种事情。我觉得我的这个研究做得相当好，但就因为当事人不同意，到现在还搁在电脑里边。

总而言之，"王小刚为什么不上学了""我不需要这样的教育公平"这样的研究，都是想通过所研究的个体来说明这一类人的状况，说明这一类学生的存在。

再比方说教师研究。刘云杉有一篇论文，发表在丁钢老师主编的《中国教育：研究与评论》上，记不得是第几期了，题目是《帝国权力实践下的教师生命形态》，是她的博士后出站报告的一部分。作为研究对象的刘大鹏是清末的一位私塾教师，他写了长达四十余年的日记，并且都保留了下来。后来出版社把它收集出版了，取名为《退想斋日记》。于是，刘云杉就以这位私塾教师的日记为线索，彰显了科举废除前后一位私塾教师所体受的文化、国家、社会的种种权力，以此透视出士绅与国家的关系。在这里，研究的是刘大鹏这个个案，但要说明的，则是科举废除前后私塾教师这个群体。

再比方说，我们那套《社会学视野中的教育》丛书中有一本书是胡金平写的，标题是《学术与政治之间的角色困顿：大学教师的社会学研究》。这是作者的一篇博士学位论文。在这篇博士学位论文中，作者用了四个个案。一个是胡适，作者把他的角色状况称为“徘徊于两种角色之间”，因为我们知道，胡适是五四新文化运动的一个旗手，同时他后来也是蒋介石的一个追随者，最后在台湾，他是中央研究院的院长。胡适去世的时候，蒋介石还为他写了一副挽联。然后是熊十力，这个熊十力进过陆军学堂，后来参加过反清斗争，最后失败了，于是就一心做学问，成了新儒家的代表。作者把他的角色状况称为“走入象牙之塔”。还有一个是张申府，他的角色状况叫“政治人的角色眷恋”。对于这个张申府，栗洪武老师应该非常熟悉，他是我们党的三个创始人之一。一个是陈独秀，一个是李大钊，一个是张申府。我们后来都讲毛泽东是中国共产党的创始人，实际上当时陈独秀在建党的时候写了一封信给张申府，对他说关于建党、创党之事，只有和李大钊密议。因此，实际上刚开始时是他们三个人在谈。张申府是张国焘的入党介绍人，也是周恩来的入党介绍人，张申府和周恩来又同是朱德的入党介绍人。这个张申府也是参加革命失败后再去搞学术的，但他的学术里面还是充满了对政治的期待，希望政治的改变，希望社会的改进。“精英角色的颠覆”是陶行知的角色状况。陶行知是“捧着一颗心来，不带一根草去”，他把杜威的那一套给倒了过来，办学校，等等，他实际上是对当时中国社会的精英角色的一种颠覆。也就是说，胡金平的这篇博士学位论文通过胡适、熊十力、张申府、陶行知这四个个案，通过对他们的日记、传记、一些笔记、还有一些文本等的研究，是想说明中国的知识分子、中国的大学教师有四种人，这四个人实际上是四个群体的代表。它反映了一种普遍现象，即我们中国的大学知识分子总是在学术与政治之间游离。你看他在官场，但是他又有点心不甘，因为他原先是学术人出身，他还想做一点儿学问，还想探究一点儿真理。你看他人在大学里，但是他充满了对政治的一种期待，这个跟美国不太一样。这就是研究个人，他是在研究个人，但实际上他的研究对象是群体，一个人群。这个研究里就有四种人群，研究者是想通过这四种人群去说明一个更大的人群，就是中国的大学教师。

这样来看的话，教育社会学是可以研究具体个人的。虽然社会学的视角是人群，但它是可以研究个人的。因为它有理由，从学理上说就是通过一滴水来见一池水。我以前经常喜欢说一滴水见太阳，现在看来比较麻烦。为什么呢？我们可以跟其他学科做一点比较。所谓一滴水见一池水，是说这一池水都一个德行，或者说都有一样的精神品质。拿社会学来讲，刚才说了，社会学可以研究个人。但说实话，你哪有那么多精力去研究所有个人啊？初三年级一个班四五十个学生，你怎么可能对这四五十个学生都进行访谈呢？不可能的，对不对？你只能是这个班访谈几个学生，另外一个班又访谈几个学生，去看一滴一滴的水。通过这一滴一滴的水，你可以知道初三学生是怎么样的。那么，心理学呢？

假如心理学也研究学生，他研究张三、李四、王二麻子，它就只讲张三、李四、王二麻子，它不好去推测。这就是为什么说心理学是个人心理学的缘故，因为它就是研究个人。哲学呢？哲学不研究个人，但如果哲学的眼睛也看到个人的话，那么它讲的还是所有的人，它是用一滴水来说所有的水。社会学用一滴水来说事，是说一池水怎么样；哲学用一滴水来说事，是说所有的水怎么样，水在本质上怎么样。当然，我这里讲得很肤浅，更深的东西我也讲不出来。

所以，就关注对象来说，前面讲了，社会学关注的是人群，心理学关注的是个人，哲学关注的是人类。这是我反复讲的。不过，这样的观点说出来你会觉得很简单，但是如果你去研究的话，你马上就会发现你很容易在这三者之间游离。结果一个研究结果出来后，你说它是心理学的，但它好像是社会学的。当然，心理学和社会学也有相通的地方，你可以采用某种方式把它们关联起来，但这不是我们所说的学科研究。你说你对下岗工人进行了研究，但结果你对全人类的理想公平发表一番感慨，那就变成哲学了。以前我也打过一个比方，说哲学是“人啊，人”，（笑声）说人是共性的存在；心理学是“你啊，你”，（笑声）说的是个体；社会学呢，那就是“我们，我们”。所以，英语里有一个词，叫“we－feelling”译为“我们感”，另一种译法是“群属感”。有一首歌就叫作《咱们工人有力量》，是不是？用的就是“咱们”，工人是一个群体。事实上，一个群体有一个群体的活法，一个人群有一个人群的利益诉求，一个人群有一个人群的价值追求。

再接下来一个问题是：社会学可不可以研究一些宏大现象？因为一般讲到宏大对象，仿佛群体就消失了。刚才我说研究具体个人的时候，仿佛群体不在了；这里是说研究宏大现象的时候，仿佛群体消失了。

比方说，中国教育改革到今年是30年，不少人在对中国教育改革30年进行研究。那么，从社会学角度可不可以进行研究呢？你翻开报纸杂志看一看，通篇的都是讲改革开放政策给教育带来了什么，绝大部分都是说改革使我们的整个教育受益，人民越来越满意。其实，“人民满意的教育”这句话是不好随便说的。“人民”太复杂了！我刚才谈到的下岗工人是人民，那企业高管是不是人民？你说一般学校甚至于三流学校的教师和学生是人民，那重点学校的教师和学生是不是人民？你说“差生”是人民，“好生”是不是人民？所以，“人民满意的教育”是很难寻找到的，是不好随便说的。教育改革也一样。如果社会学来研究中国教育改革，那么，它要研究、要把握的重心是：三十年的教育改革中，主要的受益群体是那些？受损群体有哪些？它的关注是在这个地方。社会学对于中国教育改革的研究，会看到一个一个的局部，通过对一个一个局部的对比，来思考整个教育改革有哪些可以改善的地方。

我在以前也举过“教育国际化”的例子。现在，由全球化导致的教育国际化似乎已成为不可抵抗的潮流，大家都在关注，都在关注我们中国在教育国际化潮流中怎么才能够不落后，中国教育怎么才能与国际教育接轨。可是，许多人都忽略了在中国还存在许多不发达的乡村和山区，忽略了最不发达的乡村和山区中的孩子们的就学难问题，他们买不起书，当然，现在开始免费供应了，他们的家庭十分贫困。这些现象仿佛都不见了。在这种状况下，奢谈与国际教育接轨会是什么样的结果？那么，教育社会学对于所谓的“教育国际化”这样一种宏大现象研究不研究？也研究，但它关注的是在追随国际教育潮流的过程中，哪些地区受益了？哪些地区受损了？谁在提倡教育国际化？谁提倡得最来劲？结果，通过研究发现，所谓的“教育国际化”这件事本身存在很多利益关系，积极提倡与推进教育国际化的一些人能从中得到更多的好处，至少使得自己的工作更方便。发现了这一点，你也就把教育国际化这件事的内幕弄清楚了。

所以，社会学研究，如同它可以研究具体个人一样，它同样也可以研究宏大对象。对于任何一个宏大对象，社会学都把它分解成一个一个的局部，去发现局部与局部之间的差异和冲突。正是这些局部与局部之间的差异与冲突，最终导致了整体的毁灭，导致了整体的事实上的消亡。也就是说，社会学研究是化整体为局部。

好，刚才谈了第一个方面，说的是教育社会学研究的首要的一点，也是最重要的一点，是人群差异。要把握这一点，要从人群差异看过去。人群差异实际上讲的是研究对象，如果把握不住研究对象的话，后面你用什么方法都没有用。

## 二、事实判断

咱们再来讲下事实判断。

如果说人群差异讲的是研究对象问题的话，那么，事实判断就讲的是研究任务问题。你研究人群差异，到底要干什么？你研究的直接的目的是要干什么？这个就是任务。你要解决什么问题？这里所说的解决问题不是指解决实际问题，而是指你这个研究到底弄清楚什么事情，强调的是问题意识。这可能要从教育研究的结构谈起，要从研究任务的角度，分析一下我们的教育研究是怎么构成的。首先声明，我下面讲的许多内容是华东师大陈桂生老师的一些观点，当然他后来有所修正。相信在座各位可能都看过了，这里我再谈谈自己的一些看法。

我觉得，不是我觉得，而是在陈桂生老师看来，教育研究包括四个层面的东西。第一个层面是理想研究，也就是要探讨我们的教育归根结底应当是什么，它应当干什么。比方说，有人通过研究，认为教育是为了使人成为人。这就是从根本的意义上来说教育应当是什么，所以称作理想研究。或者也可以说是示向研究，即示明整个人类教育的一个大的方向。不管你当下处于一种什么样的时段，什么样的历史时期，也不管你是在大连还是在西安，你的教育都不能违背整个人类教育的根本意义、根本追求。对于这种根本意义、根本追求的研究，就是理想研究，也是示向研究，即指明方向的。

第二个层面是状况研究。理想是这样，方向是这样，那么，现状呢？现实到底是怎么回事？那就是要揭示它实际是什么。所以，这种研究我们也可以称它为示实研究，也就是揭示事实。

第三个层面呢，表达不一定很准确，也借用陈老师的概念，叫规范研究，规范研究说的是什么呢？我们知道了教育的应有理想、根本方向，同时也知道了现实总是不尽如人意的，肯定是不尽如人意的，这点大家一定要知道，不管主流媒体怎么宣传，教育活动总是不尽如人意的，和理想总是有差距的，因此也就还要知道在现实状况下我们应当怎么做。比方说，我们当下的教育应当有一个什么样的具体目的。国家的教育目的属于我们这里所说的朝向理想的一种规范，培养什么样的人这样一种具体的教育目的跟教育的最终理想是不一样的。我们说，我们应当培养一个民主的、自由的、平等的人。可是，现实呢？在课堂里，教师与学生之间不平等，学生不自由。同时，教师其实也不自由。“好生”与“差生”不平等，“差生”不自由，他们整天处在一种被压抑的状态。同时，“好生”其实也不自由。那么，我们现在的课堂教学应当怎么做，应当建立什么样的关系，这也是一个规范的问题。总而言之，相对于理想、相对于方向来讲，它是一种规范，它指明着现实中应当怎么做。所以又称为示范的研究。

最后还有一个层面，叫技术研究，就是怎样做有效。知道了理想，知道了现状，同时也知道了当下应该怎么做，应当有什么样的具体目的，应当有什么样的具体原则，这个时候，就有一个怎么做、怎么来实施的问题。对于怎么做、怎么来实施的研究，我们把它叫作示术的研究。

方向、现实、规范、技术，我们想想看，教育研究从它的整个构成来讲，是不是有这四个层面或者四个板块？

理想研究你一看就知道，它是个价值判断。我们培养学生归根到底是要干什么的？要把学生培养成什么样的人？我们最终应该朝着一种什么样的方向努力？

这些都是典型的价值判断。

状况研究呢？那是事实判断，它实际上是对我们行为结果的一种判断。现行的高考制度到底怎么样？这个高考制度实际上是我们行为的一种结果；小学班级中的师生关系到底怎么样？这个师生关系也是教师的班级管理和学生的群体组织管理行为的结果。

那么，规范研究呢？它也是价值判断，是对当下应有的具体教育目标、应当遵循的具体教育原则的判断，相对于对教育的理想、方向的那种顶层的价值判断来说，我把它称为基层的价值判断。

技术研究呢？技术研究实际上是手段研究，它是对各种各样的手段的研究。这里所讲的手段，包括了技术，包括了方法，包括了方式，包括了形式，等等。这些东西本身是中性的。

如果教育是有着这里所说的四个层面的话，那么，我们来看看我们现在的一些所谓学科可以怎么来归类。举个例子，比方说教育哲学，它是典型的理想研究、示向研究，它是做顶层价值判断的，它应当是统帅一切的。在状况研究里边，应当说包括了多门学科。教育社会学就是其中之一，它是进行事实判断的，是对当下教育中的人群差异进行事实判断。而规范研究中有教育学，因为在我的学科观看来，教育学是一种基层的价值判断。教育学实际上也包括了多种组成部分，现在不是有什么初等教育学、中等教育学、高等教育学、农村教育学，职业技术教育学、道德教育学等吗？都属于我这里讲的教育学。教育技术学则是典型的技术研究。大致是这样一种状况。

在这四个层面中，教育社会学是对状况进行研究的，它要对与教育有关的人、组织、单位等的行为加以事实判断。

那么，这里的要害问题在什么地方呢？要害的问题就在于教育社会学是否能进行价值判断，关键就在这里。我相信，在座各位当中如果有对教育社会学感兴趣的，或者迄今为止已经进行过一些教育社会学方面的学习与研究的老师和学生，肯定刚才就有疑问：你说教育社会学是进行事实判断的，它的要害就是事实判断的话，那么，难道你们教育社会学研究迄今为止就没有进行过价值判断吗？我明明看到许多文章、著作里面对决策、方针提出建议的呀，对不对？指出这个不对，那个不是，然后说应当怎么样、应当怎么样。你怎么来看这个问题呢？

教育社会学要不要进行价值判断？关于这个问题，还要再谈到研究对象。

研究对象也可以区分出两种类型。一种是客观事实。比方说，“大学毕业生就业率变化研究”，这里的“大学毕业生就业率变化”就是一种客观事实。大学毕业生的一次就业率为50%，它就是50%，100%就是100%，10%就是10%，你做不了假。当然，我们现在有不少高校在做假，我相信许多高校都在作假，把统计出来的一次就业率修正一下，不至于太难看。不管怎么说，大学毕业生就业率的变化有一个曲线，它是一个事实。你的这个研究对象是一个客观事实。

还有一种类型的研究对象是主观价值。比方说这里有一个研究课题，叫“高校扩招利弊观研究”。我们知道，我们国家高等教育的扩招是从1998年开始的。对于高校扩招，若干年以后怎么来看，会有人对它做出评判。但在当下也已有人在做评判，有几种不同的观点。一部分人认为，高校扩招极大地满足了人民群众接受高等教育的需求，人民群众是满意的；还有一部分人认为，高校扩招导致了优质资源的稀释，教学质量年年下滑，就业率年年下降。这是两种截然不同的观点。这种高校扩招利弊观本身不是客观事实，它是一种主观价值，因为你如果说它是客观事实，那就不会有两种利弊观，对不对？每个人的看法不同，反映的是主观价值的差异。因此，研究对象如果从事实、价值来看，可以分为两种基本类型。

再一个，还可以来看看教育研究的性质。有一种类型叫事实性研究。比方说，“小学班级人际交往类型研究”。这个研究要干什么呢？研究者是想了解一下我们现在的小学班级中，人与人之间是怎么交往的。在信息化的今天，他们的交往跟过去相比发生了哪些变化？大致有哪几种类型？研究者的目的就是要客观地弄清楚有几种类型，也就是要弄清楚事实。所以，我们说它是事实性研究。

还有一种类型叫价值性研究。比方说，“小学良好班风建设有效途径研究”。这个研究是要干什么呢？研究者最终是要阐明小学良好班风建设的有效途径有哪些。这马上就有一个问题，与上边相比就有一个问题：什么叫作“良好班风”？它得有一个价值判断吧，它得界定吧。你说学生对老师唯命是从，班级在组织活动进行动员时还可以，班委会一呼百应，学生令行禁止，你说它是不是良好班风？不同的人有不同的想法，研究者也有自己的看法。什么叫有效途径？途径有很多啊，但是研究者说这种途径有效，那种途径是不合适的，这都是在进行价值判断。所以，我们把它叫作价值性研究。

再来举一个高等教育的例子。比如，“大学生对教师知识权威的认可度研究”。这些都是我们硕士生和大学本科生毕业论文的题目。这项研究是要干什么呢？它是要看一看在信息化时代、在当下社会转型时期，大学生对于教师的知识权威到底是怎么界定的，到底是怎么认可的。他们更看重的是教师要想给学生一滴水、首先自己就得有一碗水呢？还是更看重的是教师的人格、教师对学生的关爱呢？研究者就是要弄清楚当下的大学生对教师的知识权威到底是怎么认可的。这是事实性研究。

再比如，“大学班主任道德威信确立途径研究”。这个研究的性质跟刚才小学良好班风建设有效途径的那个研究是一样的。研究者认为大学班主任应该有自己的道德威信，否则他没有办法来领导班级、管理班级。而大学班主任怎么样才能有道德威信呢？通过什么样的途径才能确立起道德威信呢？需要来研究一番。这就是价值性研究。

这样来看的话，教育研究就可以从两个角度来进行分类。一个角度是研究对象，是指你研究的是什么东西。我们说有两种研究对象。一种是客观事实。大学毕业生就业率变化，这是客观事实；一种是主观价值，高校扩招利弊观，这是主观价值。另一个角度是研究性质，是指你研究这个问题究竟要干什么。一种是事实性研究，它是求是的，客观的，揭示事实的。一种是价值性研究，这种研究本身就是要论证研究者的价值主张。

当我们采用双维组合法，把研究对象(客观事实与主观价值)和研究性质(事实性研究与价值性研究)这两个维度结合起来，便可区分出教育研究的四种类型。

第一种类型是对于客观事实的事实性研究，比如，“大学毕业生就业率变化研究”。只要它最后不提建议，它就是对客观事实的事实性研究。

第二种类型是对于客观事实的价值性研究，如果是研究大学毕业生就业率的变化，那么，研究者是要对就业率的变化发表一番评论的，他会说这样的变化是不是符合我们的教育方针，是不是符合我们政府的口号，等等。总之，他要做一个判断。

第三种类型是对于主观价值的价值性研究，最典型的就是刚才谈到的小学良好班风有效建设途径研究，“良好班风”本身就是一个价值判断，“有效建设途径”则显然属于价值性研究的话题。

最后一种类型是对主观价值的事实性研究。

那么，我们来看一看，对照这四种类型，教育社会学是什么呢？先来看“对于客观事实的事实性研究”，教育社会学毫无疑问是可以进行的，因为它的研究对象是事实，更重要的是，它的研究性质是做事实判断。再来看“对于客观事实的价值研究”，由于教育社会学不做价值判断，所以教育社会学不属于这种类型。至于“对于主观价值的价值性研究”，那就更不是了。对于“大学班主任道德威信确立途径研究”这样的课题，教育社会学没法去研究。

现在，关键的问题是：教育社会学到底能不能对主观价值进行事实性研究？关键在这个地方。

这里要顺便说一下刚才谈到的双维组合法。双维组合法现在不光被用于教育社会学研究，而且被用于其他许多学科的研究，但相对来说用得比较多、比较早的是社会学家，是美国的社会学家。这种双维组合法是把一个问题分成若干维度，其中典型的就是两个维度，两个维度又各分为几个层面，这样，组合起来就有几种类型。这看起来似乎比较机械，但有的时候很能说明问题。你只要分类，这种方法往往是比较有效的。否则，你就会变成一种枚举式的了。而这种双维组合法可以呈现出一种结构感。

比方说，教育功能的分类。一个维度就是教育功能到底是正向的还是负向的，相对于我们的教育目的来讲，这首先有个判断标准。然后看一看我们的实际教育状况是怎样的，看看我们的教育结果符合不符合教育目的，符合就是正向的，不符合就是反向的。另一个维度是可以是形态上的，一种是显性的，还有一种是隐性的。如果我们所规划、所计划的教育是要干什么干什么，而最后的结果也跟原先的规划和计划完全一样，那么它就有了显性的教育功能。如果我们的教育本来不打算培养出某种人，不打算达到某种目标，或者至少没想到要实现某种目标，但我们的教育最终却是出现了这样一种结果，那么我们便可把这样的结果称为隐性的教育功能。这样一来，你就会发现教育有四种功能。

第一种是“显性的正向功能”，比方说，我们的教育要求学生应当尊敬老师，我们就是按照这样一种要求来教育学生的，我们教育学生要懂礼貌，要尊敬师长。那么，教育的结果怎样呢？结果是学生确实懂礼貌，确实尊敬师长。对于教育的这样一种功能状态，我们称为显性的正向功能。

第二种是“隐性的正向功能”。比如，一个很典型的例子就是夸美纽斯的班级授课制。大家知道，夸美纽斯当初创立班级授课制的一个最主要的目的就是适应大规模教育的要求，提高教学效率，一个教师可以同时教几十个学生。尽管现在许多人提倡个别教育，但班级授课制作为一种基本的教学组织形式为什么会一直延续到今天呢？因为人们发现，班级这种学生同辈群体对于学生个体的社会化有相当大的影响。班级授课制的这样一种功能状态在夸美纽斯当初不是作为一种主要目的来提出的。对于这种功能，我们就称为隐性的正向功能。我们现在的有些教育措施，也出现了一些意想不到的教育结果，意想不到的正向教育结果。

第三种是“隐性的负向功能”。我们希望把学生培养成一种什么样的人，但教育的结果却与我们的希望相反。我们要培养的是“接班人”，结果培养出来的却是“掘墓人”。这就是隐性的负向功能，说的是教育的实际结果与你原先期盼的不一样。

第四种是最“麻烦”的一种，也不能说最麻烦的，麻烦是要打引号的，叫“显性的负向功能”，也就是说，教育者一开始就设定了一种目标，要把学生培养成一种什么样的人，而这种人与主流社会对教育的要求恰恰是相反的。这是从大的方面来讲的，如果从学校来讲呢，那就是一个教师对于他的课堂教学有一种设计，这种设计和学校领导的要求不一样。如果我们把学校领导的要求作为对教育的一种正向期待的话，那么，这个教师从一开始就抱有一种负向期待。当然，这里的

“负向期待”是相对的。如果这种期待也实现了的话，那么就是显性的负向功能。

可以看出，在类型的区分上，罗列的方法是没有这种结构的方法有效的。其实，双维组合法的双维仅仅是一个代表，它还可以是三维、四维都有，它基本上二二得四，三三得九，四四十六，这样来区分不同类型。

这个图(指教育系统对社会的行为模式分类图)是我的一位日本老师做的一个分析，比较新颖，说的是我们教育系统对于社会的行为模式，这在80年代的日本最能说明问题，但我觉得在我国今天的教育转型期也很能说明问题。教育系统的行为模式，当然，这里的所谓“教育系统”若从我刚才所说的观点来看，还需要加以修正。为什么呢？因为教育系统本来并不是一个整体，教育系统本身的构成是很复杂的，应当从局部去认识整体。因此，我这里是权且把教育系统作为一个整体，把教育系统之外的社会作为另一个整体，然后来看看教育系统是怎么来对社会采取行动的。我在下面讲的时候，大家也可以用代入法，你可以把教育系统设想成任何一个低层的或者稍微小一点的东西，把社会设想成高层的或者大一点的东西。比方说你可以把教育系统看成是学校，也可以把教育系统看成是学校中的学生或教师，把社会看成是学校或学校中的领导。

这里有两个维度。教育系统对社会究竟会采取什么样的行为模式？一方面，这要取决于教育系统在整个社会中的地位，这是一个维度。它是高于其他系统呢？还是低于其他系统呢？还是介于两者之间呢？这是一种大致的分法。另一个维度呢，就是教育系统对于社会的态度。教育系统对于现在社会的发展方向是持一种肯定的态度、认同的态度呢？还是持一种否定的态度、反对的态度呢？还是介于两者之间、漠不关心、无所谓肯定或否定呢？

我们来看，这样区分的话，因为有两个维度，每个维度里又有三个层面，所以就可见有九种基本类型。

如果教育系统在整个社会中的地位明显高于其他系统，同时它对主流社会所提倡的发展方向持一种肯定态度的话，它往往会起到一种“启蒙”的作用，它和社会的关系经常是一种“指导”与被指导的关系。

如果教育系统的地位高于其他系统，社会谈不上对教育系统进行压制，同时教育系统对社会的发展漠不关心，那么，教育系统对于社会的态度、它的整个的行为模式就是“清高”，这里的概念表达都不是很到位，但意思大致是这样，也就是人们通常所说的象牙塔。

如果教育系统高于其他系统，同时对社会的发展方向持一种否定的态度的话，那么，它就会经常“批判”“攻击”社会。

假如教育系统和其他社会系统相比，无所谓高低，大家都差不多，同时它对社会的发展方向持一种肯定态度的话，它就会处于一种“协助”的状态，经常是一种“角色分担”。

如果教育系统的地位同于其他系统，同时它对于社会发展的方向也无所谓肯定还是否定、是漠不关心的话，它会选择“独立”，或者说“忽视”。

假如教育系统对社会发展的方向持否定态度，而它的社会地位同于其他系统的话，那么它的行为特征就是“阻止”，或者“拒绝”。

最麻烦的教育系统的地位低于其他系统，我们的教育在社会中的地位经常是低于其他系统的。三十年来，它的地位是低低平平，低低平平。就看当局是怎么来对待教育的，喊一些什么样的口号，采取什么样的措施，假如教育在整个社会中的地位是低的，它又肯定现在社会的发展方向，那么它会“顺应”，或者在实际上“支持”，它不会去反抗，因为它本身对社会发展的方向是肯定的。

假如教育系统的地位依然是低的，同时对于社会发展的方向持一种漠不关心的态度的话，它会“回避”，它会把自己“封闭”起来。

如果教育系统对社会发展的方向持否定的态度，但它的社会地位很低，没有能力去反抗，什么也不愿干，什么也不能干，但最终还得干，那么它的行为模式就会有一种“超然”的特征，这里的“超然”这个词是在贬义上使用的，更接近于事不关己、高高挂起的意思，它常常会“阳奉阴违”。

我为什么对这个图感兴趣呢？因为第一，它是对双维组合法的一个拓展。第二，你们想想，不要说教育与社会之间的关系了，就是在学校中，教师与学校的关系何尝又不是这样呢？假如我在学校中的地位比较低，同时对学校的当下发展方向也是认可的话，那么我的行为基本上是顺应的、支持的。如果我和其他人是一种平等状态的话，那一般来说就会以很平和的心理去协助，该干什么干什么。如果地位高的话，我会在实际上扮演着一种指导者的角色，比方说学科带头人、年级组长。如果一个教师，他对于学校现在的一些方针政策持否定的态度，完全不同意领导的看法，比方说教科院老师完全不同意院领导的看法，而且他是一个首领，一个群体的首领，他的地位比较高的话，那么，他就会有攻击的行为，他会用他的地位来影响不少人来反对领导。所以，为什么说打蛇要打七寸。（笑声）如果一个教师的地位是低的话，他在学院里面什么也不是，他也不同意院领导的一些做法，他就会阳奉阴违。当然，我知道陕西师大教科院是个例外，陕西师大教科院的领导、老师处得都非常好，我也能看出来。

所以，只要你想要分析的话，双维组合法是一种很有效的方法。你如果要讲类型，说有几种类型，那对不起，你凭什么说有这几种类型，你得有根据，你得有结构，你不能就是枚举，枚举的话肯定是枚举不尽的。一般是分成几个维度，每个维度再分成几个层面。这样组合起来之后，你就填充。你会发现，只要你所填进去的那些概念本身的表达是比较到位的，那么在现实中一定会存在的。当然，任何分析都是有缺陷的，因为现实是一个整体，不大可能是小葱拌豆腐，一清二楚，用刀一切，这边就是左，那边就是右。应该还有一些中间地带。不过，它的基本类型可以用这种方法去区分。我们先休息一会儿吧。

**吴老师：**好，各位，刚才课间有同学问，说他自己在研究的时候有时并没有非常专注地从社会学角度来看问题，而是社会学的有一点儿，哲学的也有一点儿，其他学科的也有一点儿。这到底该怎么来看？

我觉得是这样的。我这里讲的社会学呢，是说如果专注地从社会学角度来审视教育问题的话，存在这样一种方式。其实我们刚才讲的，比如说人群差异这样一种视角，并不是因为有了社会学这门学科它才存在的。你们想想看，在日常生活中，人们就是经常从人群差异这个角度来看问题的。比方说下岗工人、农民工等社会中的弱势群体，你不教他社会学，他也会这样来看问题的。他晓得企业高管和他们不是一拨人，穷人知道富人和自己不是一拨人，“差生”知道老师自然而然地期待着“好生”，而把他们抛在一边，他知道这一点。他一旦知道这一点，他就已经是从社会学角度来看问题了，只不过他没这样说而已，只不过他没有这样有意识地来研究而已。但如果是一篇博士学位论文或者硕士学位论文，你说你是从社会学角度来研究什么什么问题的，结果你这个研究最后所凸显的又不是社会学的视角，而是看上去是心理学、哲学的视角，那肯定就不行了。当然，你对于一个问题的考察不一定非要专注于社会学视角，你可以从其他学科的视角来考察，这都是没有问题的。你可以从多个学科去看问题，甚至可以跨学科地研究问题，这都没有关系。我这里所强调的主要是说，如果你要专注地进行社会学研究，如果你的研究有一种社会学视角，它到底怎么来看更加合理。接下来我再往下继续谈。

回到刚才那张表格，如果从研究对象和研究性质这两个维度来加以区分的话，教育研究有四种类型。我前面也谈到，第一种类型是对于客观事实的事实性研究，因为它是事实判断，所以，它可以成为教育社会学研究。但如果是第二种和第三种类型，由于它们是价值性研究，所以至少在我来看，它们不属于教育社会学研究，我下面还会进一步探讨它的理由。最麻烦的是对主观价值的事实性研究。这种研究到底是怎么回事，下面来稍微展开。

对于主观价值可不可以进行社会学研究？比如，我刚才举的这个例子：高校扩招利弊观研究。高校扩招利弊观，我刚才说了，它是一个主观价值问题，不是个客观事实。但现在的问题是，教育社会学对于高校扩招利弊观这样一个问题就不能进行研究吗？不是的！这里实际上有一个转换，也就是你要把主观价值问题在你的思想上变成客观事实问题。其实，它也是客观事实问题。

就以高校扩招利弊观为例。一部分人认为高校扩招扩大了高等教育的规模，满足了广大人民群众所谓越来越旺盛的接受高等教育的需求；另一部分相当多的人则认为它降低了教育质量，而且导致就业率持续下滑。他们不光对本科，而且对硕士研究生的扩招基本上持一种否定的态度。这些观点本身都是主观价值。但如果你看一看究竟是谁在认为高校扩招是对的、正确的、有益的，哪些人在说高校扩招是不对的、错误的、弊端很多，你把持有这些观点的不同人群分辨一下，那么，所谓的主观价值问题马上就变成了一个客观事实问题，也就是持不同观点的人群的构成状况。也就是对高校扩招之利弊持有不同看法的这些人是怎么构成的。结果你会发现，比方说，至少李岚清就认为高校扩招是对的吧，教育行政部门的领导认为是对的吧。比方说，有一部分家长会认为扩招是对的吧，因为在不扩招的情况下，他的子女可能就上不了大学。但是另一部分人呢？高校中的许多老师可能会认为高校扩招是不对的吧，还有呢，有些有天赋的学生以及他们的家长对高校扩招可能也是持否定态度的吧。这些观点的持有往往要因观点持有者的利益诉求、生存境况的不同而异。因此，对于这个问题，社会学可以进行研究。这样，高校扩招利弊观本身在某种意义上可以变成客观事实问题，也就是高校扩招观持有者的人群属性，不同观点持有者的人群构成。因此，刚才那张表的第四种类型，就变成了对于价值的事实性研究，高校扩招利弊观是个价值事实。

而“大学毕业生就业率变化”就不一样了，不管你认为高校扩招是正确的还是不正确的，大学毕业生就业率变化，今年的就业率是65%，去年是75%，前年是85%，等等，是不会因持不同观点的人而有所变化的，它是客观的事实，而高校扩招利弊观是个价值事实。对于价值事实，我们也可进行事实性的研究，所以就是对价值事实的事实性研究。也就是说，第一种类型和这个表格里的第二种类型都是事实判断。

那么，接下来就要回答这样一个问题：你说教育社会学进行事实判断，不进行价值判断，那么，为什么不进行价值判断？

第一，其实很简单，教育社会学不需要指点江山。我们整个的教育到底应该向着什么样的方向前进，教育归根到底要培养什么样的人，这些问题教育哲学在研究，这是教育哲学要从根本上、从形而上的角度来回答的问题。既然教育哲学在做这个事，你何必要管呢？既然是学科，学科就应当有自己的分工。尽管我们可以同时进行几个不同学科的研究，但你如果进行教育社会学研究，如果你的研究中有这种成分，那么这种成分的研究你就不要去指点江山，没有必要，不要自作多情。

第二，教育社会学不需要指手画脚。大家还记得前面的那张表格吧，里面有一个概念，叫“顶层价值判断”。顶层价值判断是要解决整个教育的大方向问题，阐明教育归根到底要培养什么样的人的问题，是要指点江山。这个我已经说了，教育社会学不需要指点江山。现在则是从“基层价值判断”的角度来讲的。基层价值判断是在大的方向、在根本目的这样的前提下，针对现状的种种不足、不如意，指出应当如何实现改进，如何提高，如何改变现状。一句话，应当怎么做。这个事情呢，也不需要教育社会学指手画脚，这个有教育学的人去做，由他们去做。我们干什么呢？我这儿讲到“我们”了，马上社会学的意识就出来了，教育社会学是要在顶层价值判断的统帅下，为基层价值判断提供实施依据。它的位置在刚才的四个层面中是比较清楚的，它是第二个层面，属于状况研究，是要对人的行为、对与教育有关的人群的行为的结果进行事实判断。

但这里需要说明两点。

第一，研究者的社会责任问题，我想我从在座各位的表情已经能看出来，有相当一部分人对我刚才讲的可能持有异议：教育社会学研究需不需要有一种社会责任？需不需要一种人文关怀？需不需要一种关爱呢？毫无疑问，需要！但是，每一种类型的研究者，他在履行自己的社会责任的时候，得有他自己的学科立足点。那么，教育社会学的社会责任体现在什么地方？它的人文关怀体现在什么地方？我觉得体现在一头一尾。所谓的“头”也就是在你确定课题之前，在你确定研究问题之前，在你确定博士学位论文题目之前，你得想清楚你究竟想干什么。那我们说，尤其是在当下，我们是要为中国教育的改革、中国社会的改造贡献自己的一份力量，你的选题应当从这里出发。而一旦选定之后，就要做事实判断。在研究过程中，要把许多的偏见、许多的偏好排除在外，否则你的研究就可能会成为自己的御用研究。这是说的社会责任体现在“头”。还有一个呢，体现在“尾”。比如，我们对教育公平状况做了一个事实的研究，揭示出了它的现状，揭示了它的原因，之后干什么呢？我认为研究本身到此就结束了，接下来你只要时间与精力允许的话，就应当投身于实践，或者到政府部门去。你可能会说我一个小研究生能到哪儿去。我建议你到实践现场去，与教育实践工作者接触去，然后同他们一起商讨问题，探索解决问题、走出困境的办法。所以，比较像样一点的教育社会学研究者写的东西最后不会给你指手画脚，说应当怎么样怎么样，但他研究成果出来之后，他会到中小学去，到有关的教育现场去，和他们来商量到底怎么样使我们的实践搞得更好，更加有利于人的发展，等等。但这些不属于研究本身，它是我们研究者在取得学术研究成果之后的一种应用。

第二，研究者的自身影响。你说要进行事实判断，那你怎么知道你进行的判断是完全客观的呢？因为任何一个事实判断，你把它分析到底，你把它一步步追下去，你会发现有一部分是追不下去的，那个部分可能就有你的一个价值判断在那里。这个不要紧。完全不受研究者自身价值取向的影响，完全不受研究者自身理想追求的影响，完全不受研究者自己文化特性的影响，这样的研究是完全没有的。在这个问题上，法国社会学家涂尔干的一句话是很经典的，但人们经常会忽视他的这句话。涂尔干强调社会学研究要尽量做到价值中立，他承认研究者自身对研究是有影响的。但这没关系，研究者只要把自身的影响降到最低就可以了。

最后还有一点要说明。我们看到许多学术论文在最后总有一部分，叫决策建议或实践建议。说句不太中听的话，不光是这次参加答辩的论文，前几次参加答辩的论文也是这样，南京师大也一样，华东师大、北京师大都一样，好多论文最后都有决策建议，但你会发现好多建议都是可有可无的，你会发现进行这个研究和不进行这个研究没有什么区别。当然，你可以说你通过实证研究证实了你的建议。可是，你再仔细看一看那些建议的话，你会发现绝对不是神来之笔，完全是些多余的话。既然如此，这些论文为什么还要写上这些建议呢？为什么期刊中的许多学术论文、学术著作中还有这一部分呢？这是因为，我们现在许多编辑对于学术成果就是这样要求的。你的成果中如果没有这一部分，他就会觉得你对实践不关心、不关怀，经常不用你的稿子。研究生的论文答辩也一样，有些老师的观点就是必须关心实践，必须对教育实践问题的解决提出自己的主张来，于是研究生在学位论文最后不得不写建议。我认为，如果你有本事，你就别写建议。就教育社会学研究来说，你就实事求是地把问题揭示出来，把别人看不到的东西呈现出来，把思想提炼出来，就是一篇好论文。论文写完之后，你到实践现场去。可我们现在是怎样的呢？我们写论文，事实没讲清楚，就提出一堆可说可不说的建议来，然后实践现场他也不去了。这种做法是不值得提倡的。

所以，教育社会学为什么不进行价值判断？我觉得一个是它不需要指点江山，因为顶层的价值判断教育哲学在做；第二个是它不需要指手画脚，因为基层的价值判断教育学在做。我们只需要把教育状况弄清楚，用社会学的眼睛把它看清楚，把它讲清楚。然后和制定教育政策的人打交道，和校长打交道，和中小学一线的教师打交道，通过你的实际行动改变实践。至于你也提建议，他也提建议，没有什么区别，除非你提的建议特别地有文化内涵。我一直在寻求有文化内涵的决策建议，到现在都没有寻求到。但是在有些、很少的社会学家的学术成果里面倒是看到一些。这就是关于事实判断的我的观点，接着我们进行事实判断。

对于事实判断来讲，它实际上就是要做两件事，一个是揭示，一个是解释。

所谓揭示，就是使人看出原来不容易看出来的事物。把盖头掀起来，就叫揭示。

我们来看"商店卖服装"。营业员在吆喝："快来快来，店面转让啦，亏本甩卖啦，跳楼价啦，羽绒服原价一千两百八，现价四百九十八!"（笑声）这是商店所呈现的一种表面现象，所宣称的一种状况。你们知道真相吗？我不知道，大家都不知道。我怀疑，然后就进行一番调查。结果发现完全不是那么回事情。实际上它原价就是498，成本价只有138，而且店面也没有转让。

再来看"初中辍学率"。官方的数字是，在西部贫困地区的一个地级市，经过十几年努力，义务教育普及率大幅度提高，初中生的辍学率只有1%；而在该市某县，该市辍学率最高的县的辍学率只有4%。然而，研究者觉得不对头，和自己的经验不相符，请注意，经验是确定研究问题的一个很重要的源头，对于完全没有经验感觉的东西，你把它确定为研究课题，那是不合理的。研究者就觉得，在这样一个老少边穷地区，我的感觉初中生辍学现象应当是比比皆是，但这个地级市的初中生辍学率怎么可能只有1%呢？这个县怎么可能只有4%呢？肯定不止，远远不止。于是，研究者就进行调查。结果发现，这个地级市的初中生辍学率为3%，而这个县是16%!

这就是揭示，使人看见原来不容易看见的事物。大家有没有看出来，这种揭示也就是用事实来敞现事物的真实状况。刚才讲的原价498，这是事实。你弄清楚了这个事实，用来说明店家在撒谎。这个地级市的初中生辍学率为3%，这个县的初中生辍学率达16%，这两个具体数据也是事实。用事实来说明这个贫困地区初中生辍学现象多么严重。总之，是用事实来敞现事物的真实情况。

接下来是解释。解释很简单，就是说明事物真实状况产生的原因。

请看这个问题。这是西部的一个地区，它的农村小学生辍学率达到33%。你就要问了，为什么这个地区的小学生辍学率会这么高？而且是个地级市。你想要说明它的原因。结果你发现，原因是多种多样的，包括家里很穷，交不起学费；或者是即便能交上学费，但家里没有劳力，他得挣钱养家，这也还是家庭贫困的一种反映；或者是山高路远，上学划不来；或者是学校的教学质量不高。我们来看看这是一些什么样的原因呢？你会发现，解释也是一种揭示，因为它揭示出了为什么辍学率会这么高。进一步来讲，解释是用事实来说明真实状况产生的原因。难缴学费，这是事实；挣钱养家，这是事实；山高路远，这是事实；教学质量不高，这也是事实。

所以，在社会学的实证研究中，用来解释原因的那些东西也是事实。前面说的揭示，是用事实来敞现事物的真实状况；这里说的解释，则是用事实来说明真实状况产生的原因。所以，揭示与解释都是事实判断。

好，上面谈的是走进教育社会学首先要有社会学的眼睛，这个眼睛就是人群差异。你用这个用眼睛去看，就看到了教育社会学的研究对象。然后是要进行事实判断，就是说教育社会学研究是要把事实揭示出来，然后对造成事实的原因加以解释。无论是揭示还是解释，都是用事实来说明问题。

三、量质互补

第三个方面是“量质互补”，这是从研究方式的角度来谈的。量是指量化，定量；质是指质性、定性。我们先来看一下这两种研究方式的功能。

关于量化研究的功能，想必在座各位都有许多了解，但我这里想再做一些说明。教育社会学里有大量的量化研究，量化研究确实有一些很好的功能。第一个功能就是探明事物的社会结构。

比方说，这次博士论文答辩中有一位博士生是研究社会阶层与教育问题的，他提到了科尔曼报告。我们知道，第二次世界大战之后，美国在普及义务教育、教育机会均等方面做了大量努力，采取了许多措施。到了 20 世纪 60 年代前半期，就想看看经过将近 20 年的努力，教育机会均等政策的实施效果到底怎么样，于是就想进行一项全国范围性的大规模调查。这个调查由科尔曼(J. S. Coleman)牵头组织。调查内容包括美国教育的种族隔离状况、设施与师资的状况、学生的学业成绩情况以及与学业成绩相关的学校特征这四个方面。调查对象包括学区的管理者、校长、教师、学生。学生的范围比较广，分布在 4000 多所学校，共有 64 万多个学生。因为美国战后的教育机会均等政策在很大程度上是要解决种族不平等的问题，所以还特地对种族进行了区分，把学生的种族分为黑人、美洲印第安人、亚裔、波多黎各人、墨西哥人，还有白人。调查工具就是问卷，调查问卷，还有对学生的标准化测试。测试对象包括 1 年级、3 年级、6 年级、9 年级和 12 年级的学生。

调查结果令人非常惊诧。研究者发现教育机会均等政策虽然实施了 20 多年，尤其是给了弱势群体很大关怀，有了大量的投入，但不管怎么说，黑人儿童的学习水平总的来说跟白人根本就不能比。什么原因呢？研究者发现造成黑人儿童学习水平低的主要原因不是学校物质条件，而是学生家庭的社会经济背景。而且，年级越高，黑人儿童的学业成绩水平与白人学生的差距就越大。研究者对导致学生学业成绩差异的原因进行了重要性顺序的排列：第一是同学之间的社会经济背景差异，然后是教师素质的差异，而设备和课程的差异是最不重要的因素。

这样一来就比较麻烦了，因为人们要问：学校教育的作用究竟在哪里？再长时间的学校教育，投了再多的钱，抵不上学生在家庭里生活几年。然后还发现，同学之间的社会经济背景对不同社会阶层的学生有不同程度的影响。把低收入阶层的孩子送到中等收入阶层子女占大部分的学校，对低收入阶层子女有好处，而对中等收入阶层子女不构成伤害。这一研究结果导致了美国政策的一个大调整。因为在此之前，美国虽然对黑人教育有很大投入，但很大一部分黑人子女都是在黑人学校里接受教育的。而第二个结论恰恰说明，如果把黑人子女和白人子女，或者与其他所有种族的儿童都融合起来的话，那么，这对白人了女并没有多少伤害，但黑人子女会提高很快。因此，如果白人、黑人实行一种融合，实行共校学习的话，那么黑人在学校所受的教育可以在很大程度上抵消因为家庭背景带来的影响。于是，美国的教育政策实行了一个大的调整，就是把单纯的黑人学校大量撤销，把黑人子女送到白人学校去，就是实现了黑人子女和白人儿童的融合，然后采取了一系列配套措施，增加班车接送，等等。

科尔曼的这个报告就是对导致学生学业成绩差异的原因进行一种结构性的设计，然后分成几个方面做问卷调查。从这里我们可以看到，科尔曼报告其实有个前提，就是怀疑，首先是怀疑。没有怀疑，进行这样的研究就没有意义，它可能就纯粹的是政府部门想要看看教育机会均等政策的实施效果到底怎么样。而科尔曼作为一个学者，实际上他首先也是从人们的经验出发，觉得尽管普及义务教育了，但黑人子女的学习成绩好像总是不如白人。他有这样一种怀疑。这种怀疑可能是十分清楚的，也可能是模糊的，但不管怎么说，有一个怀疑。从经验出发，有一个怀疑。然后就假设，这个假设可以是“无”的假设，也可以是“有”的假设。他假设实施了20年的教育机会均等政策有利于弱势阶层儿童的学习成绩的提高，有利于改变不平等的状况。他可以这样假设，也可以做另外的假设，但必须有假设。然后就是结构。把儿童分成几类，把家庭分成几类，这样来进行调查。

我们也进行过一些调查，比如，“中学班级学生人际交往结构调查”。调查的问卷很简单，就一个问题，就是“请分别写出你愿意和他(她)交往以及不愿意和他(她)交往的各五位同学的姓名”。这个问卷在今天来看可能有它不太道德的因素在里面。为什么呢，因为你让他写出愿意和他(她)交往的五位同学的姓名，他也许愿意写；但他可能不愿意写出他不愿意交往的同学姓名，那么你让他写，就成了一种强迫。这是我们80年代后期做的一个问卷调查，调查的问题具有一种最简单的二分结构，即愿意和谁交往及不愿意和谁交往。对此，我们有一种设计。怎么设计呢？我们设想，假如我愿意和张三交往，张三也愿意和我交往，那么我和张三的关系就是一种互选的关系，也就是互相选择；如果我愿意和张三交往，但他不愿意和我交往，或者张三愿意和我交往，但我不愿意和他交往，那么，我和张三的关系就是一种单相思的关系；还有一种情况是我不愿意和张三交往，张三也不愿意和我交往，那就是一种互斥，也就是互相排斥的关系了。通过学生对这个问题的回答，最后就可以把全班学生的所有交往选择列为一张表格，画成一个图形，发现班级中的人际交往结构。

这里展示的就是我们根据调查结果画出来的一个交往结构图。这是实验班的交往结构图，我们当时做了"班集体与课堂教学"的实验研究，这个实验的具体情况我也许会在下午讲到，实验结果表明，在这个班级当中，被否定的或否定别人的(图中打叉的，打叉表示拒绝)学生比较少，一共只有四个人；而选择别人或者被别人选择(图中打圈的)学生很多；班级中所有学生都通过一定的渠道与其他学生发生着联系；而且整个班级中没有一撮一撮的小群体。

在另外一个班级，情况就不一样了。这是一个平行班，从图中可以看出，班级中没有任何学生拒绝与其他人交往，这倒是一个怪事情。但同时呢，交往出现了断裂层，而且有的学生，比方说 8 号、18 号、还有 22 号、23 号，这些学生没有任何人选择跟他交往。也就是说，他们在班级中是"孤星"。

再看下面一个，又是一个平行班。从图中一眼就可看出来，班级中相互拒绝的学生比较多。同时呢，一、二、三、四、五，有五个小团伙。我们就是通过一种量化的问卷调查，勾勒出这些交往结构，这就把这几个班级的人际交往结构显示出来了。

从社会学角度来研究教育，来探明结构，还可以通过现场观察的方法来进行。比方说，可以对学校中的人际互动、教师与学生之间的互动、学生与学生之间的互动进行观察。也可以对教师办公室中的人际互动进行观察，在英国就有这样的研究，美国也有，日本也有，中国不太多。可以对中学里的一个年级组或小学里的一个学科组，比如，语文教研组或数学教研组，对这些办公室里的人际互动进行观察，做观察记录，然后去发现其中的社会结构。

英国有一个教育社会学家，叫弗兰德斯(N. A. Flanders)他就对课堂中的人际互动进行了观察。他把课堂中的人际互动分为三大类。一大类是教师的言语，看看教师在对谁说话，教师的说话是一种什么样的性质；一大类是学生的言语；还有一大类就是谁也不言语，一种沉默的状况。教师的言语又被分为两种，一种是对学生间接的影响，一种是对学生的直接影响。弗兰德斯对这三大类做了进一步区分，共分为十小类，形成了《师生课堂互动观察类目表》。对于这个类目标，我们可能觉得它结构上不怎么对称，不大好理解，但这是弗兰德斯针对英国小学课堂的状况来设计的。按照弗兰德斯的设计，观察者在课堂里将教师与学生的言语行为按照一定的时间长度，比方说以 6 秒钟为一个时间单位来进行登记。如果在这个 6 秒钟，教师的言语是在对学生下指令，那就在表格中的“指令”这一栏里打钩；在下一个 6 秒钟，如果教师是在提问学生，那就在“提问”这一栏里打钩。最后对记录结果进行统计，看看这十小类行为的比例，以发现课堂师生互动的特征。

我们自己也进行过一些实证研究。最初进行的是小学课堂中的交往结构研究。这个研究一方面是要弄清小学教师在课堂中和学生是怎么交往的，根据他的交往状况来揭示教师的角色类型。

我们把教师在课堂中的状况分为两类。一类是无交往，和任何学生都没有交往，这个我们不去管它。还有一类是有交往，这个时候就要看他是和谁在进行交往。一种是与学生个体进行交往；一种是与学生小组进行交往；还有一种是与全班进行交往。把学生的状况也分为两类。学生可能会在一种独处的状态，没有交往，也可能有交往。学生的交往也有三种，一种是与教师进行交往；一种是与小组进行交往；还有一种是与其他学生进行交往。这就是对交往预先进行一种结构化的区分。

我们按照这种结构化区分制成相应表格，对教师与学生在课堂中的交往进行观察和记录。结果发现时间大概在 1996、1997 年的样子，小学教师在课堂里的总体时间构成是：有交往的时间占 84.6％，无交往的时间占 15.4％。光从这个数字看，教师似乎大部分时间都在和学生交往，但你要是看看具体构成的话，就不对了。教师与学生个体进行交往的时间占 45.4％，与全班进行交往，也就是讲授的时间占 54.4％。可以看出，最欠缺的是教师和学生群体之间的交往，学生群体在课堂教学中基本上是不存在的。就是这样一种结构状况。

那么，学生的情况呢？学生在课堂中的总体时间构成是：有交往的时间占 90.8％，无交往的时间占 9.2％。（由于无法记录每一个学生在课堂中的所有行为，所以这里所说的“学生”只能是“总体”意义上的）如果只从这两个数字来看，学生似乎绝大部分时间都处于一种交往的状态。但你再看看他们的交往时间具体构成的话，又不对了。因为在学生有交往的时间中，绝大部分时间都是和教师交往，和其他学生进行交往的时间只占 6.8%。也就是说，在我们的小学课堂里面，学生是什么人呢？是个人。学生的群体呢？不存在的，基本上不存在。我们经常讲班集体、班集体，讲班集体建设，但这个所谓的班集体只是课外的生活集体。它在课堂中没有影响，它顶多只是作为一种群体的背景存在。这就是我们小学班级的一种结构状况。我们的研究从一个侧面反映了这种状况。

再来看我们的另一项研究。在这项研究中，我们对教师在课堂中的言语行为，教师说的话可称为言语行为进行登记。我们分了几种类型，一类是对学生进行“提问”；一类是对学生提出“要求”；一类是对学生进行“评价”；还有一类是“答复”学生的问题，不能归入这几类中的言语行为称为“其他”。然后再做细分。把“提问”分为三种：第一种是就“方法”进行提问，比方说解题的方法，这道题应该怎么做；第二种是就“结论”进行提问；还有一种是就“事实”进行提问。“要求”也分为三种：一种是很明确的“指令”；一种是比较清晰的“建议”；还有一种是处于“模糊”状态的。“评价”也有三种：一种是“肯定”的评价，如表扬学生；一种是“否定”的评价，比如说批评学生、训斥学生；还有一种是“两可”的评价，即介于两者之间的。“答复”也有三种：一种是启发式的答复，是“开放”的，可以引发学生进一步思考的；一种是“封闭”的，那就是标准答案；还有一种是处于“中间”状态的。

这样的分类也是对教师课堂言语行为的一种结构性区分，一种勾勒。然后就用这张表格到课堂里对教师的言语行为进行登记，具体过程就不解释了。我们当时一共观察了 28 个教师的课堂教学，每个教师三节课，对教师在课堂中的每一个言语行为的性质进行分类登记，最后加以统计，从而归纳出教师课堂言语行为的九种基本类型……由于时间关系，不具体展开了。

对于结构的探明可以通过问卷调查来进行，也可以通过现场观察来进行，还可以通过内容分析来进行。内容分析的方法起初是用在对传播内容进行客观的、系统的、定量的观察方面，主要是用在对教科书的分析中。陕西师大这儿搞课程与教学论的，可能有不少人对教科书进行过分析，经常要用到内容分析的方法。

比方说，我们曾经对内地与台湾语文教科书中出现的人物的性别进行过分析，这个很简单了，那就是男性人物与女性人物的比例。结果发现，在内地的课本里，女性人物占 11.9%，男性人物达 88.1%；在台湾教科书里，比例分别为 7.8% 和 92.2%。有差异，但差异不是很大。

再比方说，我们也曾经对我国内地两套初中历史课本中出现的重点人物进行过分析。一套是 50 年代出版的，还有一套是 1987 年出版的。我们将这两套历史课本中的重点人物的身份加以对照。所谓重点人物，我们给它个规定。比方说，文字描述得多少字以上，或者说专门配有插图，或者是以他的人名为小标题的形式来叙述，等等，有一系列的规定，然后把符合这些规定的人物列为重点人物。结果发现，在 1956 年版本中，一共出现了 43 个重点人物，属于上流阶层的，比方说统治首领、皇帝，等等，反正是帝王将相吧，占 23.3%；而 1987 年版本中下降为 11.6%。一般官吏、中下级官员在 1956 年版本中占 16.3%，1987 年版本中则下降到 4.7%。群众首领在 1956 年版本中占 7%，1987 年版本中占 11.6%。文人，包括各类知识分子，在 1956 年版本中占 48.8%；1987 年版本中大幅度上升到 72.1%。也就是说，我们通过对教科书中出现的重点人物的一种结构化的分类比较，至少可以表明历史人物在两个不同的时代的历史教科书中有着一种地位沉浮现象，反映了它的时代特征。

这张表格是我们的一位已经毕业的研究生做的关于初中德育教科书中榜样人物的归类分析，他分析了 20 世纪 60 年代、80 年代初期、80 年代后期、90 年代初期以及 90 年代后期，实际上进行了一种历史考察。通过分析发现，我们的德育教科书里出现的榜样人物中，汉族与少数民族的比例在 60 年代是 10∶1，而到了 80 年代之后，少数民族的就一个也没有了。当然，现在是什么情况，还需要再做调查。那么，成人和儿童的比例在 60 年代的时候是 10∶1，到后面更大。男性和女性的比例呢？60 年代是 10∶1，到了 80 年代以后，先是下降，然后又上升，女性榜样人物所占比例不断下降。这是通过内容分析的方法，来显示教科书中出现的榜样人物的性别构成。

量化研究的另一个功能是探寻趋势。探寻趋势比较好理解，这里只说一点，即探寻趋势可以利用已有资料。

这里有一个对我国1998年到2006年高等教育机会不平等状况的分析。大家看这张“1998～2006年高等教育机会不平等变化表”，一个是凯尔系数，一个是基尼系数，表中列有关于这两个系数的一系列数据。根据这些数据，形成了“省际高等教育机会不平等的变化”这张图。图中曲线显示出，我国不同省市自治区之间的高等教育机会不平等总体上呈现出一个下降的趋势。

由于量化研究能探明一种结构，能够探寻一种趋势，因此它可以为决策服务。既可以服务于大的决策，包括一个国家、一个地区的教育发展规划的制定；也可以服务于小的决策，包括教师对于课堂教学的组织。

但量化研究也是有它的问题的。

第一个问题就是它对研究对象是进行肢解的。大家知道，人是整体性的，我们的社会是整体性的，我们的教育也是整体性的。但量化研究呢，它一定是要把对象分解成各种不同类型的，没有类型就没有分析。这样一分的结果呢，就会有一些中间地带你接触不到了，不能准确地表达出来了，这也就意味着我们的对象实际上被肢解了。我们经常讲分析，其实也只能是在思想上把对象分成几种类型。比方说，我们前面谈到市民与农民，但农民与农民还不一样呢！农民中还有农民企业家呢，与农民工就不一样了；市民里还有平民呢，有高管呢，还有企业高管呢。学生其实也是一样。你一旦讲到所谓的“好生”与“差生”，但“好生”意味着什么呢？“好生”意味着什么都好吗？不是的，还是说的学习成绩，它是有限定的。而一有了限定，就会否定其他，不是否定其他，就会忽视其他。这就意味着一个整体性的对象被我们暂时撇开了其他层面，我们把许多东西丢在一边，我们只抓住一点，不及其余。尽管你在实际研究中不得不这么做，但是你要意识到，有些东西是被你忽视了，有些东西是被你轻视了，有些东西是被你暂时丢开了。

第二个问题是难辨数据真假。一份调查问卷的答案，除了男性女性不大可能有作假，男性女性恐怕也有作假的，我说的不是不男不女这种状况。有些同学在笑，你们肯定想偏了。我们当时在一所中学搞实验，做问卷调查，但调查以后发现，总有那么一些学生，由于在班级里不如意，结果他所填写的调查问卷里是一路打勾打到底。这种一路勾到底的问卷算不算废卷？你不好说，因为是无记名的。她明明是个女的，但她画个勾是男的，就像我们现在上网申请账号一样，他明明是1936年出生的，但他打个勾是60年代出生的。你说他是假的？你不知道他是假的。他明明家庭年收入在三百万以上，但他写的年收入是两千，你说怎么弄？你说他是假的，你有什么证据？你其实并不知道他是假的。后来我们在实验研究过程中通过深入细致的工作，了解到确实有些学生由于在班级中地位不高，或者成为一个被遗忘的角落，得不到老师的重视，因此在填写调查问卷时带着情绪，故意胡乱填写。所以，你的问卷也许设计得很好，但如果你的调查对象不配合你，那么你所得到的数据的真实性就要受到怀疑。

还有一种情况也是经常遇到的，尤其是一些研究生。我们的一些研究生到下面去做问卷调查经常会遇到这样的情况：他把问卷发给学生，但就在这个时候，班主任来巡视了。班主任一巡视，就不走了。结果，许多学生就会自觉地不自觉地按照某种价值标准、而不是实际状况来选择答案。结果让你难辨数据真假，而且因为是无记名填写问卷，所以你也没法通过跟学生交流来核实答案真假。在这种问卷调查中，学生对于真实回答问题没有责任感，没有压力，没有一种道德的压力。所以很麻烦。很多的调查数据，看上去大气磅礴，而且做了许多统计学上的检验，但这种调查在根子就有一个真实性得不到保证的问题。

第三个问题，也是最重要的问题，就是无法触及深层。关于触及深层，大家都很明白，就不去解释了。研究对象的内心想法，他的精神世界，问卷调查是调查不出来的。当然，有时也许能调查出来，那么它的前提就是要说真话。你问他一个触及到他的精神世界、需要他有勇气来回答的问题，如果他能真实回答，那就好，因为我们问题本身可以触及灵魂深处，可以触及文化隐私。可是，在一般的问卷调查中，通常也不会去涉及这样的问题，因为估计对象不会如实回答你。

由于量化研究存在着问题，因此，质性研究便受到学术界许多人的推崇。

质性研究可以展示过程，这种展示我们经常可以在现场观察记录中看到。

比方说，这里有一段课堂观察记录，它和刚才对课堂中教师和学生的言语行为进行的登记是完全不一样的。

教师提问："有谁知道，海水为什么看上去是蓝色的？看看哪个小朋友肯动脑筋，积极举手发言。"

注意，下面是"话音刚落"，这是一个很重要的词，

话音刚落，将近三分之二的学生举起了手，并且都看着教师。所有中队干部和小队干部都举了手。

这段记录是观察者根据课堂摄像、自己的课堂记录以及班级花名册整理出来的。对照花名册，研究者可以知道记录到的学生是班干部，还是小队干部，还是一般成员，知道他们在班级结构中的地位。再来看下面一段：

靠着观察者的这位留着小分头的学生此前五次提问都举了手，但均未被指名发言，这次将手举得更高，几乎站了起来。没有举手的学生大多目不正视教师，表情较为紧张。教师此时似乎并不急于指名回答，而是一边观察全班学生，一边说："有谁知道呢？"

你看，这段记录里大量的都是什么呢？都是过程性的描写。接下来：

不过，教师的目光好像并未在举手的学生身上停留，而是基本上一直在那些未举手的学生身上移来移去，神情显然不太满意。就这样足足持续了六、七秒钟。终于，又有四、五个学生举起了手。但手举得既不高，神情也不坦然，给人一种不太自信的感觉。

研究者对过程中的每一个时刻都进行了具体描写，细致呈现具体的事实状况，同时又根据事实做出自己的判断。再接下来：

"嗯，不错！连汪霞同学今天也积极举手发言了。好！汪霞，就请你说说，海水为什么是蓝色的？"

就这么一个过程，你看从教师提问开始，到最后问名叫汪霞的这位同学海水为什么是蓝色的，整个过程应该顶多半分钟吧，但记录整理出来有这么多篇幅。量化研究是不可能呈现出这种过程的。

关键还不在这里，关键在于研究者在呈现过程之后提出的问题。

请看第一段记录。教师提问："有谁知道，海水为什么看上去是蓝色的？看看哪个小朋友肯动脑筋，积极举手发言。"话音刚落，将近三分之二的学生举起了手，并且都看着教师。所有中队干部和小队干部都举了手。针对这段记录，研究者在旁边标出了自己的关注点：

——这些"干部"学生真的都知道吗？(因为刚才说到"将近三分之二的学生都举了手，所有中队干部和小队干部都举了手")假如这些"干部"学生都知道，是否可以说明这些"干部"学生比其他"群众"学生知道得多？假如并不是都知道，是否可以说明"干部"学生比"群众"学生更注意"积极响应"教师的要求？

你们可能会觉得这有点像没话找话说，但质性研究的一个最主要特征，我觉得就是没话找话说。如果你不是一个研究者，没有经过训练，没有这种意识，你当然找不到话说。量化研究就已经是找不到话说了，它事先全设计好，结构化了，然后对号入座，它不需要找话说。而质性研究它是要找话说，把过程描述出来。

再看接下来的这段记录，"靠着观察者的这位留着小分头的学生此前五次提问都举了手，但均未被指名发言，这次将手举得更高，几乎站了起来"。那么，研究者就要问了：

——教师为何不叫这个举手最积极的学生发言？这是一个怎样的学生？是他平时不太讨老师喜欢，还是经常答错问题？

再看下面一段，"没有举手的学生大多目不正视教师，表情较为紧张"。这又是为什么呢？研究者写道：

——为什么他们都目不正视教师？是一般的难为情，还是慑于教师的权威？

在座的同学们在中小学里可能有这个经历，有的时候被教师提问，因为可能答不出来，所以眼睛就不看教师了。其实都是这样，我现在给研究生上课也一样。跟博士生上课有20个人，20个博士生一起上课，这叫什么课！讨论不起来。但是如果我问一个问题，只要他们不准备发言，都是装作看其他地方，反正不跟你的眼睛对视，都是这样的。(笑声)看来，小学生跟大学还有研究生都差不多。

再接下来的一段记录是：“教师此时似乎并不急于指名回答，而是一边观察全班学生，一边说：‘有谁知道呢?’不过，教师的目光好像并未在举手的学生身上停留，而是基本上一直在那些未举手的学生身上移来移去，神情显然不太满意。就这样足足持续了六七秒钟。”对此，研究者关注的问题是：

——教师似乎在等待着什么，而且是在未举手的学生身上等待着什么。从本节课的进度来看，似乎没有多少时间余地可等。那为什么一定要等呢？为什么神情不太满意呢？这与教师的课堂控制观有无联系呢？

研究者在观察记录旁边标出的这些关注点都是要做进一步访谈的线索。这样，整个过程的每一个细微的环节、每一句话都可以加以分析。

接下来的一段记录是：“终于，又有四五个学生举起了手。但手举得既不高，神情也不坦然，给人一种不太自信的感觉。”对此，研究者又发问了，他说：

—— 这四五个学生真的想出答案了吗？他们的举手是教师“强勉”的结果吗？为什么其他未举手的学生最终没有举手？这四、五个学生又是怎样的学生？

因此，研究者的眼睛里看到的都是人群。

最后一段记录是：“嗯，不错！连汪霞同学今天也积极举手发言了。好！汪霞，就请你说说，海水为什么是蓝色的?”对此，研究者关注的是：

—— 教师为什么要说“连”呢？(是啊，“连”你都会！——笑声）这个名叫汪霞的学生是一个怎样的学生呢？

人家看，质性研究就是这样一步一步往下走，这是量化研究绝对做不到的，绝对不可能的。所以，它可以来展示过程。我这里讲的是课堂教学，其实你要是到一个村子里去，就可以把村子里的选举过程、讨论过程等一点一点地都展示出来。我们现在有些搞村民自治研究的就是这样的。当然，这是需要成本的。

质性研究的另一个功能是可以揭示深层。深层当然也是有区分的，除了刚才讲的男性人物和女性人物在教科书中各出现多少次之类的表面现象之外，其他都是深层，是相对来说的深层。

比较浅一点的揭示深层是这样一种状况。这里有一个文本分析的例子，是浙江大学的一位硕士生对语文教科书中出现的性别角色的 种分析。比如，他分析了课文中的女性人物的能力状况。他说，《数星星的孩子》这篇课文中的“奶奶”是一种“无知”的形象。为什么呢？因为奶奶说：“那么多星星，你数得清？”但爷爷不一样，因为爷爷是个男的，像我们一样是男的，（笑声）所以爷爷说：“天上星星在动，可它们之间的距离不变。”

《萤火虫》这篇课文中出现的人物也有一位奶奶，又是个奶奶，但她也是“无知”。（笑声）怎么这个奶奶又是无知的呢？因为奶奶唱道：“萤火虫，挂灯笼……”可爷爷却说：“那是你奶奶编的歌儿，萤火虫的肚子后有一粒能发光……”爷爷要比奶奶懂得多一点，不是有一句话吗，叫“万事通爷爷”，你可没有叫“万事通奶奶”的呀。（笑声）

接下来，在《看月食》这篇课文中又出现了奶奶，但还是“无知”，因为奶奶说：“我们小时候叫天狗吃月亮。”结果，爸爸纠正说：“地球转到太阳和月亮的中间……”爸爸懂的显然比奶奶多得多。

接下来的人物是妈妈了，但妈妈也不行。在《落花生》这篇课文中，妈妈是“无见解”。因为妈妈提议要种花生，可是，种花生到底有什么好处呢？有什么可贵的地方呢？倒是爸爸把种花生的好处指了出来，妈妈没有任何看法，只是表示赞同。这样一比较，就看出了妈妈和爸爸的差距。

还有一篇课文是《打花花》，出现了外婆，但这个外婆的形象仍然是“无知”。当然，也有的女性人物的形象不是无知的。比方说黄道婆，她是具有创造才能的，她改造了棉纺织业的生产工具。还有《铁杵磨成针》这篇课文中的老大娘，富有哲理性，还有其他的。

研究者就通过上面的分析，指出我们的语文教科书把一种“无知”的形象赋予给了女性人物。注意，是“赋予”。

那么，女性的性格呢，也不对头。（笑声）这位研究生通过语文教科书中的人物形象分析了女性人物的性格。《蓝树叶》这篇课文里有一个叫林园园的小女孩。根据课文中描述，这个小女孩小气，不大方，找出种种理由拒绝借给别人绿笔，尽管好多女生确实是这样。（笑声）《渔夫与金鱼的故事》这篇课文中的老太婆贪得无厌，举止粗鲁，可恶。《彩霞姑娘》中的大熊婆也是凶狠无比，折磨人。《田寡妇看瓜》中的田寡妇也是小气，心底狭窄，等等。

这个研究并没有进行数量统计，而是通过对于教科书中的人物形象的分析，通过对于课文中的形容词、副词以及故事情节的分析，解释了教科书把人类性格的许多阴暗面赋予给了女性，而把许多阳光面给了男性。当然，教科书中的男性人物也有坏的，但总体上看，在我们的教科书中出现的男性是阳刚的、勇敢的、坚强的、无私的、爽朗的；而女性呢，是小气的、小肚鸡肠的、贪得无厌，等等，都是这种。这样的话，我们的学生通过小学语文课的学习，久而久之，慢慢地对不同的性别也就有了一种性别刻板的印象。

所以，深层的东西可以通过文本分析揭示出来。不过，这个例子所揭示的还不是比较深的深层，因为它只要通过对语言本身的分析就可进行。接下来我们来看层次更深一点的深层分析，我把它称为"意涵解释"。

这是一位博士生的学位论文里的一部分。研究者对 20 世纪 50 年代小学语文教科书中的一篇童话《狐狸》进行了意涵解释，作者指出：

在教科书的童话中，敌人主要是"狼"与"狐狸"，孩子心中的"坏蛋"也就是"狼"与"狐狸"。狼是男性化的敌人，他承载着男性化的坏处。狐狸是女性化的，她集中着女性的阴毒与欺骗性。（笑声）

作为分析的对象，作者列出了《狐狸》这篇童话的原文，全文如下：

《狐狸》

狐狸太太，嘴尖尖的，牙很快。耳朵长在头顶上，尾巴拖在身子后边。

它打扮得很漂亮。它穿着一件皮大衣，上面有软和的毛。肚子上兜着白兜肚，脖子上围着白围巾。

它走路悄悄地，一边走，一边哈腰。它的样子很和气，脸上总是笑嘻嘻的，露着一口白牙。

它住在洞里。它把洞挖得很深，还挖了很多出口。洞里有放食物的地方，有睡觉的地方。睡觉的地方铺着软和的草。

看外表，狐狸太太真不错。可是，它实在是个强盗：它咬死鸡，咬死鸭子，咬断鹅的脖子。（笑声）

这是20世纪50年代，大概是1956年的教科书中的童话对狐狸的描写，假如是现在的教科书，还会不会这样写？不知道。在座的男生实在太少了，也许在座的男同胞还会这样写。我们来看看研究者对这篇童话是怎么进行意涵解释的。因为教科书是50年代的，不知大家对50年代有没有印象？我都没印象，你们有什么印象。(笑声)50年代是一个什么样的年代呢？那是在土改之后，是意气风发、朝气蓬勃的年代，大家一心要把祖国搞得繁荣富强。不是有一句话嘛：十五年赶超英美！所以1958年有“大跃进”这个口号，有“人民公社”“三面红旗”，等等。总而言之，有一个词，叫作“火红的年代”，敌我非常分明，人民团结一心。所以，研究者做了这样的解释：

从对狐狸太太的外表描述中，不难看出这是与当时劳动人民相对的“剥削阶级”或者是今天的“有闲阶层”的妇女形象相吻合的，也是与50年代所认为“女性美”相悖的。在同套教科书中女性的插图形象是：妈妈正在做饭，妈妈的腰很健壮，梳着老式的及肩短发，耳朵上边别着发卡。穿着斜扣的长衣服，大裤子，平底鞋。系着很长很大的围裙。妈妈一手拿着铲子在锅里搅动，一手拿着木制的大锅盖。妈妈面带微笑，很贤淑的样子，这个妈妈是个中年妇女。这是当时劳动妇女的形象。

在研究者看来，这样一种妇女形象跟刚才那个狐狸太太是不相符的。狐狸太太的形象就是当时的剥削阶级、“有闲阶级”的妇女形象，50年代所说女性美跟他们不一样。如果是这样说的话，现在新世纪的上海男人可能是这样(笑)。

然后，研究者对50年代小学语文教科书中妈妈的形象与90年代进行了比较，做出了如下分析与解释：

近四十年后，同样的妈妈形象却有了变化：妈妈的形象已经卡通化，在家的背景下，家里的窗帘很厚，铺着地毯，妈妈穿着蓝色的拖鞋，带着绿色大耳环和项链，(确实有不少人在戴)穿着黄色的连衣裙，系着漂亮的小围裙。妈妈烫过的头发盘成髻，妈妈的腰很细，胸部的曲线突出，很轻松地一手拿着白抹布，一手向孩子翘着大拇指。这个妈妈很年轻。四十年来，教科书所根植的民间社会的审美趣味变了，教科书的审美趣味也在变化。

就这样，研究者对教科书中的狐狸以及妈妈的形象进行了解释，最后把这种变化同社会的变化勾连在一起。这在量化研究中是没法进行的。更重要的是，意涵解释的深度是没有限制的。也就是说，教科书这个文本有点像小说，它是作者和读者共同完成的。读者看到的是什么样，就是什么样。

还有不少内容，下午再讲吧。我是这样想的，讲得不要太多，然后有比较多的互动，这样比较好一点。下午把这个部分讲完，然后再讲“教育研究中需处理的几对关系”。讲完之后，看大家有什么问题，我们再一块来讨论。好吗？不好意思，谢谢大家！（掌声）

**吴老师：**好，各位，我们开始。我下午可能有点儿有气无力，因为今天早上两点半就起床了，中午本来要稍微歇会儿，但有同学打电话进来，要探讨一个问题。他说你们，他这里用了一个“你们”，你们教育社会学好像特别强调反思、批判、怀疑，那你们对自己怎么看？我本来是很有一点儿睡意的，给他一问睡意全无。教育社会学研究者讲的所谓的怀疑啊、反思、批判，都是从研究的角度来讲的。但即便对于自己的话，他从来也没有说自己的一切都是正确的。我有一篇文章实际上是反映了自己的观点，就是《在假设的世界中生存》。我今天所讲的仅仅是我的观点，我的观点也在不断变化。其实上午讲的量化研究中，有一个问题没有展开，那就是不管在什么意义上，量化研究最后所得出的都不是百分之百的结论。严格的量化研究的第一个步骤就是假设，它是从样本来推论总体。而既然是样本，不是百分之百的总体，那就总有误差，而且它承认、也允许有误差的存在。质的研究也一样。所以，从某种意义上来讲，我们现在所谓的研究结论，其实只是在很大程度上、在相当程度上证实或证伪了一种假设，这里就不多展开了。同时要说明的是，教育社会学者并不是光把别人作为一种对象来进行研究，它也可以对自己进行研究，这里也不去多说了。后面有互动交流环节的话，我们再来讨论。

上午谈到，质性研究可以进行量化研究所不能进行的对于深层的解释，比方说现场的观察、文本的分析，还有意涵的解释。上午讲到了狐狸太太，到狐狸太太为止。接下来我们再来看一个课堂教学实例，这个实例比较长一点，但它可能是相对来说做得比较透一点的意涵分析，一种质性分析吧。

我们来看，这位研究者认为，课堂授受现场不可控制的因素实在是太多了，为此，她对课堂教学中的一个“意外”进行了解释。我这里不妨把研究者叙述的这个意外的全过程以及研究者的解释全部呈现出来，把它朗读一遍，请大家跟着我的朗读来阅读，注意其中的一些细节，看看这位研究者是怎么进行深层的意涵解释的。

课堂授受现场不可控制的因素实在是太多了。我们来看一个课堂“意外”：

高中英语课上，老师让学生用“hope”与“hopely”造句，高大漂亮的女学生凡被点名站起来后，直接用课文中的句子朗朗大声地说道：“我希望我的四个孩子能平等地坐在……”男生与女生们先是偷偷地笑，然后是更多的同学意会过来后，笑出声来；当凡明白过来后，脸涨得通红，（这是所高中）低着头。年轻的男教师的脸终于绷不住了，闪过一丝笑之后，迅速地说“很好”，便结束了这一课堂情境。

接下来是研究者的一个分析，是她对这个课堂“意外”一种解释。她这样写道：

课堂中这样的哄笑是在教学计划安排之外发生的，可归类为“意外事件”。女生凡沉浸在课文中，没有注意到当时的课堂情境：（什么课堂情境呢?）一个年轻的男教师与一群十七八岁的大孩子在一起。在这样的情境中，她忽视了自己的性别，也忽视了所身处的地方文化中含有要求女孩子羞涩内敛这一“习俗知识”（这个女孩子是苏北人，这个学校在苏北），而大声地谈论“孩子”。她气定神闲，朗朗大方，沉浸在教学情境中，但其他同学显然并未像她一样沉浸在课文与教学的情境之中，而是更多地拥有一种现场感（什么现场呢?），或者说他们是在根据现场，利用地方“习俗知识”来制造新的课堂情境：（这个习俗就是说，女生到这么大年龄是不应当来这样谈问题的）一个女生、哪怕是这个年龄的男生，怎么能这样谈论“自己的孩子”！这很容易同生育、同婚恋联系在一起，甚至可能同这个女生凡曾经和哪个男生递过纸条之类的事情联系在一起。

同学们觉得看了一出好看的戏，女生凡意会过来后也不再朗朗大方了，而是难堪地顺从了同学们的笑声所营建的“嘲笑情境”。在地方文化中，青春期少年的前台行为应对此类问题保持缄默，教师也服从了学生营造的新情境，闪过一丝笑

（我们都知道，刚才那个教师闪过了一丝微笑。它意味着什么？也是对这样一种“地方知识”，要求女孩子对于恋爱、对于性、对于生孩子这样一种知识的羞涩内敛，保持缄默。因此，教师也顺从了这一情景。）但他不能允许失控的情境持续下去，他要保护女生凡，并迅速将学生拉回到教学情境之中，于是便赶紧转移了话题。

可以将这样的“意外”视为师生的一种共同的休息，他们从正在进行的教学秩序中脱离出来，师生彼此的身份暂时弱化。（你看她这一大堆解释，你怎么看？对呀，教师是闪过一丝笑，但是你怎么知道他是不允许失控的情景再进行下去呢？你怎么知道他是保持女生凡和他在教学中正常对话呢？你怎么知道他是迅速地把学生拉回到教学情境中呢？这些都是研究者解释出来的，她有自己的解释系统。她根据自己的理解，根据自己对于地方文化的理解来解释。我们接着往下看，还没完），大家都是玩笑的观众与参与者，让当事人陷入轻微的紧张与难堪，而玩笑的主题也无伤大雅。在这样的“意外事件”中，紧张的课堂氛围得以缓解。随后，教师与学生又回到彼此的正式角色之中，课堂教学又按计划继续下去。（这位研究者继续解释道）

在控制严格、气氛严肃的教学情境中，“哄笑”是学生表达自己的主要途径，也是让教师头疼的主要因素。学生从已有的运作规则中逃离出来，以自己的语言、自己的文化试图在课堂上与教师对话，与教师所营造的课堂现场秩序协商。常见的学生哄笑起因多为教师的语病、口头禅、表达失误等。在课堂教学中，这样的“意外事件”像一篇文章的标点符号一样，使课堂变得有生气起来，学生的文化通过这样的失控表现出来。而教师适当的妥协与尊重则可使自己与学生分享更多的共识，彼此之间的情感距离也会有所拉近。

你们看，研究者说了这么一大堆话。我们再来看一个例子。刚才那个例子中研究者对于课堂情境的意涵解释主要是就课堂来谈课堂，局限在教师与学生之间来谈问题，下面这个例子中的意涵解释则拓展到了社会。研究者首先交代了课堂教学的背景，文本如下：

以下是一节初中历史课的课堂录音，样本的选取属于目的性抽样。初中历史课不是考试性科目，课堂教学中对内容的安排、知识点的掌握要求相对灵活，属于“低架构”(这是社会学里的一个词，是英国著名教育社会学家伯恩斯坦提出的一个概念，他把对于内容安排的要求不是很严格、对知识点掌握的要求不是很死板、相对来说更灵活一点的教学内容称为“低架构”的教学内容)；在课堂教学中对学生理解的评价要求也不高，属于“低分类”(比如，学生的理解是对还是不对，正确还是错误，好还是不好，教师可以评价，但要求不高，属于“低分类”)。在高架构的教学内容与高分类的评价的课堂教学中，往往表现出强硬的社会控制；而在低架构的教学内容与低分类的评价的课堂教学中，社会权力的控制比较淡化(历史课不是主科，在我们今天的考试体制中，历史课的内容本来就不是要求学生去主要掌握的，同时，教学的要求也不是那么很高，所以在这个当中，教师作为社会代表者的权力相对弱一些)，可以容纳个人的更多解释。这样的课堂教学是教师叙述型的，且教师的叙述有较大的空间，学生参与度很低。这节历史课讲授的内容(下面有，就是《社会主义建设在探索中前进》《“文化大革命”动乱的十年》)是时间上较近的社会大事件，学生对此有较大的兴趣(我不知道在座的同学们会怎么样。这位研究者进行这项质性研究的时间是 1998 年吧，当时的高中生对于“文化大革命”以及“文化大革命”之前的三年自然灾害呀、还有前面的“大跃进”呀，等等，有比较大的兴趣)。这位历史教师是一位年龄为 35 岁左右的女教师，在这节课所涉及的历史时段中，教师正值其童年期与少年期，对这些社会大事件有许多亲在性的经历(比方说，在“文化大革命”中，这位教师可能正在上小学)。历史教师在叙述中，掺杂了大量的个人经验与个人观点，也加入了地方文化与地方知识。她担任初二 8 个班的历史教学，每周 16 节课，她无意且也不可能认全所教授的近 500 名学生。她在课堂中少有提问，只是在上课前用花名册点名，教学中若有提问也是随手一指。学生的课堂纪律在副科教学中算比较好的，一堂课中大约有4～5 次纪律干预。较之于班主任，历史教师没有管理学生上的权威。

这也是质性研究报告通常要做的一个背景介绍。下面我们就来看一下这堂课的教学实录，是《社会主义在探索中前进》与《“文化大革命”动乱的十年》这两章的教学。虽然稍微长一点儿，都是教师的原话，我这里不妨费一点时间，把它都念下来，然后再来看看这位研究者是怎么来进行解释的，被她解释了一大堆。

## 课堂实录

教师叙述：调整国民经济任务的胜利完成。调整国民经济的任务，（模仿教师的腔调）怎样进行调整国民经济的任务呢？第一个方面，采取了一系列的措施，采取了哪些措施呢？三年自然灾害第一个问题是什么？（学生在下面低声说话），没有粮食吃，饿肚子了。首先要抓农业，一度的“共产”已经行不通了。当时的共产风、浮夸风行不通了。抓农业，要解放农民的生产热情。于是，在我国农村开始了——开始了什么？联产责任承包制。包工、包产，也就是我国后来的承包制，承包制的改革是完全正确的，但后来却把它作为资本主义的尾巴给割掉了。这种承包制最先出现在安徽省的凤阳县，朱元璋的家乡。那个地方最穷，越是穷的地方，这样做越能调动农民的积极性。承包责任制就是把田承包给你，你每年交多少公粮，交给国家多少公粮，其余的剩下的全是农民自己的。粮食生产多了，供应城市的口粮就多了，农业的发展必然带来城市的发展。

第二个方面，是缩短基本建设，保证重点工程。当时基本建设铺得太大，砌房子，投入很大。哎！我们这栋教学楼，里面的桌子板凳不算，也有几十万元呢！

第三个方面，在农村修正共产风，在城市里削减城镇人口。那时许多干部下放到农村去，不是一个人下放，而是全家都下放。那时的人对城乡差异认识不是太清，大家都穷，好多人就是从农村来的，有的人甚至觉得农村还好一些，可以自食其力，城里反而不方便，就下放到农村去了。其实你不走也就留在城市里了。这样一来有什么好处呢？减少了城镇的粮食供应负担，也就等于减轻了农民对国家的责任。我小的时候，就有不少人下放到苏北，他们这些人也不是这儿的人。城里人也有不少来自农村，上海有个闸北区，就有很多苏北人，三年自然灾害时，把城里人输送到乡下，有些人就回来了，有些人没有回来，时间久了，也就成了上海人了。从书上的数字看，国家减少供应商品粮几十亿公斤啊！

到了 1964 年，国民经济调整任务完成了，国民经济有所好转。粮食、钢、煤炭、石油产量有所上升。提高最快的是原油，建成了一个中国著名的大庆油田，在黑龙江的松嫩平原上，大庆油田的发现是与我国地质学家李四光的地质力学理论密不可分的。

大庆油田以前是荒无人烟的，有的地方是沼泽地带，东北平原一马平川，有的地方甚至粮食都没法生长。大庆成为我国的石油基地，如果没有大庆油田，我国的工业不会得到大发展。我们古城是个古老的城市，史书上记载古城最早是(学生插话：汉朝、西汉)唐宋的时候，当时是盐场，现在出去人家还会问你们那儿是不是盛产盐，实际是的，在我们东面没多远，就是大海，后来随着淮河、长江、黄河的泥沙冲击而成，陆地向东延伸。我们这儿不好的就是没有好的港口，假如有一个深水港口的话，又不一样了，早就发展起来了。所以大庆油田发展对我国工业起着举足轻重的作用。(你看它这是没有关联的吧，但下面你看研究者她会解释到这里)

……我们来看一下这个时期的英雄人物。

……好了，还有一位重要人物，解放军好战士雷锋。(笑声)雷锋反正是永远也长不大的，我们小的时候叫他雷锋叔叔，你们也叫雷锋叔叔(有同学说"雷锋爷爷")，(笑声)雷锋也就是新中国培养出来的新一代。雷锋是一个孤儿，在雷锋身上体现出一种精神，这种精神非常强烈，这就是共产主义精神。大公无私，用周恩来的话来说是："爱憎分明的阶级立场，言行一致的革命精神，公而忘私的共产主义风格，奋不顾身的无产阶级斗志。"雷锋身上的精神值得大力提倡，雷锋精神哪怕再过五十年、一百年还是应该值得学习。在他身上体现出来的就是那种共产主义风格。

还有一位就是党的好干部，焦裕禄(同学们也说)。他是想改变河南省兰考县的面貌，鞠躬尽瘁，后来死于肝癌。我们现在的焦裕禄(同学说)是孔繁森。如果孔繁森不牺牲的话，大家也不知道他。如果我们的国家有千千万万的(焦裕禄、孔繁森)，每个干部都能做到像焦裕禄这样，我们的经济建设就可能更好。但正是因为他们身上有许许多多闪光点，这是一般人不具备的，所以才值得提倡。如果每个人都具有的话，提倡就没有意义了。人们不可能都做得像他们那样。(笑声)

下面我们看第23课《“文化大革命”》。“文化大革命”的十年是哪十年？（学生：1966—1976）这十年，我们现在叫作十年浩劫，好在这十年当中还没有哪个国家来侵略我们，（笑声）相对来说，国际环境还是比较安定的。十年当中国家损失了很多。

“文化大革命”是怎样爆发的？实际上在“文化大革命”期间，毛泽东身体不太好了，年龄偏大。“文化大革命”，可以说毛泽东有一定的（停顿）责任，这个不用避讳。毛泽东当时错误地估计了形势，本来当时应该搞经济建设的，他说党内出现一个走资本主义的“当权派”，简称“走资派”。这个走资派在“文化大革命”中是口头禅呵！把矛头指向走资派，就是指向党内的某些干部，层层级级的干部。走资派还有个司令部，要夺权，之后，中国要走资本主义道路，这怎么行呢！本来不是那么回事，叫你想成那么回事了。比如，古代有个人，他的斧头丢了，怀疑邻居偷的，怎么看怎么像；后来，斧头找到了，邻居怎么看怎么不像小偷了。这完全是人的心理作用。毛泽东就想，怎么来抓走资派呢，就发动了“文化大革命”，1966年5月16日，毛泽东写了《炮打司令部》，指向刘少奇、邓小平，当时的国家主席与副主席。毛泽东要发动群众，哪些群众最容易发动？学生，学生是走在运动最前列的。那时的学生参加了“红卫兵”，红卫兵在全国搞大串联。什么叫大串联，这边的红卫兵到那边去，那边的红卫兵到这里来，揪来揪去揪出各地的各级领导。红卫兵小将们把解放军的绿军装一穿，皮带一扎，电影看过吧，那时年轻人的头脑比较发热，党叫干啥就干啥，毛主席叫干啥就干啥，认为毛主席不会错的。比如说到某市，市长、市委书记就是走资派，当权派嘛！（学生笑）后来红卫兵串联到了北京，毛泽东在天安门城楼上接见他们。当时红卫兵小将在天安门上见到毛泽东时是非常激动的，手上拿着毛主席语录本，争先恐后，（学生补充）前拥后挤。接见完了，就开始大串联，只要是红卫兵小将坐火车都不要钱，吃饭也是到了哪儿，哪儿的红卫兵就办招待。全国各地大串联，到云南、内蒙古等。（学生们议论纷纷，比较兴奋）（因为坐车不要钱嘛，吃饭不要钱嘛）中央发现苗头不对，就有了“二月逆流”。后来有了“林彪事件”：林彪出现在毛泽东身边时很重要，不前不后。出现早了，会出格；出现晚了，也不合适，林彪做事很得体，

毛泽东也是人，喜欢被奉承。1971年，林彪出事，那时我还小，不知道怎么回事，死了就死吧，跟我有什么关系。(笑声)

这个教学实录文本要是给我们，我们该怎么办呢？我们来看看这位研究者是怎么解释的。我再继续念下去，时间会更长一点，大家得有点耐心。这位研究者说，这节课至少体现了四方面特征，请大家跟着我的念往下看。(念)

第一，叙述语言的日常化。

在上述课堂教学中，教科书中的“发展农业”到了教师的讲授中变成了“抓农业”，作为严肃用词的“发展”变成了形象但口语化的“抓”，教科书中精致型的语言符码，部分地转化为口头的、日常的、粗糙型的语言符码。这样的转化有什么社会学意义？这表明，制度化教学中低地位的历史知识在教学中向生活世界里的日常语言自然靠拢，历史教师不再用学术语言照本宣科地重复教材，而是用自己的语言即日常的语言、思维的语言重新建构着她所理解的知识。教师的叙述已不再是凝固的“法定文化”，作为法定文化的书面语言的封闭性被教师的日常语言所打开，教师用自己的个人经验与意义系统对教材内容进行筛选与诠释。在课堂叙述中，教材的法定文化经由教师的意义建构后变为“师定文化”。(“师定文化”这个概念是我提出来的，这位研究者在引用。我认为我们学校的课本虽然是一种“法定文化”，但教师在课堂中并不是教科书中怎么写，他就怎么去照本宣科的，教师在进行自己的加工、理解、重构，这时教给学生的东西，我把它称之为“师定文化”)日常语言既是本个案中“师定文化”的表现形式，也重构了叙述内容。很难想象一位外语教师或数学教师会用日常语言进行教学，即便有，则语言在外语或数学的教学中也是仅仅具有工具价值；日常语言所蕴含的地方性知识与个体文化不会影响教学内容，更难重构教学内容。语言相对于工具性知识(数学、物理等)则多为外在的叙述形式，但相对于价值性知识(政治、历史等)，就不只是叙述形式，更是叙述内容本身，(比如，上午举的“是否”这个例子，这个词看起来很简单，只是个书面用语，与它意涵相同的说法就是“是不是”，对不对？但讲“是不是”与讲“是否”则已经反映了两种文化。所以，语言不仅仅是叙述形式，而且是叙述内容本身)不同的语言透视着不同的意义系统。

本个案中的日常语言有着明显的调侃色彩。历史教材中的严肃主题到了教学中成为师生共同观望的一出熟悉的戏剧，并共同加以点评，点评内容又不违背大纲对教学的监督。(我们刚才看到教师讲了一句的时候，学生插话等，实际上是教师和学生在共同的建构一种课堂的形式，所以教学内容是师生共同进行的一种重构）教科书的知识点在20世纪60年代具有感召功能，“法定文化”在强调执政党的业绩；但30余年后，当时的“大事件”在如鱼穿梭般繁多的事件中仅为普通一例，当时解释者所赋予事件的意义已经淡化（比方说毛泽东接见红卫兵，在座的还知道红卫兵吧，电影上看的，知道。那么，毛泽东接见红卫兵，或者说1958年的“大跃进”，在当时主流的意识形态给他一个解释，现在，假如同样地把“文化大革命”的东西和“大跃进”的东西搬到我们的课本里面来，当时解释的意义就已经完全淡化了，已经完全回不到那个历史场景当中去了)。教师叙述虽然忠实于教材对事件的“客观”叙述，但文字叙述中的意义感在教学中流失了，意义的忠诚感变成了叙述中的冷静甚至略带调侃。教师用30年后的意义系统重新解释当年的行为，将事件放在大时间与结构的背景下寻找更真实的解释，用老百姓的大白话说了出来：肚子饿了要吃饭。

教师对教材叙述中意义所归属的制度层面显然不屑，主流的意识形态只是被教师视为一种象征性制度，她并未将自己定位为这一制度的忠诚的、满怀激情的传道者，而是说这“跟我有什么关系”。这个制度是教师生活世界之外的存在，教师对此没有强烈的兴趣，她只是在这个制度的延续体所管理的组织(单位)中谋生，在教学中谋稻粱。(她教历史课不是把历史体现的规律或真理教给学生，她教历史课是完成他的一项工作，这是她的职业）在制度化的学校中，她的地位并不高，她所教授的初中历史课成了考试制度的“弃儿”（历史课相对于语、数、外来讲简直没法比，这个地位)，安居于可有可无但不能没有的点缀。在学生面前，她更像一个说书人，穿插在数、理、化这类内容高架构评价高分类的教学中（什么叫高架构？我刚才说了，对知识点有严格的要求，对结构有严格的一个架构；什么叫高要求？就是在教学中怎么来评价，什么是对，什么是错，都有严格的规定。数、理、化是高分类、高架构教学。）让学生们“换换脑子”（实际上我们现在许多初中历史教师以及高中历史教师都是这样一种状态)。在制度化的学校中，初中历史在中考之外，相对于中考科目的数学，历史课是制度上是低地位科目。而在专业上，历史课的地位也不高。与生物课相比，尽管生物课也在中考之外，属于低制度地位，但生物学科的专有名词、严格的知识逻辑使其具有高专业地位；历史所讲述的都是一些是是非非难以说清的故事，学生的常识中并不缺乏这类经验，教师的解释对教科书中的表述也没有很强的认同感。在制度化学校中，初中历史的制度地位与专业地位都比较低。

于是，低权威者的历史教师在教学中采取了相应的策略，她将自己定位于制度化的“传道者”之外，成了一个自由的市民评说者(我顶多就是一个说书的，我把故事讲给你听，甚至我想方设法拉近与学生的距离)。她秉持客观的叙述角度，其戏谑的、不愠不火的点评给平淡的教学增添了色彩。这位历史教师表现出高度的世俗智慧。文科教师“传道者”的角色在此缺失了，而知识传授者的角色虽然在形式上仍然存在，但实质上也已化解了。教师没有用专业的词汇与专业的目光来评说历史，而是放弃专业身份，用大街上市民的眼光或者说常人的眼光和语言来叙述历史。教师放弃“历史教师”这一专业身份而以一位市民化的评说者的语言与目光站在制度化的教学场所里。问题的关键便在于：学校制度何以容许这样的现象出现?

制度化教育可以反躬自问的是：考试筛选的功能在何种程度上冲淡了教育中的意义传授?(历史应当是把历史中发生的一切，把它的意义传授给学生的，但现在我们许多教师都跟这位女教师一样，冲淡了教育中的意义传授)对此，制度化教育无力解答。但可以质问的是：课程传授中所发生的意义消解的根源究竟在何处?是制度化学校的封闭所致?抑或制度化社会所灌输之“道”的封闭霸道所致?后一个质询或许更值得制度化社会中的“有心人”“有势人”好好反省。

就这样，这位研究者首先得出了这样一个结论：叙述语言的日常化。她认为，在这样一种日常化的语言叙述中，意义被消解了；“法定文化”所要让学校传递的那个“道”，慢慢地也就消解了。这位研究者继续解释道：

第二，人物形象的市民化。

这堂课出现了四个历史人物：毛泽东、雷锋、焦裕禄与林彪。对于“文化大革命”的失误，历史教师没有从思想文化与制度组织上做阐述与思考，(照道理，尽管初中生的思维还没达到那个程度，作为一名历史教师，她应当启发学生进行这样一种初步的思考，思考不一定要有结论，但是一定让学生产生一点疑问，她没有。这个历史教师呢，研究者认为）而是轻松且轻率地追究着毛泽东的责任；不是将毛泽东视为一种文化的象征符号并以此检讨更深刻的责任，而是用“老祖母”式的解释为“身体不太好了，年龄偏大”，将大事件用个人身体因素来解释，并进而将“文化大革命”的发动视为疑邻人盗斧的个人心理问题。学生在下面也小声议论：“毛 diadia（方言，意为‘毛爷爷’）老糊涂了，头发昏了……”制度高位的领袖变成了家中亲切的老爷爷。老爷爷糊涂了，干了一件严重但又不得不被谅解的事，在亲切的责备中更有宽容的心情，有归因为偶然性的轻松。教师将一位过时过势的高制度权威者的错误归为一位老年人的糊涂，这样的宽容中更体现着平民对制度差异的消解方式：不管地位如何，到老都是一样的，都有糊涂的时候；学生则用儿童式的解释有趣地理解了这一段。于是，学生看权威“发昏”的玩谑与教师消解权威的轻松结合在一起，师生门便在这样的叙述语境中共同体验到一种快乐与轻松。教师将林彪叙述为一个很得体的人，做事不出格，毛泽东也是人，喜欢被奉承。(教师在这里所说的是林彪在公共场所给人的一种泛泛印象。你们有没有看过有关“文化大革命”的一些电影？林彪和毛泽东一块儿出来的时候，他一般都是跟毛泽东保持两三步的距离。他没有任何出格的行为，从表面上来看。)教师对于林彪的叙述使用的是市民的礼仪标准：“得体”与“不出格”。叙述用的是市民视角，不涉及事件之后的利益合盟与冲突，而是常识性地将林彪定位于一个领袖最忠实的接班人的身份。在此认知前提下，分析忠诚的继承者在台上的表演怎么得体，以至于当他出了事时，人们感到意外与震惊，利益团体的斗争在教师的叙述中变成了一个民间版本的忠诚与欺骗的故事(所以你今天来分析，林彪那一拨人当时为什么要篡党夺权、搞政变，因为他反映的是一群人的利益。利益集团的斗争在历史教师的叙述中完全不见了，变成了民间的那种从春秋战国、三国一直延续到现在的忠诚与欺骗)。教师的专业身份要求她将此事的前因后果说清楚,(作为大事件,中国历史上的一件大事,把林彪叛变说清楚)而站在讲台上的她叙述的却是 1971 年一个小女孩的经历,恍恍惚惚地,不知道怎么回事。这样的事件与一个身处地域边缘的、在当时制度化生活之外(刚进小学校园的)小女孩的生活世界有什么关联?“死了就死了吧,跟我有什么关系。”这些历史大事件与大人物兴也好,衰也罢;褒也好,贬也罢,它与一个恍惚生长的小女孩可能没什么关系,与一个历史教师的生活世界可能也没什么关系,但当它与历史课堂讲述都没什么关系时,是教科书的叙述出了问题?还是教师的叙述出了问题?抑或制度化的文化本身出了问题?

如果说毛泽东与林彪作为特定时期的特殊人物已锁定于今日社会生活之外的一格,尘封于人们的社会记忆中,那么雷锋与焦裕禄仍活跃于今天,活跃于人们的日常生活中,他们皆为师生成长中熟悉至深的典型人物。雷锋在制度化社会中的身份为“解放军好战士”。在以知识与权力为主导的经济时代社会背景中,“解放军”与“战士”几乎成为常人认知中低地位者的代码。(现在情况可能有所改变,十年前肯定是低地位的代码)民间的低地位者(就是解放军战士,在当时中国的社会里边,他是处于一种比较低的地位的)在制度化的叙述中居重要人物,教科书中正式的身份标签在老师的叙述中已不再庄重。教师的叙述从雷锋的称谓开始,我们小的时候叫他雷锋叔叔,你们也叫雷锋叔叔(有同学说“雷锋爷爷”)。叫叔叔的孩子长大了,换了一批又一批;雷锋却没有长,永远活在 22 岁,成为孩子们的叔叔;叔叔生长的时代变化了,发生着一个又一个新主题,但“雷锋精神永远不会过时”。“雷锋反正是永远也长不大的”这句话与“雷锋精神哪怕再过五十年、一百年还是应该值得学习。在他身上体现出来的就是那种共产主义风格”这句话形成鲜明对应,前一句“永远长不大”的调侃将一个小人物拔到超越时间、超越具体背景而成为全民永远的叔叔的荒谬;后一句又严肃地强调雷锋精神永远值得学习,这一句仍可认为是教师对真实意义的表达,不仅体现着教师对“法定文化”的尊重,亦加入教师对雷锋精神的内在认同(可以看得出,这位教师不会与制度化的教学要求完全背道而驰,但有时她会在一些细节上来表现,来调侃它,嘲讽它。所以,她本身是有一点矛盾的)。“法定文化”不自觉地内化于教师的叙述中(也就是说，这位研究者认为，尽管这位教师对雷锋进行了一些调侃，但她也看到了当今社会中雷锋的不在，人不为己，天诛地灭，实际上她对雷锋精神又是认同的)，并以前后矛盾的扭曲形式表述出来。教师反感于自己所处的时代精神空间被规定，但又肯定地以雷锋精神预设后五十年、一百年孩子的精神空间。教师未及反省的是：站在今天的时代中，有什么权力去确定未来几代的精神享用权?

教师在叙述焦裕禄时，与当代孔繁森联系起来，与成千上万的制度代理人、各级组织的领导干部联系起来。教师在此段的讲述中不断运用反讽手法，很严肃地说了正面的上句，接下来的下句便对上句加以否定与攻击，语意中刚培育出的庄重感随即被一个个冷言冷眼打破：我们现在的焦裕禄(学生说)是孔繁森。教师肯定焦裕禄与孔繁森皆为党的好干部，但又说如果孔繁森不牺牲的话，大家也不知道他。在教师的叙述中，孔繁森是以“以身殉职”来成就其好干部的形象的，那么，不死的孔繁森的境遇将会是什么?教师说如果我们国家千千万万的(干部)都能做到像焦裕禄这样，我们的经济建设就可能更好，于是便联系到今天重提焦裕禄与学习孔繁森的意义，同时说正是因为他们身上有许许多多闪光点，而这又是一般人所不具备的，所以才值得提倡。接下来又说如果每个人都具有的话，提倡就没有意义了。人们不可能做得像他们那样。这就等于又怀疑这样学习的意义。这些矛盾的语句如此集中地堆积在一段叙述中，流露出教师矛盾的心境。

这是研究者的第二段解释，再来看她的第三段解释。

第三，“师定文化”的民俗化。

教师叙述中加入了大量的民间知识，即“师定文化”的民俗化。民俗化的知识中有大量在一个社会中过活的人所意会的生存智慧。这些知识如同缄默的共识一般维系着特定群体中彼此的认同感与一致感，这类知识虽“难登大雅之堂”，被排斥于规范的大叙述外，却始终活跃于民间社会的日常生活中，并成为常人通用的“游戏规则”。不谙此理者常被排斥在群体心理场之外(在我们的教科书中是很难看到这样的民间叙述的，但我们的日常生活不是由教科书来左右的，而是由我们的日常语言来左右的)。

教师叙述的视角是市井常人的目光：比如，“承包制最先出现在安徽省的凤阳县，那是朱元璋的家乡。那个地方最穷，越是穷的地方，这样做越能调动农民的积极性”。在正面含义一览之余，教师将凤阳与农民起义领袖朱元璋连在一起，与“穷”“农民的积极性”连在一起，其“穷山恶水出刁民”的词虽未直接说出，但也已十分明了，流露出地域文化的偏见。（请注意，研究者在这里对教师做了一系列评判。她之所以能做这些评判，是因为她对教师进行了一些了解，在课堂观察之后又对教师进行了访谈，了解了这位教师到底有什么样的生活经历。比方说，“文化大革命”中这位教师正好是上小学啦，比方说，这位教师是一个苏北人啦，到苏南去过啦，等等）在江苏省内，苏北较之苏南处于经济、文化的弱势地位，苏南人对苏北人明显表现出文化偏见与歧视。这位历史教师是否是来到苏北的苏南移民未经核实，但她在苏州（非常富足的地方）接受了四年本科教育，应能体验到这种文化歧视感。当安徽凤阳这类苏北人认为更落后的地方出现时，历史教师的文化优越感不可抑制地显露出来。（所以，有一个词叫“自卑与优越”，越是处于中间状态的人，越是会体现这样一种人格）“穷”“恶”与“刁”相对于富庶、温良、文雅等词汇，处于象征价值上的低位，亦有安居乐业、平和的民风对衣食窘迫所孕育出的反抗精神的嘲讽与歧视。这种反抗精神在制度文化中一度又处于高位，教师随意地但又是明显地流露其心态。

研究者解释比较多，下面我稍微简略一点。来看第四个特征：

## 四、社会运动的戏剧化

研究者又开始分析了，她首先再次引用了历史教师的下面这段叙述：

什么叫大串联，这边的红卫兵到那边去，揪出各地的各级领导。红卫兵小将们把解放军的绿军装一穿，皮带一扎，电影看过吧，那时年轻人的头脑比较发热，党叫干啥就干啥，毛主席叫干啥就干啥，认为毛主席说的就是真理。比如说在一个城市，市长、市委书记就是走资派，当权派嘛！（大家笑了）后来红卫兵串联到了北京，毛泽东在天安门城楼上接见他们。当时红卫兵小将在天安门上见到毛泽东时是非常激动的，手上拿着毛主席语录本，争先恐后，（学生补充）前拥后挤。接见完了，就开始大串联，只要是红卫兵小将，坐火车都不要钱，吃饭也是到哪

儿，哪儿的红卫兵就办招待。全国各地都大串联，到云南、内蒙古等。(学生议论纷纷，兴奋不已)

然后，研究者解释道：

课堂气氛非常热闹，师生相互补充，相互提醒，不仅用记忆中的故事、感受与知识，也用现场唤起的情感与想象力共同再现其理解的大串联场景。教师的叙述蒙太奇化，打破知识与叙述的前后关联，将其感受最深的形象与概念一句接一句，迫不及待地喷出来：以卡通的手法来描绘红卫兵小将的形象，用电影形象唤起学生的熟悉感；造反、反对当权派成了快速剪辑的事件，对权力与秩序的反抗调动师生共同的参与感，在想象中亦进入游戏化的造反情境，过了一把瘾，大家笑了，教师再轻松地解脱道：那时年轻人的头脑比较发热。

课堂的流程由师生共同调动起来的、逐渐活跃的反秩序热情主导，且越唱越高，变成对群体集会的体验，对合法化的集群行为的间接体验。(比较多，就不再往下念了吧。到最后的……好像还有点意思，再念一下吧)这一段教科书中有一幅毛泽东在天安门前接见红卫兵的插图，争先恐后，前拥后挤，教师的语言与学生的语言联结得如此天衣无缝，浑然天成；学生的思路与教师的思路融为一体，教师与学生共同营造着教学场景与情绪场景，教学叙述在师生共同的投入中生成独立于师生之外的自成一格的存在：它有了自己的叙述逻辑与叙述语言，教师与学生皆臣服于这个“异己”的叙述之下。在“异己”的叙述中，师生皆淡化了制度化教学中的僵硬角色。(教师是社会代表者，他是制度当中的一个教育者；学生呢，是未来社会成员，社会未成年人，他是个被教育者，是个受教育。但是，在刚才历史教师的两章教学当中，这两种角色的一种僵硬的区隔已经不存在了）有的情境甚至能“忘我”，达成一种精神相通的愉悦感。独立生长的叙述体现在教师闪亮的眼神与学生涨红的面颊上，体现在师生目光交流时会心的默契中，体现在学生前后左右的窃窃私语与全班乱哄哄的沸沸议论中。叙述逻辑最后的归路是“出走”，从制度化的场景中出走。(你看，这些好像就是一些描述，研究者讲了一些故事，但是她把自己的思维逻辑和教师与学生对于现在学校制度的反抗的生活结合了起来。你看她是怎么说的：“叙述逻辑的最后归路是‘出走’，从制度化的场景中出走，"为什么呢?）坐火车都不要钱，吃饭也是到哪儿，哪儿的红卫兵就办招待。到处奔走在课堂叙述中已成为"自由"的体验（大串联在课堂中已经成为一种"自由"的体验。这个教师没有串联过，但在她看来，我讲一讲，听一听，跟着赞扬一下还不行吗？这个实际上就已经有了一个自我的发挥）。吃、住、行的公有化超越了物质的限制，为人的想象力提供着物质保障。从边塞到内地，广天阔地的串联激发着学生丰富的想象力与热情，多好啊！从"笼中鸟"的生存状态中逃出，从"井底蛙"的心理氛围中逃出，自由得想要飞！从课程的种种符号控制中逃出，从学校家庭有形的制度监督、言语监督，无形的心理监督、观念监督中逃出，到处流浪。至此，教学叙述如同狂奔的野马，教师已无力拉住缰绳进行驾驭，它已失控，它突破了制度化教学所容许的最大心理空间与情绪空间，学生议论纷纷，兴奋不已。教师很难再将课堂叙述从此氛围中拉出再转入新的议题。

下课的铃声响了，听任叙述的兴奋从课堂延续到课间，由下一堂课的教师用中性的符号、严格的纪律与转换了的课堂场景将学生从兴奋中唤醒，将叙述的野马从由秩序与理智控制的教室中驱赶出去。（因为下一节课是数学课）

上面讲了这么多，就是想说明一个问题：什么叫意涵解释、深层的解释？通过上面的课堂实录和研究者对于课堂实录的比较长的解释，大家能不能大致体会到，所谓的意涵解释到底是怎么回事。我在前面讲了：就是没话找话说。你如果就学生来解释学生，这种解释是最没有出息的，解释学生必须要联想到教师。就师生来解释师生，也是没有多大意义的，它应当同教师和学生所属的学校在社区中、在学校体系中、在社会系统中所处的位置关联起来。进一步来说，就学校来解释课堂，就一个社区来解释师生、解释课堂，也是不会有太大出息的。你看这位研究者，她对于历史教学的解释同整个的社会、整个的历史联系了起来。

但是，我们也可以看到，质性研究是有前提的。

第一个前提是你得有阅历。我看到刚才有些同学的神情多少有点兴奋，似乎感到质性研究有点意思。不过，我要告诉你，虽然许多研究生都在做质性研究，都在说要做深度访谈，都做深度解释，但是，这个牛皮不是吹的，火车不是推的，泰山不是堆的。你如果没有一定的阅历，没有很广的知识基础，你是达不到那个深度的。质性研究，肯定不能光是从书本到书本，而是要迈开你的双腿，到社会中去，跟各色人等接触，增加你的阅历。否则，有些东西，张三能解释得很深，但李四根本看不到，解释不出来。

第二个前提是换位。你对于对方，比方说你的访谈对象，要有了解。了解之后你要站在他的立场上来思考问题，设想假如我是他，其实问题就是这么简单，我会怎么想，我会怎么做，我会怎么来表达。

第三个前提是勾连。勾连得越多越好，在这个时候，社会学的想象力是很有作用的。这个不多说了，因为下面还有一个专题要讲。

在前面我们说到量化研究的功能，说它可以探明一种结构，探寻一种趋势，说它因为能探明结构，因为能探寻趋势，所以对于我们的决策是非常有用的。但你别指望质性研究也对决策非常有用！没有哪个领导傻到看你的这种非常单纯的质性研究的报告，就会据此做个决定，诸如把教育经费投入从2%增加到4%，等等。那是不可能的。他首先想知道的是我们国家两亿多的在校学生中有多少人交不起学费，多少人中途辍学，他会根据整个面上的调查结果来做决策。如果说大部分人的受教育需要能够得到满足，他就不会再考虑多少。所以，量化研究绝对不能因为我们许多人对质性研究非常动情就否定量化研究，到什么时候都取消不了。我可以告诉你们，管你什么叙事研究，管你什么质性研究，管你什么深度访谈，对于决策都是没有用的。

但是呢，我也讲了，量化研究确实有它的缺陷，所以要进行质性研究。质性研究可以给我们展示一个过程，详细地展示一个过程。它不会像量化研究那样，把一个完整的过程，把一个连续的过程弄成许多片段，而是会把整个过程连起来，会揭示到深层，会发现在表面现象的背后是什么，我们需要知道背后。质性研究虽然不能服务于决策，但如果它在量化研究基础上、和量化研究结合起来的话，它就会催发一种情怀。比方说，对于一些极度贫困的学生做的一些质性研究，确实很感人的。虽然许多质性研究报告的文学色彩很浓，但它能把人的心灵深处的一种善良、一种美好，把许多人的一种丑与恶揭示出来。如果质性研究配上一定的量化研究结果的话，它就可以多多少少促使形成一种氛围。

但是，质性研究也有问题。

第一个问题，就是角色难定的研究者。也就是说，很难确定你这个研究者到底是谁。

举一个例子，假定你要进行深度访谈，要去访谈村民、要去了解学生、了解教师，你就要让他们说出心里话来，对不对？所谓“说出你的故事”，你想要他把自己的故事真实地说出来。可是，谁会犯傻跟你说真话呢？那么你就要跟他交朋友，你不能很“中性”地跟他交朋友。比方说我和郝文武老师，如果我要跟他交朋友，但却又在我和他之间放置了一个距离，我给他好吃的，给他糖、给他果粒橙一吃，然后就指望他对我讲真话。那么，这个时候我已经很伪善了。可是，如果我要真心和他交朋友，那我的情感就要发生变化。在这个过程中，我不知不觉地就会像刚才所说的那样去换位思考，即站在对方的立场上去思考问题，设想假如我是他，我会怎么样。可是，在这个时候，如果对方处于弱势社会地位的话，你就会自觉地不自觉地同情他，你会跟着他两个人一起一把鼻涕一把泪的，结果访谈过程就变成了一个互相哭诉的过程了。这样的话，研究者的头脑就会变得很不清醒，他的角色也就很难确定了。最后他也就会变为弱势群体的一个代表者，那就很麻烦了。他研究弱势群体，他可以在研究开始之前说我这个研究最后要有助于社会帮助弱势群体，帮助这些所谓的“差生”，使他们更好地成长与发展，但在研究过程中就不能跟着研究对象流眼泪了。这里有一个研究者的意志问题。我在前面讲了，社会学是讲事实判断的，同时我也说了，不管怎么强调事实判断，你也很难把自己的价值取向的影响完全地彻底地排除掉，把自己的文化偏见完全地彻底地清扫掉。这些价值取向、文化偏见，我称之为“研究者的意志”。研究者的意志会时不时地、经常是很顽固地在支配着你，控制着你，所以我又把它称之为“游荡的幽灵”。也就是说，当你想更真实地来了解一个对象，来推论对象的真实状况的时候，你会经常受到自己意志的干扰，所以我说它是“游荡的幽灵”。这是第一点，是说研究者究竟是谁，经常会不清不楚，不明不白，最后不三不四。

第二个问题，前面我们说到量化研究的一个缺陷是难辨数据真假，质性研究也有类似的问题，叫“真假难辨的研究文本”。

我这里讲的文本是广义的，教科书的一篇课文是文本；一个县、一个市的地方志是文本；我们在教师办公室里做全程观察，记录教师和教师之间的对话，或者教师在办公室里训斥学生、学生反驳教师，等等，这些对话是文本；我们看到的对象的行为也是文本。而在质性研究中，研究文本也有个真假难辨的问题。这就是一对矛盾。前面谈到，在量化研究中，你不知道调查对象填的选择答案是真是假，他一路给你打勾打到底，明明他是男的，但他给你勾个女的，对不对？这是它的缺陷。质性研究就没有这个问题。比方说我访谈常亚慧，她是女的，这一点我总知道的吧。但问题是，她对我说的话很有可能比量化研究更不真实，因为她会包装，她会加工。即便她对她所经历过的历史进行描述时，这个时候她所描述的已经不是她所经历的那段历史了。许多历史学家讲要回到历史场景中去，其实历史场景是永远回不去的，永远不可能完全回去的。这里有无意识的原因，“技术”不可能完全回到过去，因为每个人在某种意义上其实都在伪饰自己的历史。比如余秋雨就在伪饰自己的历史，这是毫无疑问的，我们有时间再来慢慢谈。

所以，20 世纪 70 年代初的时候有一本人类学的杂志，我记不得名称了，大概在 1971 年的某一期，有篇文章的题目就是《你怎么知道研究对象说的是真话》，就是讲的这方面内容。人类学家不是喜欢到具体的实地当中去吗，但他怎么知道研究对象说的就是真话？尤其是在现代社会中，人都会演戏，不管是谁，他的语言几乎都有很大的欺骗性。这就是真假难辨的研究文本的问题。看起来我和他是面对面，因为我们已成了朋友，所以他讲的话我就当真的，但里面可能有不少是假的。

所以，这里有个研究对象的内心的问题。如果质性研究的结论是可靠的话，那么，前提是研究对象说的是真话。而研究对象说真话可能包括几种情况。比如，他说了五句话，这五句话都是真的，但问题是他还想说另外五句话，但他没说。他没说你就不能说他是假的。为什么？因为那是他的隐私，他不说。但问题恰恰在于，在绝大多数情况下，我们所说的话介于绝对的真言与谎言之间，是处于两者之间的一种状态。这一点讲起来，大家心里可能会比较难受，但我想表达的意思是，我们不可能把自己的所有隐私都说出来。在这个意义上，我们都会有所掩藏，有所遮掩。我也是这样的，我所说的不可能都是绝对的真言。但同时，我可以保证我说的不是彻底的谎言。

那么，这对于我们的研究要得出一个可靠的结论这一点来说，意味着什么呢？我们说，任何一项研究，要想得到绝对可靠的结论，那就必须触及隐私的东西，个人的隐私、单位的隐私，等等。假如你去访谈一个学校的校长，他如果对于这个学校的一些隐私，比如，单位的小金库啊、应付上级的对策啊、私下里的一些讨论啊、对教师的一些处置啊、还有一些内部的绝密会议啊，等等，一点都不告诉你的话，那么，他对你讲的这个单位的状况如何如何、怎么决策等，就都不是完全可靠的。真正可靠的东西是要用隐私材料来证明的。这就很麻烦，因为隐私材料恰恰是很难获得、从而成为有效证据的。

这就是一对矛盾。如果要使我们的结论具有可靠性，我们得用真实材料来说话，而最真实的材料是由隐私构成的——当然，这样说也许有点绝对。真实材料的构成有三个层面。最里面的那个部分是隐私，中间是介于……不说了，大概是这个意思。研究者即使能获得隐私材料，但由于当事人的拒绝，常常也是很难公布出来的。如果当事人真的愿意把他的隐私任由研究者公布的话，那这个当事人本身就有问题了。一个正常人怎么可能随随便便地就愿意把他的所有隐私都公布于众呢？所以，我们所了解到的一切，都介于真实与谎言、介于绝对的真言与彻底的谎言之间的。当然，我们所获得的材料有可能更接近于真言、绝对的真言。

因此，对于质性研究来讲，研究对象的内心其实是一个难解之谜。我们许多质性研究者以为和研究对象交上朋友了，那么他就把什么都说给你听了，其实不是。这不是说研究对象不道德，而是说你不能强求更多。这是质性研究也无法克服的一个障碍。

第三个问题叫作作用难料的研究成果。

关于量化研究，我在前面举了科尔曼的大规模调查的例子，科尔曼对学生的学习成绩及其家庭背景进行了问卷调查。他那个调查的量化分析结论得出来之后，政府就可以用作依据，就可以改变教育决策，让黑人儿童和白人儿童同校学习。也就是说，量化研究的作用是可以预料的。越是大规模的量化研究，它的作用越是可以预料。越是大规模的也不妥，应该说样本所占比例越大的量化研究越有用。即便对于班级来讲也一样。如果你对一个班级的全部50个学生都做了问卷调查，那么，调查结果对这个班级就很有用。这样的研究对于决策者，对于实践者，可以为改变他的决策、改变他的行为提供一种科学的依据。

而质性研究呢？那就很难说。我们知道，在座的很多搞过质性研究的都知道有一个词叫作"认同推广"，对不对？意思是说某些读者有着与研究对象相同(相似)的经历，因此认同研究对象的感受，认同研究结论。其他人呢？不知道。至于到底有多少人具有与研究对象相同的经历，研究者也没有调查，不知道。

也就是说，质的研究报告出来之后，比方说《王小刚为什么不上学了》《我为什么不需要这样的教育公平》，出来了就出来了，接下来就是读者的事，读者看着办。就是这么个状态。你说质性研究能起多大作用呢？它的作用也就是我在前面讲的，即所谓"催发情怀"，催发哪些人的情怀？不知道，反正是一群人，是同类人。

既然量化研究与质性研究都有各自的缺陷，那怎么办呢？我们说要互补。对于社会结构的了解，对于社会过程的把握，对于结构与过程的背后的原因的解释，肯定不是单一的研究方式所能解决问题的。关于这一点，这里只能大概说一下。

第一种，是一个大型的量化研究，比方说全国范围的调查，怎么做到量化研究与质性研究的结合？我看这基本上是一句空话。当然，也不是完全没有作用。我这里给它起一个名字。我觉得量质互补是一个系谱，是一个连续的系谱，对于大型的量化研究来讲，不是不可以搞一点质性研究，但这个时候质性研究的结论、成果所起的是一种点缀的作用，因为它和大型的量化研究之间不是对称的。比方说做问卷调查，听说陕西师大教科院也想搞一些问题报告、调查报告，我们也想做这个东西，调查20万名学生，这算是一个大规模的量化研究了吧？然后你搞三五个学生来做个访谈，最后把访谈报告往里边一放，就称之为"量质结合"。这是一种什么样的量质结合呢？它是点缀性的。它多少能说明一点问题，但很难对接式地、对应地来说明问题。

第二种，是中型的量化研究，比方说几百人、上千人规模的调查。在这种规模的问卷调查之后，你也可以对部分调查对象进行访谈，并进一步了解他们的作品，包括日记啊、笔记啊，等等，进行质性分析。这样一种量质互补可以称之为“量质互连”。如果条件允许的话，因为它是中型规模的量化研究，再加上研究课题组有较多人手，那就尽可能多做一些质性访谈。

其实，量质互补最适用的是小型的量化研究，因为对于小型的量化研究，可以用质性研究来有效补充。比如，我们在对一个班级的四五十个学生做问卷调查之后，就可以对这四五十个学生都进行访谈，都进行质性分析，都进行一番意涵的解释，都来挖掘一下背后的深层原因。仅仅在这个意义上讲，在用量化的方法揭示了一种社会结构之后，还可以用质性的方式来揭示一种社会过程，挖掘一种社会意涵。也就是在这个意义上，我们说量质互补是可以的，但也不要抱太高的期望。

所以，根据上面讲的，至少在对于研究的认识这一点上，如果能把握住三个东西的话，那就可以进行教育社会学研究了。一个是人群差异，说的是研究对象。教育社会学是研究我们教育当中的以及与教育有关的人群之间的差异的，这个差异经常又是引发教育公平问题、社会公平问题的。一个是事实判断，要进行事实判断，这是从研究任务方面来讲的。要揭示，要解释，解释也是一种揭示。要用事实来说明事物的真实状况，用事实来说明事物真实状况产生的原因，总归是事实。再一个是量质互补，这是从研究方式的角度来讲的。

所有这些，其实就是要说明：第一，你得有一双独特的眼，也就是我在一篇文章里谈到的“学科之眼”。

教育社会学的学科之眼就是社会学的学科之眼，就是人群差异。我们的研究对象是我们看出来的结果。当然，在座的同学们也可以想一想，你们现在所从事的学科的研究，它独特的眼睛是什么？有还是没有？是真没有还是什么？如果没有的话，我可以明确地说，你现在的学科根本就不是一门我这里所说的独特的学科，它是一个研究领域。我记得我在2005年的时候谈到这个问题。高等教育学它是个学科吗？是啊，在我们的制度里面，它就是一个学科，它是一个二级学科啊，但它不是我这里所说的学科。高等教育心理学，有吧？高等教育社会学，有吧？

还有人搞高等教育哲学，还有人搞高等教育文化学，等等。这些都是对高等教育问题来进行的研究，它们是从不同的学科视角来进行的研究。因此，高等教育学实际上是一个问题域，是关于高等教育的所有研究，成了一个高等教育学，是这么个意思。课程与教学论也是这种状况。课程与教学论实际上是指关于课程与课堂教学的所有研究，它是一个领域，一个问题域，是集合在一起的。而我这里讲的学科呢，必须有自己的眼睛。

在这个意义上，学科其实是不多的。现在的许多学科是资源分配的结果，是因为我们有很多的研究者，有很多的研究生，但研究资源就这么多，授予的学位就这么多，所以它要进行分配。许多学科并不意味着它在逻辑上就能成立，它们的出现与存在是资源分配的需要，有的时候也是为了"打包"的需要。

第二，事实判断是说我们要有一个清醒的脑。

当然，这只是我的观点。其他人怎么看，那也许有他们的道理。但我是认为，教育社会学不需要指点江山，不需要指手画脚，需要的是揭示与解释。当然，揭示与解释的前提是你得有社会责任感，你得从社会责任感出发来确定研究问题，但一旦确定了研究问题，你就得把事物的真实状况弄清楚。之后呢，你就到实践当中去，去影响生活，去改造教育。这个叫清醒的脑。

第三，不太好表达，只能说是要有协调的身。也就是说，一个真正牛的研究者，他应当是既会量化研究，也会质性研究。而现在的量化研究者和质性研究者呢，却是互相攻击对方。量化研究者认为质性研究都是一些文学的东西，都是一些哭声乌拉的东西，情感涉入很多，不科学。质性研究者说量化研究没有办法深及精神世界、没有办法挖掘到深层的东西。我觉得一个质性研究者如果他自己从事过比较多的量化研究，或者一个量化研究者从事过质性研究的话，他们的看法可能会改变。所以，比较好的状态是两种研究方式都能进行。

至于具体的方法我就不谈了，我在上面已经谈到了，教育社会学并没有一套仅仅属于它自身的、独有的、属于它的专利的研究方法。教育社会学经常使用的观察法、访谈法、内容分析法，等等，其他学科也在用，研究方法大家都在共享。关键就是你怎么来看教育，怎么来把你的眼睛和别人区分开来，这是很重要的，是头等重要的。接下来，要进行事实判断。如果有可能，量的研究要进行，质性研究也要进行，这样可能也就可以了。我这样讲并不是说我自己已经做到了，而是说，这是我的一些体会吧。这些体会既包括经验，也包括教训，也许经验多一点，教训少一点。

（参加本文整理的有博士后：周先进；博士生：郭辉、马晓凤；硕士生：张梅梅、刘礼娜、布依艾加尔—西依提、黄润榕、方娟、杨翠娥、王登峰）

# 近三十年教育知识来源的变迁

演讲人：张斌贤

（2010年12月14日）

## 演讲人简介

张斌贤，男，1961年生，汉族，中共党员，国家级教学名师、北京师范大学教授、博士生导师。曾任北京师范大学教育学院院长，于1995年成为北京市“百人工程”培养人选。2000年9月被列为教育部“跨世纪人才”培养计划。2000年11月获北京市第六届哲学社会科学优秀成果二等奖。先后参与了“八五”“九五”国家设的科研项目：教育部青年基金项目“学生政治认识的发展与学校政治教育的科学化”、全国教育科学规划项目“美国进步主义教育运动研究”、教育部跨世纪人才基金项目“现代教育观念的起源与结构”、美国杜威基金会资助的项目“杜威教育哲学研究”。著有《西方教育思想史》《教育政治学》《现代国家教育管理体制》《西方教育思想史》《外国教育管理史》《社会转型与教育变革》等著作。

## 主持人：栗洪武

非常荣幸地邀请国家级教学名师、北京师范大学博士生导师张斌贤教授为我们作报告。张老师报告的题目为《近三十年教育知识来源的变迁》，我们热烈欢迎张老师做报告。

## 张斌贤：

师大我已经来过好多次了，但是和这么多师大学生进行学术交流是第一次，很紧张(微笑)。我总体感觉现在的学生被教育过度了，所以我尽量的少讲。其实我还是很喜欢跟同学们交流的，你们提出问题是希望老师来回答，这是你们想知道的，但我讲的未必是你们感兴趣的。这次讲的东西其实在《教育研究》2009年第四期已经发表了，这次我稍微做了一下修改，但总体东西还在那儿。你们要有兴趣可以看一下这个杂志上的文章。我讲的目的主要是想通过这样一个内容来说明一个问题：就是在我自己的理解和认识当中，教育的研究应该是怎么做的。我觉得可能对于同学们来说，我们告诉你们我们做了什么并不是特别重要，更重要的是(语气加重)我们要告诉你们我们是怎么做的，我们为什么这么做，我觉得这个可能对于大家从方法论上会更有意义。我简单地说一下这篇文章成文的过程。

## 一、研究目的

大家都知道，2008 年是中国改革开放三十周年，2009 年是中华人民共和国成立六十周年。当时在教育界和其他社会科学界一样存在着一种普遍的看法：有的说是一种工作需要庆祝或纪念；有的可能作为一种怀旧也好或者一种回顾也好。总而言之，在整个社科界都有这样一种态度或者这样一种想法。因为你不管三十年也好，六十年也好，都是一段很长的历史时期。三十年是一代人，而六十年是一甲子，时间更长。来做这个回顾反思的工作虽然可以有很多的途径和办法。从我自己的专业背景来说，因为我是做教育史的，我们一定是要有根据才说话的，我们要运用什么样的角度、采用什么方法来研究，去回顾、去反思当代中国教育研究的历史发展呢？这个肯定有很多的途径，当时我们是把《教育研究》作为我们的研究对象，希望通过《教育研究》这本杂志所刊登的论文的研究来梳理中国改革开放以来三十年教育研究的进展(我这里所说的进展是客观的意思，没有贬义也没有褒义)。

所以我们面临的第一个问题是：运用什么方法来进行梳理？我们采用了现在比较成熟的方法——文献计量学的方法来进行研究。

这里面还有一个问题是：我们确定了研究对象是《教育研究》杂志所刊发的论文，我们的方法是文献计量学方法。那么我们要研究出什么东西呢？需要进一步来界定它，我们就侧重于一个方面，那就是知识来源。通过这样一个角度来梳理近三十年以来我国教育研究的变化情况。

## 二、研究立足点——教育知识的来源

教育知识的概念应该来说现在也不是一个很科学、很成熟的概念。我们也借用了相关学科的一些概念，我们也梳理过教育知识到底是个什么概念。但是，到目前为止我们得到的东西很有限。所以根据我们自己的研究目的，我们把“教育知识”这个概念做了一个很初步的界定，就是指一种系统的表述。不管是谁的表述都是系统的表述，不是说只言片语的、零星的。所谓系统的表述就是有逻辑的、相对完整的表述，这个就是我们所谓的“教育知识”。教育知识的来源，这里主要是指支持这种表述的依据。

我们所说的来源，也就是有哪些知识支撑着我们这三十年来的教育研究。我们要用这样一种方法来解决这样一个问题，从这样一个特定的角度来把握、来梳理、来研究这三十年来教育研究的变迁。那么如何判断知识的来源，这对我们来说是个很大的问题，我们的研究并没有完全解决这个问题。为什么这样讲？因为我们有些文章的作者在讲自己观点的时候，并没有明确告诉我们这个观点的依据来自于什么地方，来自于哪本书，哪篇文章，哪个作者的思想，这些并不都是有清楚表述的，所以这对我们判断其来源造成了很大的困难。我们只能尽我们所能来梳理这个东西，就算作者没有交代的，不管用注释的方式还是用参考文献的方式，只要没有这种交代的，我们不做假设，我们不做推论。因为对于我们而言教育研究最大的问题就是太过于主观化了，我们这里强调的是“你有什么”而做的判断，而不是根据“我认为你有什么”来做判断，这也是一种思想方法或者方法论的一个问题。

## 三、研究对象——《教育研究》

我们为什么要选择《教育研究》这个杂志而不选其他的杂志来梳理这三十年？主要有以下几点根据：

第一个原因，《教育研究》于 1979 年 4 月份创刊，它应该是改革开放以后最早创办的综合性的教育学术刊物。它能比较广泛地反映我们教育研究，如果它只是个二级学科的杂志就只能反映这个二级学科的进展。这是一个理由，它是综合性的教育研究刊物，而且它保持了长期稳定的状态，三十年来，中间没有因为什么原因停刊，而是一直在发行，只是从双月刊改成月刊，或者篇幅的增加，如此而已。所以，在某种程度上，《教育研究》比较完整和系统地见证和反映了改革开放三十年来我国教育研究的变化过程，它是一个活的“化石”。

第二个原因，经过三十年的发展，《教育研究》是我们国家比较公认的最好的教育学术刊物之一。从文献计量学的研究包括科学社会学的研究来说，一般来讲一个学术领域比较权威性的文章通常都会集中发表在少数一些刊物当中，那么这个刊物我们一般称为核心期刊。当然这讲的是一般的，并不绝对。但就总体而言，这是没有错的。

顺便提一下，我一般对自己研究生论文的参考文献要求是很严格的，不是什么东西都可以列入参考文献的。比如，一篇博士论文，你引用了两篇硕士学位论文，这就不行，这相当于中学生写文章引用小学生的文章。因为别人对你研究的出发点就会有怀疑，更不用说你研究本身的可靠性和科学性。还有教材，因为教材一般强调知识的系统性，它不反映这个学科和知识的前沿性，它反映的是比较确定的知识，已成的知识而不是前沿的知识，更不反映在探索当中的知识，所以教材不能引。还有一些很低级别的杂志是不能引用的，比如，哪个学校成人教育方面的学报，或者一个师专的学报，你一个研究生引用师专的学报是自己降低自己的品位；并不是师专的学报没有好文章，难得有好文章，这个你把握不准的。还有小报小刊的东西不要引，有一些道听途说的，比如，我们现在强调的调查研究，有些同学图省事也没有进行调查，引用报纸的调查结果，那些记者不是干调查的，他们没有做调查的训练，你引用他的调查结果没有任何科学意义。

我今天讲一个很经典的例子：美国曾经有一个记者调查耶鲁大学男女同校的情况，后来写了一篇文章刊登在《纽约时报》上，轰动了美国全国。这个调查结果是，耶鲁学院的女毕业生有2/3嫁给了耶鲁大学教授，那么这个学校就很有问题啊，可是实际上他的调查对象只有三个女生，两个女生嫁给了教授，另外一个没嫁，如果你要引用这样的东西会有意义吗？有些大报大刊的东西可以考虑引用，但是也不要过多。所以我就强调尽可能的使用权威性的东西，这样才能使你的研究在一个比较高的层次上进行。这个当然是题外话了。这就是我们选择《教育研究》的两个方面的原因。确定《教育研究》这个杂志以后，我们也确定了其中发表的论文，这里我们把很多东西都排除出去了，包括会议综述、述评等，这些都除掉了，只关注《教育研究》发表的学术论文，一共有5000多篇，我有几个硕士生博士生花了半年的工夫把所有《教育研究》上发表的论文都梳理了一遍。

## 四、研究过程——实证研究

### (一)五个指标的确立

确定了《教育研究》和刊登的论文之后，我们用哪些指标来把握？我们当时选了五个指标，这也是文献计量学通常使用的指标之一。

第一个是被引文献量的统计。被引文献就是一篇文章后面引用了多少篇文献，所有这些文章总共用了多少篇文献，这就是为一个被引文献量。

第二个是被引文献的类型。就是指这些被引的文献是从报纸、杂志、书籍来的，还是从其他哪里来的。

第三个是语种。是中文写的还是其他语种的。

第四个是被引文献的学科分布。这里的学科主要指的是大的学科，包括教育学、经济学、社会学这样的概念。

另外，就是我们教育学自身的二级学科被引文献的分布。

### (二)指标统计情况

从这五个指标我们来判断我国这三十年教育知识来源的变化情况，我分别说明一下。

1. 被引文献量的统计

教育研究这三十年总共发表的论文数是5228篇，分为三个“十年”。大家可以看一下(PPT展示)。你们可以看到每个“十年”发表的文章数总体是呈下降的趋势，但同时《教育研究》是在不断地扩版，从90页扩到120页。那么这中间意味着什么？意味着每期刊登的文章数在怎样？增加还是减少？(减少)。那么，再问一步就是每篇文章的字数、篇幅在减少还是增大？(增大)。过去《教育研究》只有一页和两页纸的文章，现在却很少了，这也是学术规范化的一种变化和表现。在这三个“十年”当中，论文当中附引文的数量应该说呈非常明显地增长，这实际上也表明我们现在的研究本身也注重这种规范。过去写文章很少重视这个，除了马克思、恩格斯等人的语录。所以，过去写文章经常是有人认为，也不知道谁认为，反正就是有人认为，也不注释。你到底误解别人思想没有？或是干脆歪曲别人思想没有啊？我们都不知道。我们也不知道这个“有人”是谁，也没办法去查。现在有引文的论文是越来越多了，所占的比重也越来越大了，当然现在还有一些附引文还是比较少甚至没有，但是引文的总量也在增加，包括每篇论文平均引文的数量也在增加，大家可以看到这个是《教育研究》一个很明显的进展，也开始走向规范化。

论文当中为什么要附引文？不是个形式，我们很多同学包括有些老师认为这只是个形式，这是不对的。我觉得要注明引文，不仅仅是要出于尊重其他作者的劳动成果，这只是其中一方面的原因，更重要的原因，因为你的研究的是要有基础的，别人怎么判断你的结论对或不对，科学或不科学，不能从结论本身去检验，只能从你的依据中去检验，而你很多的依据来自于他人提供的思想、他人的数据、他人的研究。你是不是很好地理解了别人的思想，这是我们判断你研究结果的基本途径。所以，要提供给我们这些东西，所以要引文也是出于这样的目的。当然，我们也可以看到，虽然文章后面附引文的文章越来越多了，总体比重也增大了，被引文献的数量也增加了。但是总体而言，我们可以看到：重点在后面红的这一部分(PPT 展示)从 7.42 到 7.85。这三十年来说，每篇论文平均的引文数量并没有非常明显的增加。并不是说一篇文章的引文越多越好，有时候我们对学生也有要求，一个硕士论文或者博士论文，后面列一大堆东西，200 多篇、300 多篇，但是有时候看到你所引的参考文献跟你的研究没有任何关系，这不就毁了吗？但是，总体来说，论文中当中所引的东西的数量实际上决定了你论文的层次或者水平。这样纵向来看，看得不是很明显。我给大家打个比方：在 20 世纪 60 年代，国外社会科学一篇论文平均引文数量是 12 篇。引文多，首先反应的就是你占有的文献，同时也说明你的研究基础。我们的研究是在前人的相关研究基础之上进行的，怎么判断你的研究是在前人的研究基础之上？就是看你读了多少前人写的东西。你读都没读过，怎么能说是继承了前人的东西呢？对吧。所以，引文数量的多少绝对不单单是数量的问题，这是一个指标。

2. 被引文献的类型

第二个指标，就是被引文献的类型。我们可以看到，这三十年当中，就文献类型来看，有些在变化，有些几乎没有变化，有些有着很大的变化。变化最小的是图书，看来我们学教育的还是比较爱看书的，图书作为参考文献的比重始终是很大的，其他的东西则是有增有减，比如，学位论文，过去我们是不会把学位论文作为自己的参考文献的，因为我们看不到，不管是中国的还是外国的，反正我们读研究生时，我们只能看到自己的学校的学位论文。现在情况好多了，你就在西安待着，全国的论文都可以看到。所以，现在学位论文作为参考文献的比重明显增加。还包括会议论文，这也是过去很少看得到的，也不认为这是个很重要的东西。

3. 语种

简单的地讲，当然中文的文献占了很大的比重，除了中文以外，其他的几种文献包括英文、俄文、日文、法文和德文等作为主要的外文语种。这也能反映出我们国家外语教育的状况。这个表格大家可以看一下(PPT 展示)，可以看出我们的研究主要是来自于中文的文献，英文所占的比重应该说虽然有所增加，但是不怎么明显。那么其他语种，包括日语等，总共加起来占 1%，所以我们忽略不计了。绝大多数的文献是来自于中文文献，包括我们中国人自己写的，还有外国文献翻译成中文的，这两个加起来始终都占 80%的比重。五分之四，应该是很大的，这个待会儿我也会分析。

4. 学科

学科，就是哪些学科在支撑着我们的教育研究。总体我们看看排名前十位的：教育学自身，后面依次包括哲学、马、恩、毛的著作、还有心理学、历史学、社会学、政治文件、自然科学总论，还有其他。我们可以看到，教育学被引文献数量，三十年来有明显的增长，一方面可以看出我们教育学在不断地丰富，不断地发展，所以有足够的东西让别人去引用。我们读大学的时候，教育学看的书加起来就不会超过五本，就是名字叫作《教育学》的书，一个是凯洛夫的《教育学》，一个是华东师大校长刘佛年校长主编的《教育学》，那个时候还没公开出版。还有就是翻译过来的苏联的几本《教育学》，现在的版本多的多了。这些都反映了我们教育学的知识至少从量上来说是在不断地丰富不断地增长，所以可以被引用的东西很多。但另一方面这本身也包含了某种危险或不利的趋势，这个后面我还会提到。还有哲学，这个比重变化是很明显的。当然，这里的哲学主要是指西哲和中哲。大家都知道，哲学包括西哲、马哲和中哲。总体来说，西哲的增加是最明显的。现在很多人认为，不引用点美国的、英国的或法国的人写的书，这个论文就写不出来了，不管是作为目的还是手段，这种现象都是非常普遍的。不过它反映的是现实的情况。还有一个很有意思的变化就是马、恩、毛的著作被引用的数量在不断地下降。

5. 二级学科的文献来源的分布情况

另外，就是教育学一级学科自身当中二级学科的文献来源的分布情况。也可以看出我们教育学中二级学科从整体的布局和结构。这里顺便说一下，有两种学科分类，一种是国务院学位委员会颁布的学科目录，就是教育学分为十个二级学科，包括教育学原理、教育史、课程与教学论、比较教育、高等教育、特殊教育、学前教育、成人教育、职业技术教育和教育技术学十个，外加一个公共事业管理的教育经济与管理，一共十一个二级学科。我们这里没有用这个东西。我们用的是，国家技术监督局有一个学科标准，在那个学科目录中，它划分的非常细，比如，教育史，它把中国教育史和外国教育史作为两个二级学科，把课程与教学论分为课程论、教学论还有教学法。我们为什么要采用这个东西来作为我们研究的工具呢？因为它比较细，我们容易对应，否则有些文章是无法划分的，就是你不知道该放到哪儿去。我们这个分布大概是这样的情况，就是教育学原理始终是被引用文献最多的一个二级学科，其他依次是教学论、高等教育学等。这基本上也可以反映出，在我们教育学当中哪些学科是相对大的学科，它聚集了比较多的人，招生量又很大，影响又偏大一些，反映了整个学科的结构。有些学科过去是没有的，比如说教师教育，过去研究教育的是不研究教师的，根本没有教师教育，这几年有了些比较大的变化。

**(三)指标分析**

下面我们看一下，前面一大堆数据和图表到底能说明什么问题。我们就是希望通过这样一些数据，这样 些尽可能客观的东西来反映我们所要探讨的东西。

1. 图书作为被引文献的主要类型及其存在的问题

从被引文献的类型可以看到，这三十年来，我们前面已经提到过我们教育研究的主要的知识来源，从类型来看就是图书。图书里面我们没有细分是教材还是专著，因为有些会不好分。有的教材本身从作者来说它可能是作为专著来写的，也有专著作为教材，所以这个界限很模糊。在国外是分的很清楚的，是编的东西就是编的，是著的就是著的，两者是清清楚楚的，不会合在一起。我们没有这个界限，所以我们只好把这两种都合为图书。那么，大家可以看到这些年来源于图书的文献在我们所有教育研究所使用的文献中所占的比重，三年的平均数是63%，应该说是相当高的。在我看来这里面的问题是不小的。前面我们提到的教材，实际上专著在某种程度上也是一样的情况。你想一本书从开始写作到完成，到修改，又到出版社，或者整个印刷、发行过程，少则三年。当然，现在传输的速度也快了。相对的来说，图书所反映的知识，它是一种比较确定的知识，从它这个周期可以看得非常清楚，它反映的是比较确定的知识，至少可以说不是最新的东西，更何况在我们大量的引用的文献有很多是教材。我们现在在教育圈子里知道的很多著作基本上都是教材，我不好意思点名，其实都是教材，所以这就反映什么东西呢？在某种程度上，我只是说在某种程度上，我们的教育研究比较倚重于已经确定的东西，已经形成的权威的结论，这就是教育学研究。我认为到目前为止，它很成熟，它的知识更新的速度是比较缓慢的，这个跟我们研究的基础和来源是有关系的。

2. 中文作为被引文献的主要语种及其存在的问题

我在几个学校都讲了这个内容，有些学校的学生也跟我争论。中国学者研究中国教育的问题，主要使用中文文献，这当然是没有问题的，合理合法。但是，同学们，我们不要忘了在我们接触的文献当中有相当的文献，它研究的是国外的东西，美国的课改，美国的基础教育改革，美国的高等教育改革，或者英国，或者日本，或者其他的。我们这里没有进一步地梳理，来自于国外的英文文献有多少，我们没有做统计。但从整体我们可以看到，我们这么关注国外的动向，那么我们关于知识来源是什么？结果一查是中文，你想想，这不是开国际玩笑吗？这个方面还不是最重要的原因，最重要的原因是我们是在一定高度国际化大背景下来研究我们的教育问题的。我们研究教育问题的整个环境已经和我们上一代人完全不同了，了解国际教育进展对我们国内学者来说不会说是一个奢侈品，包括我们的领导也好，包括我们的学者也好，现在做的很多事情，很多思考的依据都是国外的。那么，我们根据什么来了解国外呢？根据什么？这里当然有译文，译文虽然也是国外的东西，但是在我们这里是已经打了折扣的东西，不知道已经转了多少次，如果直接翻译过来还好点。如果转译过来，从德文译成英文，再从英文翻译成中文，或者从德文翻译成日文，再从日文翻译成中文，那么已经不是它那个东西了。既然国际经验、国际著作对我们这么重要，而我们现在出国的人员很多很多，大量的教师、大量的学生、大量的国际会议，那么我们根据什么来判断国外的东西？这是一个问题。

3. 人文学科作为主要被引用学科及其存在的问题

我们前面提到了，就是在教育学以外的学科当中，哪些学科的知识、文献在被引文献中所占的比重是比较高的？总体来说我感觉我们现在引用比较高的，我们可以回到前面去。大家可以看到 PPT 展示在前十位的学科中，除了我们教育学之外，哲学，马恩列毛邓、历史学、心理学、社会学等这些学科和著作，占比重比较大的主要是这样的学科或著作。实际上来说，最主要的东西还是我们所说的人文学科的东西，包括历史，包括哲学，还有心理学。心理学的比例正在下降，我觉得这是我们教育学研究很糟糕的一个趋势，当然这跟我们高校的布局有关系，以前教育和心理在师范院校都是一块儿的，现在基本上都分开了。这分开以后，不光是说学科分开了，我们研究的东西也分开了。心理学越来越多研究教育的东西，而教育学也越来越少依赖于心理学的东西，这是个很糟糕的现象。

那么，总体我们来看一下，我们需要注意的一个问题是社会学学科在教育学研究当中被引文献所占的比重并不高，这里面说明一个什么问题？我自己的判断，到目前为止我们教育学的学科，从学科属性来说，至少从我们老师研究的方法来说，这个学科更多的还是属于人文学科。但是我们都知道，教育学的学科属性非常复杂，它有很多是和人文学科关联的东西，比如，教育史学科就属于历史的分支，属于人文学科，再比如教育哲学、教育原理都更多的属于人文学科的内容。但是人文学科的属性不是教育学科的唯一属性，所以我这里提到的教育学科发展的出路以及方法是科学化，或者社会科学化，需要更多地借鉴经济学、法学、社会学这样一些学科的方法和理论。

我曾经有两个东西，我估计这一辈子也不会做了，也做不成了。在跟国外的交流过程中，我就发现一个问题，就是从当时我们北京师范大学教育学院来说，我们强调两个东西：一个是科学化，一个是国际化。我们的理论已经很强，我们承认，但我们不能光有这些东西，我们要有科学化的东西。我们在和国外打交道的过程中，我发现我们跟国外的实质性的交流实际上是很难的，基本上各说各话，都很礼貌、很友好，我说完了你提几个问题，都是不痛不痒的，他也是，我也是，开了会大家认识一下，散了一辈子见不着了，当然我们工作总结中可以说提供了一个什么样的机会，但是实质性的推进有没有？不能说绝对没有，但是非常有限。

是什么东西阻碍了我们与国际学者的交流？

第一个原因，最浅层次的原因，是语言，我们老师平时说起来一串一串的，但是真正学术交流层次，这不够用，但是这个不主要，因为现在年轻老师包括从国外回来的，从香港回来的，他们没有问题。

第二个原因，是文化的原因。大家都知道，教育与其他学科不一样，它跟一个社会的文化、意识形态各方面有千丝万缕的联系。所以同样一个问题，比如，择校，美国人说的择校和我们中国人说的择校完全不是一回事，所以你要是光从字面上说那就闹笑话了。

第三个原因就是方法和路径。我们研究的东西太大了，在我们看来他们研究的东西太小了，就比如说用我比较熟悉的专业来说，教育史，我们研究了一百年，人家可能研究两年，你说这样怎么来对话？我曾经看过一篇学术论文，讲文明与教育，哎呀，把我看得吓死了，从原始社会开始写起，这种论文我不敢拜读。我觉得这样有点开国际玩笑，但这不能怪学生，这是我们老师教出来的，说明这个题是指导老师同意写的他才写的，老师不觉得是个问题，他怎么会觉得是个问题呢？

那么，文化的东西我们改变不了，语言的障碍我们可以通过努力改变掉，懂中文的人去学英文肯定比懂英文的学中文省事一些，还有一个我们可以努力改变的就是我们研究的方法和路径。所以研究方法我们要尽可能的做得小一些，做得规范一些，最好还有一些定量的研究。定量的研究在社会科学研究中已经是非常的成熟，无论是经济学、社会学，还是其他的学科。中国经济学能有今天，和林毅夫等人的努力是很有关系的，他们从美国回来之后就采用两个东西：科学化、实证化。

改革开放之初，经济学的地位与我们教育学的地位有什么不一样呢？他们仅是政治经济学，现在我们知道我们不能和它同日而语。为什么？当然有客观原因：经济成为我们国家的中心事务，教育暂时还不是。但是，如果我们的研究还是照我们目前的状态下去，再过五十年教育成为我们国家的中心事务时也轮不上我们登堂入室。所以，研究方法和研究范式的改变对我们来说是个长远的根本性的任务。怎么去改变？至少有一个途径，我个人认为就是走社会科学化的道路。这是我当年想做的但是有难度，我个人没有做成，还有一件事情，我有个判断，我相信这个判断不是没有依据的，我觉得在今后十年到二十年中国教育学中最重要的学科是教育社会学。

(1)教育学自引文献比重在不断地加大

我们提到的教育学自引文献，就是教育研究引教育学自身的文献。这个我们前面已经看到比重在不断地加大，一方面我们觉得这是个好事情，起码有文献可以被引；但另外一方面，根据我自己的观点来说，我觉得这也是一个非常危险的倾向，为什么？中国的教育研究最大的问题就是就教育论教育。为什么会造成这样的现象？因为从事教育研究的很多人，包括我在内，本科、硕士、博士都是在教育圈子里读出来的，我们已经习惯了这样一种思维方式，就是就教育看教育。为什么我们引用的大量的文献都是来自于我们教育学自身的文献，这是一种结果、一种反映。当然，要引的文献是没有好坏之说的，就是是否需要，它有没有价值，不是说引用教育学之外的就是好的，引用教育学自身就是坏的，不是这么个意思，但是我们要警惕这种趋势，一定要避免就教育论教育，在教育圈子里来研究教育。

其实我们很多研究不关注外界的研究，别人已经进行到 80 年代了我们还在进行 70 年代的东西。但是对于专家而言，他只能关注少数专业的领域，他不可能什么都知道。但是至少在我们研究的问题当中，我们要有意识的关注其他学科的研究进展，这对我们来说应该帮助会很大的，我们过多地关注于自己的学科领域。这样在我自己来看可能是一个很糟糕的问题。我们可以看一下，这三十年教育学科自身被引的文献始终有这么高的比重。

(2)政治领袖被引文献所占的比重在逐年下降

那么还有一个结论，我们前面已经看到了，就是三十年来政治领袖著作的被引文献所占比重在逐年下降，已经下降到 1.39%，几乎可以忽略不计了。怎么看这个现象？我觉得这是改革开放三十年来中国教育学界当中发生的最重要的变化。我们在座的很多同学没有经历过这样的过程，当然我们也不敢说我们全部经历了这些过程，但是至少大部分时间我们是经历过的。我们跟你们的栗书记等同仁一起合作编了一本《中国当代教育学术史》，在查相关文献的过程中我们可以看到，在改革开放之前的二十多年当中，中国教育研究就我们现在标准来说很难说有多少是真正的研究。在这个过程当中，有几类文章是比较多的，一种是批判性的文章，这个批判不是我们现在说的学术批判，基本上都是政治批判，就是我还没有批判你之前就已经把你打死了，不管是批胡适、批杜威，包括批梁漱溟等一大堆的人，就是这样的文章。更多的文章是对教育方针和政治领袖思想做出的诠释。这是我们过去教育研究所做的工作，我们不能责怪老一代，这跟他们个人没有关系，这是一个时代的悲剧。也就意味着教育研究成了工具，或者是阶级斗争的工具，政治批判的工具，或者是意识形态的工具，总而言之它不是自己。改革开放三十多年来，政治领袖引文数量的下降，从某种意义上可以说，意识形态的政治色彩在教育当中是越来越薄弱了。这是个好事情。

从某种意义上讲，我们教育研究开始从依附于外在的东西到逐渐开始有自主性。只有教育有了自主性，才有可能说真正地去做学术研究。你做研究，如果上面领导下来什么样的文件你就进行什么样的研究，这叫研究吗？这不叫研究。所以我认为这是三十年中国最大的变化，当然这与整个中国社会整个的开放是有关联的，没有这种自主性，所有获得的东西都是没有意义的，或者说都不可能获得这样一种成功。但是最近两年的趋势，又有很多让人很担忧的东西，过去教育研究的“依附”在绝大多数情况下是被迫的，这些年来发生的情况在一定程度上可以说是主动的。但是这也不好说是依附关系了，可起码来说我们这些年研究本身需要更多的资源，所以当前学界和政界的关系从目前来说处于一种高度的互动当中，包括课题、各种各样的资助，拿别人的钱肯定手短了，这是毫无疑问的。还有一种就是趋利本身，大家可以看到这十年来，教育研究中很大一部分成果与新课改有关系，中国教育没别的，就只剩下个课改了，你们看文章也是，不管你是否搞课程教学论的都在写课改的文章，为什么？好发。过去我们这么做，确实是被迫的，除了少数以外都是被迫的，现在不好说，现在都是主动的。我是不经意调查过，教育部关于课程改革纲要，你们可以查一查到底有多少的引用量。这个可能是中国的特色，一个学术文章这么多的引用是政府的文件。从被动、被迫的“依附”到现在这样的一种转变，有积极的方面也有很多让人很担忧的方面。

(3)教育研究在某种程度上对国外的依附

我们一方面摆脱了对政治的依附，现在某种程度上又显示了对国外的依附，老外说的都是对的，后现代主义说的都是对的，建构主义说的都是对的。每年我都会看一些学位论文，不管是我们学校的还是别的学校的，有的时候会哭笑不得。我们的学生的立论根据总会是国外某某某说的，或者是国外的谁怎么说我就怎么说，而且有时候唯恐国外这个人你们觉得不够厉害，就在前面加个“某个著名什么家”，其实，在美国除了他自己没有几个人知道他。这种风气不能怪学生，这是学术圈子里的风气影响了学生。我们可以想一想这三十年来，我们教育学使用的多少概念是我们中国自己造的？都不是。那是不是国外的东西我们都不要？也不对，问题在于我们要过来之后怎么去消化它，怎么变成我们自己的东西，现在真正是食洋不化的年代。我给大家举个例子，某一个科研机构每年搞学术年会，要请所谓的专家去点评，我跟院长开玩笑说，学术年会的论文还要点评，这成了什么了？那说明你的研究不是研究，所以我要给你点评，那你搞这个年会干什么？

有一次我看到一篇文章的题目，把我弄糊涂了，“平等中的首席”，在座的同学有几个可能知道的？当时我看了一遍，我看不懂啊，我猜这个词肯定来自于英文，因为这个也不像日语，这么别扭的表示方法。最后在文章最后一页犄角旮旯的地方找到了英文，哎哟，把我乐死了，就这么翻译。英文中这么表现“chief in the equals”这没问题，你翻译成中文，要让中国人懂啊，反正我是不懂。你即使不能直译，也可以意译。老外的东西对我们很重要，我们要不把老外的东西消化掉变成我们自己的东西，就是拿这样一个东西来吓唬我们自己。所以现在这样确实很奇怪。一方面，我们有足够的自信。我们自己要说话，要什么中国风格，中国气派，中国特色等；另外一方面，我们又挟洋自重。

所以，对我们教育研究来说，或者对我们在座的同学来说，我觉得一个方面应该清楚一点，就是我们的研究即使最后做不到，但是一开始我们的出发点、我们的理想应该是一个纯粹的东西、客观的东西。

## 五、结语

### (一)总结

我最后来总结一下：第一，从我们的研究出发点来说，就是希望我们的研究，它的对象是确定的。这个问题并不是我们所谓的客观存在的，它至少是可以被客观地叙述清楚的，不管它是现在存在还是已经发生的。

第二，我们的出发点是要有客观的依据，就是我们前面所说的查了5000多篇文章。

第三，我们希望我们用客观的东西，不一定是数据，但至少有客观的东西来反映我们所要解决或者要研究的问题。

### (二)未来如何做研究

从我们的研究来说，哪怕我的结论你通通不同意，没关系的，我的结论你都可以不同意，但是我的过程是很明确，你可以验证的，而且我们追求的尽可能是准确的、规范的，不然不科学。你们郝老师最近想做一个教育学专业的改造，我是特别支持他做这个事情。

实事求是地来说，在我们国家的学科体系中，教育学科的确是面临很多的问题和困难，讲这些东西是让同学们要有信心，一个学科很成熟了，你们发展的空间是很有限的，就是因为这个学科本身，一方面有着巨大的社会需要，同时又存在着诸多的问题，这才是你们自己发展的机会所在，我们把东西做完了要你们做什么？对不对？你们没事可干了，就是因为我们留下了很多事情，你们才有可能再接着做很多事情，但是这里面一定要注意点东西，就是规范的东西、方法的东西。

我去年五月份去台湾，感触非常深。当时我参加台南大学搞的教育社会学论坛，本来跟我的专业没任何关系，但是承办者盛情难却我只好去了。这个论坛里面有一个分论坛，分论坛里有学生论坛，当时他们安排我主持一个学生的分论坛。我觉得真的特别有意思。几个感触是比较深的：一个是那个时间，比如，学生发言 20 分钟，让我们的学生去讲，我想无非是这种情况，一种情况是拖；一种情况是讲了十分钟就下去了，而台湾的几个学生都是在 18 分钟，19 分钟或者 20 分钟快到的时候结束，他事先没有反复演练过是做不到的，所以首先态度非常认真。因为他事先演练过，所以上来站有站相，坐有坐相。

我以前组织学生讨论，学生可以坐着讲，我也坐着给大家讲。从台湾回来后，我说从现在开始练你们怎么个站相，怎么个坐相，在做学术演讲的时候该怎么样，不要抓耳挠腮。再有一个给我印象很深，学生把自己研究的过程讲得清清楚楚，为什么做这个研究，怎么进行的研究，运用了什么方法，为什么用这种方法，我得出结论，清清楚楚，我不看他的东西，也知道他的研究做的是什么样子，能判断出来，至少是规范的。相对于我们的来说，我觉得还是有很大的差距，这个东西你们不要全等着老师们教，自己要有这个意识，特别是在座的很多研究生同学，研究生跟着老师做，我敢说你肯定不会成为好研究生。

我这样跟学生讲，我带学生一个很重要的特点是我们老师怎么带我的，基本上不管我，我读硕士、博士谁也没管过我，我的博士论文一个字没改过，不是我的老师不认真，吴式颖教授在教育史界也是大名鼎鼎的，非常严谨认真的，她一个字没改过，不是我论文写得好，原因就在于我在整个过程中不断地跟她沟通，见她一次我就谈进展到什么情况，存在什么问题，所以她不用看我的论文，她知道我的论文写的是什么样子，最多是一些标点符号不对啊，错别字啊，那都是小事情了，当然我自己会改。在写硕士论文时，我的老师王天一老师，他当时给我提了两个意见，我只取其中一个。当时我写的赫尔巴特，我当时提出一个观点，传统的是把《普通教育学》当作是赫尔巴特的主要著作，我的观点是《普通教育学》只是赫尔巴特青年时代的主要著作，真正能反映赫尔巴特所有思想的著作应该是《教育学讲座纲要》，那当然我要有根据了。后来我们老师说，你这个观点跟一般的观点出入太大，你要好好想一想，他的意思是要我改，后来我想了一段时间，我说我想好了，不改。那个时候说实话论文答辩很冒风险的，我们前面有硕士答辩，五个答辩四个没过，第二年再答辩，那个时候硕士论文答辩真的很要命，就是老师比我们都紧张，现在我们带博士生都没那么紧张了。

我自己的经验，我带学生就是你随时有问题了找我，但是你不能指望我，你有问题、有困惑可以找我，即使我做不到，我可以帮你找别人，但是你不能说老师你告诉这个该干什么，那个该干什么，你没出息啊。“师傅领进门，修行在个人。”这句话谁都会说，会做的没有几个，做得好的更少，所以我建议我们在座的同学自己要有这个意识。老师不是无限制的恩泽，他不该无限制地施恩泽于你，还是要靠自己，那么怎么靠自己？在我们同学来说，有两点东西很重要：我去很多学校，同学们都会问很多问题，待会儿你们可能也会问我，就是考我们的学校，怎么怎么考？很多人都认为，北京师范大学把自己的学生抱得紧紧的，不要其他学校的学生，没有这么说的，我只说我怎么判断好学生，从我个人来说，一个学生首先知识面要宽，你跟我说你只读过几本教科书，几本小说，这样的学生我不认为是好学生，你可能是乖学生，未必是好学生。知识面决定你的视野，视野决定你的想象力，你不会想象，你只能钻牛角尖，看问题的深度和看问题的广度是相互联系的，我觉得这是个基本的素养。再一个基本的素养是很好的表达能力，所谓表达既包括说也包括写，好的表达首先要是规范的表达，这是好的表达的前提，你说话颠三倒四，谁也听不清楚，写文章狗屁不通，能够很好地表达吗？这种能力怎么来的？不是老师教出来的，是自己练出来的，怎么练出来？平时点点滴滴的积累。

所以我们讲教育学科的时候，我们会必然想到应该怎样去培养我们的学生?但是确实我们的学科体系存在着问题，在我们教育学专业人才培养过程中也存在着很多问题，这些问题既需要老师们努力去解决，也需要我们同学自己去发现问题，去提高自己。我大概讲的是这些内容，接下来我想更多的是与同学进行有必要的交流，谢谢大家的耐心！（热烈掌声）

## 提问互动

**陈晓端：** 受栗书记的委托，我来主持接下来的对话和交流活动。张教授给我们做了近三十年教育知识来源的变迁，基于《教育研究》杂志的这样一个统计分析，那么这个学术报告可以说是既运用了教育统计测量的方法，就《教育研究》杂志引文为对象，为我们展示了教育知识来源在这三十年之中的变化的基本情况。应该说张老师既给我们展示了他的研究方法，也为我们展示了他研究的结论，同时也为我们大家未来如何很好地研究，尤其是我们的硕士生、博士生，将来如何研究如何做论文提了很好的意见和建议，我们再一次以热烈的掌声感谢他这个非常实证、非常精彩的、少而精的报告。

最近我看了一本书名字叫《教育究竟是什么：100 位思想家论教育》，书很厚，写了 100 位教育家，中国只有一位就是孔子。这本书在它的扉页上有这么一句话：最近教育理论研究有很多的变化，但是这本书给我们的新的视野——就是少而多的课程论。我从今天张老师的报告已经深深地感受到了这种少而多的思想，或者说少而多的课程与教学的特点。虽然，按时间来讲，时间并不是很长，一个多小时，但其实对我们有很多很多的启发，尤其是张老师为我们展示了方法论的这样一种启发。我过去也曾经做过一些类似的研究，我把它称为文献调查，或者叫统计，但今天听了张老师的报告之后就感觉到有很多的启发，未来自己的研究在张老师报告的启发下，我想可能会有一些改进。下面是这样的，因为刚才张老师说了，他特别喜欢和同学们进行交流和互动，我们大家有什么相关的问题可以提出来。我曾经在李子健教授的报告上看到一个我们比较寂静的场面，但是后来我又发现在老师不断的启发下，同学们的问题是越来越多，最后李教授都没办法回答了。后来李教授跟我交流的时候说好像我们不仅仅要三启，而且要四启。孔子说，“三启而不发”，我想可能要四启。经历了那场报告之后，我想今天可能不要用三启，可能一启就行了。好了，现在有什么问题可以向张老师提出来。

**问题1：**张老师您好，您说未来十年到二十年教育社会学将会是教育学重要的一个发展方向，那您能进一步解释一下社会科学化的详细含义吗？还有一个问题就是如果要以社会学为基础来研究教育学的问题的话，社会学目前的研究的科学化和实证化的程度，尤其是对于我们中国来讲大致的发展进程是怎样的？还有一个问题是您认为教育的科学化和实证化之路还会很远吗？

**张斌贤：**你的第二个问题我是无法回答的，因为我不是搞社会学的。对于我为什么要说十年到二十年之后教育社会学会成为一门显学，我觉得原因就在于中国教育的发展进入到了一个前所未有的特殊时期。所谓的特殊时期是中国自身处于一个全面的转型过程中，另外我们有一个全球化发展的背景，所以教育处于这样一个特殊的历史时期，实际上从我们的教育目标、教育内容、教育的方法、功能等应该说都存在着需要重新思考和研究的地方。更重要的原因在于，可能很少有一个国家的教育像中国的教育这样受到社会方方面面的直接的、间接的影响和制约，也很少有一个国家会把子女，甚至一个家族一个家庭的未来这么重地寄希望于孩子的教育上。虽然我们还不能说，当然现在也这样说了：教育是国运所系，可是很少有一个国家会像我们国家的教育那样复杂，所以单纯从教育学的理论框架上很难解释这个问题。我们知道社会学在很多方面能帮我们做很多事情，其实这个工作前些年开始南京师范大学已经做得比较多了，包括吴康宁教授领导的一些教师，包括一些博士研究生和博士后，有些学校老师也都在做，包括华东师大，包括我们学校也都在做。但我们现在的很多教育社会学研究还是教育的教育社会学研究，而不是社会学的教育社会学研究，我们的方法还是比较传统的教育学的方法，这个只能说还是真正社会学的前夜。那么，至于说社会科学化或者科学化和定量化，我觉得没有哪种研究方法是绝对最好的。

实际上研究的方法总是和研究的目的相连的，而且一般来说一种研究仅仅使用一种方法，那么这个研究未必是一个好的研究，所以不管是定量研究、定性研究、调查研究，包括案例等都是为我们的研究目的服务的。我们的研究更适合于哪个方法，这个方法是合理的，但一定不能是单一的方法。所以我觉得现在很多的教育问题是不能被实证化的，特别是价值的问题是不能被实证化来研究的。但我相信大量的问题是可以通过实证研究进行研究的，至少我们的研究成果出来之后更有说服力。我们打个比方：前几年我们北京师范大学教育学院进人的时候，很明确的一点，同等条件下擅长做定量研究的人优先，当时我们从北大、中科院，包括从香港、国外都进了一些人，主要是参与定量研究。我们希望通过这样一批人来提高我们学生这方面的训练，让他们掌握这种东西；营造一种新的研究风气，其实我们过去做教育研究一般不仅不做实证研究，而且看不起实证研究。我打个比方：原来有一个老师来求职，就讲他的论文做什么研究，后来他讲完之后我们有一位老师就问，你说你做的那些研究说了半天我都知道，那你花那么多钱来做干什么？就这么个口气。这句话我后来想了很久很久，虽然我自己不做定量研究，在这个过程中我也会有意识地问起这些做实证研究的老师，后来有了一个初步的结论，比如说，你们学校马路的一个路口肯定是个交通非常繁忙的地方，我不做调查研究，我只是说那个地方交通非常繁忙，车和人来往非常频繁，这个不做调查我也知道，对吧。实际上，他在说出这话的时候已经做过调查了，他观察，没有做调查，但观察也是一种调查。但是做实证研究有什么好处呢？我能把你说的这个“很”字变的是“一”或者“二”或者“三”这样准确，对不对？如果我的研究进一步深入，我还可以告诉你明天早晨八点到九点人流量和车流量是多少，车流量当中多少大卡车，多少小汽车，这个你不用实证研究能搞调查清楚吗？清楚不了的。你不清楚怎么去解决？不是说所有的实证方法都是好方法，我觉得不是，很多实证我们也看见过，做完就完了，实证研究成果需要我们进一步去阐发和提升它，这是我们要做的工作。我为什么要强调社会科学化，因为一说科学化，人们首先想到的就是定量的东西，这个我们做不到，所以我说初步的工作是我们尽可能地去追赶，或者自觉地借鉴相对成熟的社会学的东西。

其实欧美的社会学是不一样的，至少我了解的情况，晓端老师在英国应该也知道，欧洲社会学研究比较多的是一种理论社会学，美国的社会学道路就是定量研究，大量的社会调查。从早期开始就是这样的，芝加哥学派就是这样开始的，妓女的问题、吸烟的问题、贫民窟的问题，大量的问题调查出来了，你这个研究社会问题就有基础，否则你怎么研究？教育当中很多的问题实际上都是和社会学的问题类似的，教育问题本来就是社会问题。有时候你不得不佩服社会学者，例如，关于流动人口子女的教育问题，教育界很多人在做，社会学者也开始做，实话说从方法的规范来说确确实实还是差得很多的，当然他是搞社会学的，他有他的视角，我们有我们的视角，如果我们把他的东西拿过来做我们的研究不是比我们的研究更好吗？有什么不好呢？我们还是教育圈子里的东西，还是教育的问题嘛，我不知道我这样答复你能不能满足你的需要。

**陈晓端：**我插句话，想给大家说个情况，张老师说到师大路交通繁忙这个例子，他们都说师大路很繁忙，交通堵塞，但是实际上我个人的感受并不是很强烈，那么为什么呢？因为我在不同的时间出行，比如，早上我一般是九点才出门，中午十二点十五我才回家，晚上一般是六点十五回家，所以在这些时间段都不是很堵，我说的意思是定量研究其实是分阶段的，它是划区间的。你看张老师刚才给我们展示的三十年它有三个阶段，第一个十年、第二个十年、第三个十年，同时它还有平均数，所以定量研究可以给我们很多非常准确、非常具体的信息，甚至一些数量化的结论，告诉我们什么时候是最繁忙的，繁忙到什么程度，有多少辆大卡车通过，那么我自己，九点钟出门在长安路上我就感觉很爽，尤其是我如果中午要回去得再晚一些，十二点半走出师大路的时候正好是一个绿灯，绿灯是向左拐的，南北是禁行的，我就向右拐，我就觉得我一个人在马路上狂奔，因为红灯把所有的车都给我挡住了。但这只是整体现象中的一点，如果你仅从这一点来判断，就会觉得怎么堵了？不堵啊，这就不是准确的结论，我想张老师刚才给我们展示的三十年的三个不同阶段，甚至包括像马列著作的引用，真是没有调查、没有这样的研究真是不敢说。马列著作的引用怎么能会下降呢？所以我觉得这样的研究是非常有意义的。好，下一位同学。那位女同学。

**问题 2：**张老师您好！刚才您说就教育论教育的问题这样一种思维习惯是我们慢慢养成的，那么我想这种习惯可能从本科的时候我们就在慢慢养成，那么您能不能给我们提出一点建议，让我们有效地杜绝这种现象。谢谢！

**张斌贤：**这个问题说容易也容易，说难也难，从我们同学比较好操作的办法，就是多读一些教育专业以外的书，我觉得这个是非常必要的，所以我带研究生一般是这样，就是如果是教育学专业的，那么教育类的课就少上，多去上一些如历史学、经济学等其他学院的课，要不要学分不重要，这些课都听一听；如果你本科是非教育专业的，专业很杂的，你可能想象不到的有学农机的，反正什么专业的都有，学历史的、外语的、思政的、法学的，等等，反正很杂，对于这样的同学我们一般要求他多上点教育学的课。但是对于一般同学而言，如果你本科就是学教育学专业的，我觉得这没什么不好，我们的教育本来就是颠倒的，本来是通才教育，我们把它变为专业教育，现在这就是一个现实，我们没有办法，但是我们怎么改变这个？我觉得办法很简单，如果你现在是低年级的硕士生，哪怕是高年级的，有意识地多选择一些教育专业之外的书籍去读，而且一定是这个专业中比较好的书，比如，我对经济学感兴趣，那么多经济学的书，经济学专业的学生都读不过来，我怎么读的过来？我觉得这个东西简单的办法就是去打听一下，问一下老师和一些同学，老师给你们推荐了哪些书？如果你初步涉及这个学科，你最好读这个学科的教材，因为这是入门的东西。在这个基础之上你可以读一些相对专门化的书，因为教材已经把知识构成了系统，比较完整的反映出来，这个学科包括哪些东西，它都告诉你了，有可能还告诉你关于这个问题有哪些观点，哪些流派，这个学科的一些研究方法，基本上都很清楚了，那么接下去你对经济学感兴趣，你对什么研究感兴趣，对微观经济学感兴趣，对宏观经济学感兴趣，对经济史感兴趣还是对什么感兴趣，那么你再多读点书，社会学也是如此，历史也是如此，哲学也是如此。如果你要往下钻一钻，钻得更深入一些，那恐怕要看一些所谓的名著，怎么判断这本书是不是名著，是不是有价值的书，作为我们一般的浏览你当然不会去花很大的力气去判断，你无从判断，最简单的办法就看《百科全书》，如果中文的查不到相关的东西，就查英文的《百科全书》，比如，政治经济学，你查英文的词条，它后面肯定附有参考书目，而且百科全书里面的参考书，一般的数量都是比较少的，那就意味着什么？一般来说，百科全书写这个词条的人肯定是这个学科里的大家，他在这么大的篇幅里面列了几本书，至少他认为这几本书都是这个学科里经典的东西，你读这一个就够了，根本不用别人告诉你什么是经典，你查这个就行。

如果你现在是一年级的硕士生我倒建议你自己定一个不太严格的计划，就是一学期围绕着某个专业去读点书，比如，我对历史感兴趣，我就系统的读点历史类的书，这些书你不需要读得很细，就是浏览，有兴趣的读得深一点，细一些，一般就是浏览，这么多书怎么读的过来。在读书过程中，大家一定要注意一个问题，反正我带的学生我发现这个问题越来越大了，现在的学生要么记住作者记不住书名，要么记住书名记不住作者，要么两者都记住了，记不住出版社，总而言之都要丢掉一两个，后来我就分析原因是什么，我不知道我的分析对不对。我们读书的时候，那时候只有手工检索，所以我们在图书馆或者在书店看到一本书啊，会自觉地记住它，我买不起但是我要记住它，将来要找的话好找。现在你们上网很方便，后来我跟学生讲，我说你想一想你记住这个作者，这个书名，这本书的出版社花的时间长，还是你打开检索时间长？那肯定前面那样时间短嘛，你就这一条就多花那么多时间，其实你们这个年龄，这点记忆力是没有任何问题，不费任何脑力就把它记住了，给你提供多少方便，所以读书这点基本的要记住，将来好查。我觉得有意识地去读一些书，而且一定要注意一个问题，我估计男生会有这个毛病，就是逮到什么书读什么书，这个不对，不是“开卷有益”，我不赞同，过去可以说，因为过去没几本书，开卷有益，现在不一定有益，有害的多。我说的选书，一个要有计划，就是读书要有计划，要有相关性，今天读的这本书是为明天读那本书打基础的，所以相对的读书要有计划，比如，我要读这个领域的书，今天读一本，明天读一本，后天读一本，都是相互联系的，还有领域之间最好也有一定的相关性，当然也不排除我们有的同学上知天文下知地理，都懂的，那限制不住也没关系，但一般来说尽可能有一点相关性。这样不断阅读，不断地相互支撑，这就是积累。你东拉西扯地看书不叫积累，那叫“收破烂”，不一样的。所以我觉得你们读书的时候知识面要宽，要能够跳出教育，你改变不了你的专业出身，但是我想办法把我专业的东西发挥出来，同时我又有很广博的知识面，我觉得这个可能使你发展的空间会越来越大，我不知道我这么回答对不对。

**陈晓端：**我说一下情况。刚才张老师说他在写硕士毕业论文时说不同意赫尔巴特的《普通教育学》作为他的主要的思想，或者他的主要思想的来源，他同意《教育学讲授纲要》应该是能够代表赫尔巴特思想的。我突然想起来就是我在看那个《教育究竟是什么：100位思想家论教育》这本书里有这样一个评价，说赫尔巴特是试图用伦理学和心理学的理论来建立教育学的尝试并没有成功，所以他质疑后来人认为赫尔巴特是"现代教育学之父"这样一个定论。他说，把赫尔巴特和《普通教育学》作为建立在伦理学和心理学基础上的一个代表作，从而奠定了赫尔巴特"科学教育之父"这样一种说法，作者认为是不恰当的。所以从这一点可以看出，张老师之所以今天能有这样好的成就，这样高的成就，我想这与他早期就有非常独立的思考、有创新的思维都有很大的关系。甚至或者带有一种对史的思想的非常深刻的挖掘，因为没有那个工夫，没有那个挖掘，他怎么能够比较出《普通教育学》和《教育学讲授纲要》之间思想的差别呢。我是突然想起来了就说一下，但愿没有打扰同学们的提问。我有一个小的建议，就是在提问之前能报一下你的姓名和专业以及你的研究生和博士生的类型。下一位，那位男同学。

**问题3：**张教授您好！我是08级教育学本科生。听完您的讲座之后我想提问一个问题：为什么到目前为止世界上著名的教育家大部分都是外国人而不是我们中国人，中国目前可以称上很著名的，屈指可数，如孔子，我们一提到教育问题就谈到孔子，提到他《论语》里面一些著名的话，这到底是为什么呢？是不是因为中国传统文化里面就有一种欠缺，就是我们国内也不乏有名的教授，也不乏有实力的教授，是不是说在这种文化下我们不去宣扬一些东西？然后，我现在是大二的学生，我就说一些我真实的想法，也不怕大家笑话，就是感觉自己的前途很渺茫，但老师刚才也说了，教育学现在是存在一些问题，那么前辈他们自己没有做完的事情留给我们后人来做，让我们继续前行，那么在当今现实价值取向是金钱和权力的情况下，它是客观存在的，但是承不承认是自己的事情，在这样一种情况下，我们现在吃不饱肚子，一些事情还没有做好而去追求这样一种东西的时候，会不会有很多人放弃？谢谢！

**张斌贤：**这个问题比那个钱学森之问还复杂，其实中国教育家很多但是比较多的可能是历史上的，也不止孔子，但是像孔子这样在世界上造成巨大影响的可能真的不多，但是中国的教育家其实很多的，只是说我们用什么样的标准去判断他，其实中国教育家还是很多的，但当代来说确实是少之又少，这原因是和钱学森问的问题是一样的，这样一种高度行政化的体制之下教育家确实是很难产生的。至于你说前途渺茫我倒是觉得，我经常跟我的学生讲，你现在是大二的学生，说实话，假如我们能换个位置，我把我家所有钱都给你我都干。我经常跟我们的同学讲，我说你们现在老是感觉前途渺茫，因为对你们来说，在你们面前有很多的不确定，你将来是不是读研究生不确定，读什么专业的研究生不确定，读什么学校的研究生你也不确定，跟哪个老师读你也不确定，如果不考研究生就就业，就业的话去哪儿工作不知道，诸如此类的不确定。我刚才为什么说我愿意把我家所有的钱都给你，我们换一换呢？因为我们太确定了，我觉得不确定的人生才是美丽的人生。（鼓掌）

我在《读者》上看到一篇短文，讲的一个日本人，我大致记得他的人生规划得很好，三十岁干什么，一直到八十岁，全部弄好了，规划得很好，规划完了他只有一个选择就是自杀，为什么？如果我一想到我若干年以后是什么样子的话，那我活着干什么呢？因为不确定，所以我可以选择，因为我要选择，所以我可以发挥我的主观能动性，如果你一生下来就规定好了，要么就是奴隶，他永远不能改变身份，要么就是生在帝王之家，我们现在很荣幸没有奴隶，但更荣幸没有帝王，我们可以为自己的将来去努力和奋斗。

而且我特别想跟我们同学说的是，你们看社会一定要稍微冷静一些，在你们这个年龄不容易做到，如果我们要求你们跟我们看东西事物一样的话，那你们就麻烦了，就更完蛋了。但是有时候听听老人言是不会吃亏的。我经常就跟我们同学讲，我们很多人的间接经验对我们来说是最重要的经验。但间接经验很多被当作老生常谈，实际上老生常谈中有最有哲理的东西，古人开始说，说了几千年，说了多少多少遍，真正做到的有几个？所以不要说老生常谈就觉得烦，父母一说，烦；老师一说，也烦。我自己有个很切身的体会，我四十岁以后开始发现很多东西，发现对有些成语有些重新的认识，过去你说成语谁不认识？都认识，小学就开始学了，用了很多，意思也都知道，但是真正感觉到这成语里面包含的教义，那是我四十岁以后的事，确确实实这些东西不是白说的，过去我们会因为小、不懂、不理解它，时间长了你用你的经验等再解释它的时候，你会觉得这里面确实包含着多大的智慧，这些东西若干年前我们老祖宗早就告诉我们了，只是我们没有去参透它的道理，那么我们只好用自己的生活经验为代价重新来认识一遍，很多道理我们认识到了，完了，这已经够可悲了吧？更可悲的是人生不能够复返，时间不可逆，人生不可逆，等你明白，可惜已经没有机会做这个事情了。

对于同学们，我觉得有些东西需要好好琢磨琢磨，你刚才讲的现在是追求金钱和权力的社会，我不知道你怎么判断这个东西的，当然你说的也有道理。我就给大家讲个事情："文化大革命"结束的时候有一批比较早的大学生或者更早的研究生，他们讲自己的成长经历的时候经常会讲一个东西，这个我印象特别深刻，对我以后一些选择，一些很重要的选择很有帮助，就是"文化大革命"刚开始的时候，全国人民都在发狂似的闹革命，今天斗这个，明天批那个，自己饿着肚子还要解放全人类。到"文化大革命"中后期，有两种人，一种人还接着斗争；一种就是逍遥派。逍遥派也分两种，一种是真的逍遥，就是学打家具啊、学做缝纫啊，学打毛衣啊，当然也挺实惠的；还有一种逍遥——开始学外语，看马克思英文版或者俄文版，"文化大革命"一结束，这些人就都跑到这个大学那个大学去了。我是觉得我们社会是处于转型期的社会，这个社会处于高度分化的阶段，越在这种情况下，脑子越要冷静，谁都想当大官，谁都想发大财，这个是正常的欲望，没什么好说的。但是大官大款都是很少的，不是每个人都适合的。想想自己适合做什么，自己喜欢做什么，然后按照这个设计去做，我觉得这个重要。不要看着这个发财眼红，看着那个升官着急，跟你没什么关系。

你是本科二年级的学生，我可以根据自己的成长体验给你一点建议，去尝试一下，我跟我的本科生，跟我的硕士生，我可以说不同的话，但有些话是共同的，一定让他们尝试，在这大学里面，特别是本科生，把能够犯的错误都犯一遍，这是最聪明的学生，当然是指在法律规定的范围之内，杀人放火的我不敢鼓励，为什么？大学里，至少老师会包容你，只要你不太出格，我想一般的老师不会把你怎么样，至少你写一篇文章写得很臭，老师在你面前说你半天，没有的，但工作岗位上就不一定了，你老不去试，你不知道你该做什么，你喜欢做什么。我不知道你们这里的学生怎么样，反正我们原来教育学的本科生，尤其是男生，我们一方面是很喜欢，因为女生比较多我们都喜欢男生，这当然不是重男轻女，这是人的本性，没办法；另一方面我们也是气不打一处来。就是他们有一大通的抱怨，学这个没用，学那个没用，哎呀，幸亏不是我儿子，要是我儿子早踢死你了。你不要老抱怨，这个社会不听抱怨。过去有部电影叫《莫斯科不相信眼泪》，现在北京不相信抱怨，你说的没有用的，谁帮你去解决？一定要去尝试，敢于尝试，包括学习当中的，包括社会工作当中的，都去尝试一下，没有坏处。这样你经验很丰富，将来视野很开阔，你会更清楚的想自己的定位。把自己该干的事情干好，我觉得这是最聪明的。

我自己体会，人生当中只有几个关键阶段，每个关键阶段只有几个关键事情，你把这个事情做好了，这是最聪明的人，你一步上去就步步通，一步上不去你就一辈子坎坷。那么，你作为学生现在最应该干的是什么事情？不是读书，至少不仅是读书，努力地多方面地提高自己的综合素质，我觉得这是最好的事情。

我讲的综合素质起码包括几个方面的能力：

第一个是清晰的思考。思考力不是生下来就有的，是训练出来的，或者是后天养成的，可能有很好的很多办法来训练你的思考力，思维能力，但至少学术训练是一个最重要的途径。所谓清晰地思考就是符合逻辑思考，所谓符合逻辑就是把方方面面的东西都考虑进去，能够把它进行条理化，做事情很有条理很有头绪，这是思维清楚才能做得出来的，思维跟糨糊一样，你做事情也只能乱七八糟、这是一个基本能力。

第二个是简洁的表达能力。简洁不是说你说得越少越好，你简洁还得准确，表达能力我前面已经提到，既包括准，也包括明。对我们文科学生来说，这两个是最重要的东西，你不管以后做什么都离不开这两个东西的。这个也是需要训练的，对于本科生来说我觉得最好的训练方法就是老师上课让你们提问的时候就提问，让你提问或回答问题就回答，这么好的机会，花钱都买不来的。我上课从来不会点着哪个学生回答，你爱问不问，你不问是你的问题不是我的错、我的失职，当然我会激他们，我们学生都知道，有时候我激他们很狠的。有一次，哪个老师来座谈我忘了，我说哎呀堂堂的北京师范大学教育学院的学生居然没有问题，完了我也不说话了。比吧，你们有耐心，我耐心肯定比你们大，后来学生说老师这话比说什么都狠，我们教育半天，你这个东西都不会，那说明我们失败了还是你失败了？都失败了，对不对？这是一个。

第三个就是正确行为的能力。所谓正确的行为并不仅仅是指做事方式，包括我们所说的与人相处，所谓团队精神，你做事方式多种多样，但是我相信不管是什么，什么工作，什么职业，什么职位，对人的素质要求。从根本上是一致的，只是不同的行业用了不同的名词，我给大家举个例子，大家都知道中央二套有个谈话节目，他们有一次在我们学校做了一次谈话节目，他们编导来找我策划这件事情，他们跟我说了半天，他们问我做的文案，刚开始我还不知道什么叫文案，把我们弄得晕头转向的，我们也不好意思问，好像很丢人。后来我就说你们所谓的文案就是我们的开题报告，本质是一样的，你比如说这期节目，我首先要了解其他电视台、其他节目频道是不是已经做过类似的谈话节目；其次我要找这个人，别人是不是已经找过他做过节目，谈的什么？怎么谈的？这就相当于我们的一篇文献综述啊，那么接下来，我既然找你做谈话节目就不是和你闲聊，是有主题的，这是我们研究的问题。不能孤零零地在那儿，你看看我，我看看你，这就不是录节目了，他会从不同角度来问你、叫你回答，跟现在我们的论文章节一样，这不是一回事情吗？天底下的事情都是人做的，但不是所有人都能做的，什么人做？就是受过良好训练的人，有清晰的思考力，有很好的表达能力，有准确的行为能力的人去做的，所以我们的同学你够聪明的话，就不要焦虑说我毕业之后干什么。你毕业之后几年谁都管不住，你做得好谁都管不住，你做不好谁都不会管你，道理就是如此。所以你讲的暗淡也好，不确定也好，倒过来想，你这么好的年龄，你干什么都有可能成功的，你的机会太多了，空间太大了。对我们来说基本上就能够看到我退休以后是什么生活，世界在我们眼中都是灰色的，所以我有时候讲我觉得中年人的迷茫，就是我感觉生活没有目标了，你说我们俩换换好吗？（笑声）那是不可能的事情，（呵呵）我要是二十岁多好。我就大概说这些。

**陈晓端：**我特别赞同张老师讲的两点。第一个确实我也愿意和哪位年轻人换一换，我女儿在家里就会和她妈妈说："他老了，我还年轻。"的确，年轻就是资本。第二个我也非常赞同年轻人有非常多的不确定性，我回忆我在上大学的前两天，确实什么都不知道，就不知道我要干什么，但是有些时候觉得我会有一种应该叫突变，突然有一天你就发现你对什么事情感兴趣了，甚至可能成为未来发展的一个起点，这是我个人的感受，我就接着张老师的话题说一点。我的学生也问过我，说陈老师怎么就对教育学这么感兴趣呢？社会上那么多的事情你怎么没去做呢？我在大学的时候我的教育学老师讲教育与社会发展和与人的发展的关系，讲到遗传环境和教育对人的影响，讲到遗传，他讲到1929年在印度加尔各答出现了两个狼孩子，他就说你看遗传多么的重要，孩子虽然有人的遗传，但他没有成长，早期环境多么重要；但他又给我们讲了霍尔说："一两遗传胜过一吨教育。"所以遗传非常重要，"龙生龙，凤生凤，老鼠的儿子会打洞，"华生又告诉我们："给我一个健全的儿童，我可以把他任意加以改造，或者培养成这个，或者培养成那个。"紧接着又给我们举例，卢梭说孩子要在自然中成长，因为社会是个大染缸，儿童掉进这个缸里就会变脏的。那节课下来以后，我印象非常深刻，我说教育学这么有意思？又是什么狼孩子，又是什么"一两遗传胜过一吨教育"，还有给我一打健全的儿童都可以培养成这个伟大的人物，还有什么盗贼？从那天起我对教育学的确发生了兴趣，我现在翻起我过去那个红本本，1980年12月几号我记的那个笔记，从那以后我的那个红本上就开始记了外国教育资料和《教育研究》上关于教育类的有关的论文，而且我就感觉到我的兴趣就是从那儿开始的，从那以后就开始一直关注教育。在大学我不是学教育的，但是我每天到图书馆去经常看的是教育类的杂志，后来我留校做教育学老师，我当年考留校考试我们十个留校生我考了第一，因为只留一个人。我是借张老师这个话题告诉那位我们那位08级的男同学，还有和你同样的一些同学们。其实不确定有些时候是正常的，现在如果特别确定了我觉得有些事也不是特别可能的，所以你们还非常年轻，未来还有非常好的发展的前景，关键是张老师前面讲的怎么样把自己的综合素质提高起来，我跟学生交流就说，既来之，则安之，把自己武装起来，机会一定会有的。

**张斌贤：**我再插一句，刚才这位本科生同学，其实你别看我一坐到这儿，刚才经栗老师一介绍还人模狗样的，说实话我当年不比你们好哪儿去，我怎么报北京师范大学，怎么报北京师范大学教育系，基本上都是偶然因素决定的。我上的中学是浙江很好的中学，但那个时候不讲这个，杭州二中，现在可以说是浙江省最好的中学了。当时我最大的理想就是报复旦大学中文系，那时候我特别喜欢语文，而且我的语文确实是好，不是我在吹，我拿个指标给你们，说话要有根据嘛，1979 年 4 月份，当时杭州全市搞了一个语文竞赛，我是全市第一，三个人并列第一，还可以吧？(笑声)所以那个时候就想报复旦大学中文系，但是高考成绩下来我就根本不敢去想这个事情，我的语文考了六十多分，这是我根本没有想到的，我觉得我的语文至少能得个七八十分，后来怎么办呢？报志愿，因为我父母都没有读过大学，他们没有办法给我什么帮助，所以我就瞎填，我记不得是第一还是第二志愿，两个顺序记不清了，一个是兰州大学，一个是山东大学，当时就想哪个学校能要我，我就去哪个学校了，北京师范大学填了个第三志愿，当时我的运气比较好，我们年级组的副组长，他是北大毕业的，他说你这个成绩考北京师范大学没有问题，可是那个时候那个志愿是用钢笔写的，又不敢拿橡皮蘸下口水来擦，你们干过这事吗？(笑声)怕一擦擦破了，怎么办呢？只好这样：把北京师范大学圈起来，然后弄个箭头把它放前面去，这样就变成了第一志愿，我就这么进了北京师范大学。进了北京师范大学之后我们经常就瞪着两只无知的大眼睛问老师："教育系是干什么的？教育学是干什么的？"相当长一段时间都是迷茫的，因为我们根本就不知道还有个教育学，还有这么一个系，真的不知道，稀里糊涂进去的，在相当长时间里都是稀里糊涂的，一点都不比你们现在清楚，但是我觉得有一点刚才陈老师说的我特别同意，既来之，则安之，当一天和尚撞一天钟，你以后不当和尚了，想干什么干什么，你在这个阶段把你该干的事情做好了，剩下的事情再说，你不要把该干的事情做砸了，把以后做的事情做了，这样就乱套了。

**陈晓端：**我也有同样的经历，我要是考好的话可能就不做教育了，这也有可能。我 1977 年高考，第一志愿报的西安医学院，没考上；后来第二年实在是不敢报医学院了，我连陕师大都没敢想，我报了个西安体育学院作预备，结果正好给预备上了，总的来讲我的这个经历大家可能也会说比较特殊，这也算是一个爆料吧。因为很多人就都不可思议，陈晓端居然本科还是体育学院毕业的，而且有可能也正因为有这样一个经历后来才能有很多的其他经历，但是不管怎么说我还是刚才那句话，兴趣和坚持可能会为你带来一定的好处。今天呢，不好意思，栗老师委托我站到这儿，我话就多。为什么我讲了少而多的课程论呢？作为教师其实应该少讲点，但是我是一直改变不了我这个一站到讲台上或者报告厅就控制不住想说的习惯。（笑声）有一位中学老师后来当了中学校长（笑声），他通过他的经历告诉我们作为教师要少讲，所以咱们就停下吧。因为时间的关系，今天咱们同学的提问就到这里。

今天我们非常荣幸，张老师能给我们做这样一个关于近三十年来教育知识演变的学术报告，他不仅给我们讲了他自己的研究方法，而且还告诉我们未来应该如何对待教育研究，如何选择研究方法，不仅如此，他还为未来大家的学习以及对人生的看法提出了一些非常好的建议或者说非常好的导向，对他这个非常精彩的报告我们表示非常衷心的感谢！看看我们栗书记有没有别的安排。也谢谢在座的各位硕士、博士、本科生来到报告会场聆听张老师的报告，我相信你们一定受益匪浅的！

（参加本文整理的有博士后：周先进；博士生：郭辉；硕士生：王登峰、夏剑、王晗、贺敏敏、戴妍）